漩涡 THE VORTEX

亚瑟与我（第二集）

ARTHUR AND ME
BOOK 2

作者：安 川赫 ANN TREHERNE

翻译
李荣荣 RONGRONG MCLEOD

福尔摩斯侦探集的创作者，亚瑟 柯南 道尔爵士与用他的名字命名的在爱丁堡活动中心里发生的奇异事件

CONTENTS

前言　　ix
本书介绍　　xiii

1. 第一章 — 楼道上的 人　　1
2. 第二章 — 是玩游戏还是捉迷藏?　　7
3. 第三章 — 自愿工作者　　17
4. 第四章 — 我们开门了　　21
5. 第五章 — 小提琴　　29
6. 第六章 — 音的经历　　33
7. 第七章 — 安的经历　　39
8. 第八章 — 其他人的经验　　55
9. 第九章 — 书归正传　　79
10. 第十章 — 白鹿酒家　　97
11. 第十一章 — McEwan's牌啤酒最好　　105
12. 第十二章 — 漩涡　　115
13. 第十三章 — 哪里有邪恶　　127
14. 第十四章 — 小组　　143
15. 第十五章 — 众人入—亚瑟出　　151
16. 第十六章 — 到时候了　　185
17. 第十七章 — 第二阶段　　197
18. 第十八章 — 科学家　　217
19. 第十九章 — 意识　　233
20. 第二十章 — 继续前行　　241

附录	261
附录1	265
附录2	267
附录3	271
附录4	281
附录5	285
附录6	287
附录7	293
附录8	297
附录9	301
附录10	303
附录11	305
附录12	309
漩涡 -- 注释	311
鸣谢	313
关于作者	315
同一作者的书籍	317
有关翻译者的简介	319

漩涡

Copyright © 2023 Ann Treherne All rights reserved

本书中描述的人物和事件均属虚构。任何与真实人物（无论是谁）的相似之处均属巧合，并非作者有意为之。

未经出版商明确书面许可，不得复制本书里的任何部分，或将其存储在检索系统中，或以任何形式或任何方式（电子、机械、复印、录音或其它方式）传播。

书号：
ISBN: 978-1-8383855-5-2

Cover design by: Art Painter

此书在美国印刷

献词

此书献给始终不渝，诚信和竭尽全力在星期四静思冥想小组里工作至今的成员吉欧和乔治。

自从2006年加入这个小组以后，吉欧目睹了在此活动中心里发生的各种令人难以置信的异常事件，她一直坚守诚信，一直都是我们小组里的资深成员之一。

乔治在十年前的2013年加入了我们小组，尽管他没有目睹以前发生的事件。让我想起有些冥想小组的活动常常是无法坚持长久，最多不过是几年也就都散伙了，可是，他依然如此虔诚，至今仍然是我们小组里的 重要成员。

星期四冥想小组能够如此锲而不舍，坚守初心是我再好不过的期冀。在此，我对他们所做的一切表示敬爱与感激。

前言
盖瑞·E·施瓦茨（PROF GARY E. SCHWARTZ）博士

在2019年，安·川赫(Ann Treherne)出版了一本卓越的书籍，书的名字就是《亚瑟和我》主要介绍了亚瑟·柯南·道尔(Arthur Conan Doyle)从另外的一个维间前来沟通、引领的真实故事，最终促成了爱丁堡的亚瑟·柯南·道尔爵士活动中心(Sir Arthur Conan Doyle Center)的落成建立。在安的书中包括了伦敦心灵研究协会主席、北安普顿大学心理学教授克里斯·A·罗教授的简短前言。罗教授写道："安描述的一些现象确实是令人难以置信，甚至连在场的直接目击者也都会怀疑他们自己的感觉。"他在谈到身体死亡假说的前言时说道："这个形而上学的问题似乎超出了科学的范围，但是对于科学来说，肯定是没有什么比探索人类的全部本质、即存在的意识以及其意识的基本属性更为重要的了。"

安川赫书籍的第二部书籍的内容继续了这个令人难以置信的故事，还提供了更多的现实生活中的证据。以证明亚瑟爵士显然继续致力于证明死后生命中的意识仍然是存在真实的性。安在这本书中分享的非凡事件，既能够鼓舞人心，引人入胜，又具有充分的挑战性。在第一部中，该书的编辑兰丝·巴特勒（Lance St John Butler）教授（前斯特灵大学教授）证明了安写作内容的诚实性。他说："我个人已经能够用实际记录的原始录音资料来验证，证实这书中的内容讲述的有关精神交流记录的笔录是真实的，安所陈述的事件可以从中得到保证，她讲述的内容的真实性和准确性。"

如果有人 -- 无论是真实的还是虚构的，想要得到有效的解释以及其准确性与必要性的话，那只有亚瑟柯南 道尔笔下的大侦探家 -- 夏洛克·福尔摩斯先生了。在第一部中，安引用了福尔摩斯的话："……当你使用排除法，排除一切不可能的缘由以后，剩下的无论是多么的离奇，也必定是真的了。"在第二部中，我想引用我最喜欢的福尔摩斯智慧明理的例子之一："在掌握数据之前就进行理论分析，是一个致命的错误。人们不知不觉地开始扭曲事实，以来维护与适应其理论，而不是用理论来适应其事实。"安赞赏亚瑟 柯南 道尔对给予的准确报告、细节的解释，以及对生命中出现的奇迹之承诺。正如福尔摩斯所理解的那样，"生活中发生的奇迹比人类大脑所能发明的事物更加奇异。"

到目前为止，我并没有见过安·川赫本人。因为我们还没有机会亲自与她见面。但是，我对安的灵媒能力进行了即兴测试，她给了我在亚利桑那大学高度机密监控下的实验室里，所进行的一些实验信息报告极为准确。这些信息一直都是在严格保密的条件下保存着的，这就给我留下了很深刻的印象。安表示，她与亚瑟柯南道尔一起工作，有时，也会收到来自爱因斯坦和特斯拉等科学家的证据信息。她在我们的在线网上会议期间和之后，所提供的信息与她有争议的主张一致。因此，我邀请 安川赫来 担任我的意识与健康实验室的通灵顾问，这是一个研究灵魂电话的项目，(https://lach.arizona.edu/survival-thoughtness-hypothesis)，安是我们研究的 灵魂电话项目的咨询通灵媒体。

我同意为安的第二部书籍写这篇简短的前言，部分是基于巴特勒教授对安给出答案的准确性和真实性的承诺和认可；以及她本人的正直人格也得到了罗授的肯定。例如，在我 2021 年出版的书《非凡的主张需要非凡的证据：寻求真理和滥用真理的科学与伦理》中，我详细阐述了卡尔·萨根教授的非凡主张，并记录了信息和解释的准确性如何成为人类生存、健康的先决条件和进化基础。安致力于寻求真理，这一点我可以从参加由她创立的爱丁堡亚瑟·柯南·道尔爵士活动中心赞助的每个周二的系列讲座中，那些富有远见的科学家的讲座名单中得到了确认。

在这本书中，安带着我们踏上了一次关于个人发现、神秘、洞察力和感恩的冒险。她的写作风格既有趣又富有启发性。我的预测是，当您读完第二部以后，您会发现自己急切地渴望着在不远的未来能看到她的第三部书籍与读者见面。

加里·施瓦茨博士简介(Prof Gary E. Schwartz)

加里·施瓦茨博士是美国亚利桑那大学心理学、医学、神经病学、精神病学和外科学教授，也是大学的意识与健康进展实验室的主任。施瓦茨教授已经发表了500多篇科学论文与书籍，其中有6篇发表在《科学》杂志上。他的著作包括《来世实验》、《神圣的承诺》和《非凡的主张需要非凡的证据》。

本书介绍
亚当·里德博士DR ADAM REED

安·川赫（Ann Treherne）在她的第一部书《亚瑟和我》中概述了一种戏剧性的预感以及其随后的现实是如何改变了她的生活。安因那件事而受到了创伤。事实上，更可以说是安自我转变的原动力。随着第一部书的转述，安离开了她工作过的企业、金融界的高级职位，开始了新的精神之旅，其中包括对超自然现象的研究和调查。她还为此设立了一个静思冥想的小组圈子。这个圈子被称为"星期四小组"，安非凡的经历构成了《亚瑟和我》的叙事核心。正如该书的标题所暗示的那样，这个静思冥想小组与亚瑟·柯南·道尔的有意念沟通与交流。

在第一部书里讲述的在五年时间之内，亚瑟柯南 道尔引领着这个星期四小组的成员，学习与理解超自然的现象。他还引领着安和小组里的成员在爱丁堡找到了一座建筑物——用他的名字来命名这座大楼为亚瑟柯南道尔活动中心。该活动中心在2010年12月建成，并于次年正式开业，现在已经成为苏格兰地区最佳的慈善福祉中心、灵媒培训和发展以及意识和超心灵学研究的中心。亚瑟柯南道尔爵士活动中心就是这样诞生了。

2022年，我第一次见到了安，那是我偶然读到了《亚瑟与我》以后，就是那次见面后，我就走访了该中心，并且跟'星期四小组'的其他一些成员也见面了。从那时起，我有幸多次与他们在一起静坐冥想。尽管我仍然是一个新手，但是，就我自己的学术兴趣而言，这段经历非常有意义，也非常有刺激性（作为一名人类学家，我是绝对关注当代宗教与文学生活之间的交叉区域里的内容）。安不仅具有很自然的凝聚力，而且还是一位极其慷慨、豁达、开放型的活跃对话者。我总是期待我们的对话和他们提出的问题，部分原因就是安有开放态度和开拓型的头脑，和她要探索新领域的强烈愿望。

因此，当我得知《亚瑟和我》的续集第二部书即将出版时，我感到很兴奋，这并不奇怪。这本书里，安再次回顾了发生在亚瑟柯南道尔爵士活动中心里的前十年的历史，探讨异常现象的发生背景。当我最终读到了这部新书时，我很快就意识到了这不是一部普通的历史叙述。事实上，除了继续讲述'星期四小组'的故事、与亚瑟的交流以及安的精神使命之外，在第二部书中还为我们提供了一些不同的原创内容：一座建筑的超自然故事，以及更广阔的苏格兰自然景观。简而言之，这是一本很有趣味的好书！安可能不会感谢我这么说，但是不管怎样，它让我对这个故事的下一部续集，即第三部书充满了期待。无论安是否选择继续写这第三部书，我确信超自然的冒险，从打1996年开始到现在，已经层出不穷，况且这种现象将继续有增无减。因为，正如夏洛克·福尔摩斯先生所说，我知道安也会赞同："当你使用排除法，排除一切不可能的缘由以后，剩下的无论是多么的离奇，也必定是真的了。"

亚当·里德博士 Dr Adam Reed

英国圣安德鲁斯大学社会人类学读者

英国小说阅读与文学代理人：亨利·威廉姆森 the Henry Williamson Society 学会研究所。曼彻斯特大学出版社[新民族志]/多伦多大学出版社[图书与印刷文化研究]巴布亚新几内亚的最后之地：后殖民监狱中的束缚经历。伯格哈恩. Berghahn。

1
第一章 — 楼道上的人

到了2009年，我按照神灵[1]的要求建立起来的星期四冥想小组成员的情绪开始变得急躁起来。我们这个小组已经在亚瑟 柯南 道尔的引领下工作有好几年了，可是，仍然不敢肯定如何破解来自他的旨意才能够找到那座他指定的 大楼。我们已经掌握了他不断重复给我们的有关这座大楼的样子，可是这座大楼在什么地方呢，对我们来说仍然是一个谜团。这样一来，我们的情绪都变得急躁起来，也有些烦心。他为什么就不能直接告诉我们这座大楼在哪儿呢？那年的 年初，我们都被邀请到了吉欧的家里做冥想。随后，吉欧请大家在她的家里一起用晚餐。就当大家冥想以后，都坐在她的客厅里欣赏她的厨艺之际，我们又开始绞尽脑汁地讨论再次接收到的有关这座特别用途的大楼的事情。那会儿，我们根本就不知道我们就坐在与其同一条大街上，就是帕默森广场（(Palmerston Place)直到下一年我们才发现这所大楼的位置。

到了2010年的十月份，我才逐渐地发现了这座被遗弃的大楼就是亚瑟 柯南 道尔引领我们要建立的 其中心的地址。于是，我带着小组成员们来看了 这座多次被亚瑟 柯南 道尔清晰地描述给他们的大楼，就当我打开了宽敞沉重的大木头门的时候，他们即刻就感觉到了几个月以前，我来到这里时，所得到的相同磁场能量波触发的感觉。

'喔喔喔，就是这个大楼了'玛蕊说。

吉欧微笑着接着玛蕊的话，面对着这坐曾经有过宏伟时光，而今荒废了的大楼说：'真是难以置信，我不敢相信那所楼道竟然是这样的逼真。难怪他们（神灵）说是跟小说《飘》里形容的 旋转的楼梯走道一个样子呢。'

吉米看上去很惊喜，他四处查看，忙个不停；而高登忙着在楼下的各个房间里出入频繁地跟从他的灵感直觉寻觅着什么。并且说道：'我已经同意了，要有个我喜欢的房间。'我就接着他说：'那个就是我们要用的房间－我们得付租金才能使用那个房间—但是，那只为我们小组静思冥想所专用的房间，正如神灵指引给我们的一个样子。我们需要决定使用哪个房间，那应该是个小一点的房间，所以租金也不会太高。'

'好吧，我们可以去楼上看看吗？'高登问道并且说：'我想用吊绳摆锤指示标来看看导向仪会告诉我什么。'

我告诉他说：'可以，我们可以上楼。但是，我得要警告你们，这个地方你越往上走越有玄机'。我们开始往楼上走，同时听到了伙伴们发出的

各种惊呼的声音，同时有听到了高登使用导向仪得到的对大楼内部楼道上采得的能量测量反应的解读－细语与惊呼 。

高登反反复复地对楼内的房间能量进行了导向测量和对比以后，他宣布了楼顶上的右侧楼角里的一个房间，那就是有最好的能量适合我们小组的冥想静思要找的地方。吉欧和玛蕊也一致赞同，小组成员有了共鸣－那个房间就是顶楼上的403房间。

这座大楼终于在2011年的七月份被我们购置下来了，我们没能尽快使用我们自己选中的房间。因为在购置过程中出现延误，不能够在2011年的五月如期购置。这座大楼已经被遗弃了近四年的时间，又遇到了2008年的金融危机，大楼被银行所接受占有，曾计划用来做酒店，实际上是被用来做为简易旅行者的驿站，为其提供便宜住宿的过夜客店。现在看来是要重新设计成为在英国苏格兰敬供神灵的新精神主义者协会的活动中心。

我和我的丈夫音已经被告知由我们负责安排和监督这所大楼的重新装修工作，以保证计划好的在十月底大楼内部装修工作全部告捷，配合我们将要举行的大楼对外开放典礼仪式，我们已经把装修计划安排妥当；可是，在购置过程中，没有银行愿意就我们的计划申请给出担保，促使购楼延误了五个月之久。这就意味着我们的项目整体计划实

第一章 — 楼道上的人

际上出现了两个月的延误，本来我们的开门典礼日期的安排就已经是很紧迫的了。

面对不得不延迟的情况，我和我丈夫音尽快地重新审理了我们的装修方案，迅速通知了装修队员工无法按期对该大楼进行实地施工的情况。房屋代理公司把这所大楼的钥匙交给了作为新房东的我们，他们很负责地支付了把门锁的钥匙全部换成了新的锁头的费用，以便没有人能够再进入这所大楼。因为这所大楼曾经是用来给各种轻便旅行者的简易客店，谁人都可以随便地进进出出，换掉锁头以后，就让闲人无法进入了。我们拿到了钥匙以后，就被吊空了。我对音说道：'我有了钥匙，至少我们自己可以开始收拾收拾这个地方，把没用的垃圾扔出去。如果购置落空也不会有人指责我们做的不对。只是我们的工作算是白搭了，但是我们不会失去什么，因为我们不会是有什么开销，只是我们自己的时间与劳务罢了。'

音同意了我的建议，尽管他还是说了：'如果我们被人发现会怎么说呢？'

'就目前的状况来说，我们不会把大楼搞得更糟，音。'

'那确实是真的。'

音工作起来是非常有效率的人，没有几天，他就把大楼内部的各种垃圾废物清理干干净净了。他发现了一些食物包装纸，饭盒，暖水瓶等物品，认为是已经有人开始在楼内进行过清理和装修的工作，有些饮料，食品刚刚只用过一半，他说是显然有人在做装修工作的过程中，而又忽然停下来了。还有工人的汗衫，鞋子和收音机等物件，仍然在施工场地。我也看到了一些，但是，音直接清理了这些留下的物品，他说：这里好像是有人在工作过程中，忽然间决定离去。因为这些东西是没有用完的食品，饮料和个人使用的物品，被谁在匆忙离开之际，而被丢弃在这里了。我们确实认为这个现象好奇怪的，就好像是工人们丢弃下自己手里的活，迅速离去一样。这种现象在我们自己的油漆工工人在施工现场工作的时候，再次出现了。上次在打扫大楼时的状况再次在我们的脑海里浮现出来，尽管当时我们没有太多的在意，只是认为非常奇怪罢了。

'很遗憾，我们不能够做得更多一些。'

'我们可以从安排公寓方面开始工作？'我们的计划是在二楼给来此活动中心的做讲演的人员和有通灵媒体能力的人员，在前来此中心工作的期间提供给他们住宿和使用的独立的自助公寓房间。因为以前房间

3

里没有厨房用具，我们需要给房间配置各种餐饮调制工具，包括厨房用具。我和音都擅长动手安装厨房用具。我认为我们可以从给独立的公寓里面安装厨房用具开始我们的装修工作。'我知道这样会需要我们自己掏腰包买厨房用具，但是如果我们从宜家公司买来便宜的用具，那也用不了多少钱，万一有人反对或购置房产不成功，至少新房东不花钱就得到了这些新的厨房用具？'

音同意了我的建议，于是在这个大楼内的二楼里，我们开始着手测量房间可以放置厨房用具的尺寸和设计如何放置厨房用具，等一系列的室内安排计划。于是，我们在几天以后，采购了宜家的厨房用具，并且把这些用具搬运到了大楼里的走道上。第二天我们便开始按部就班地工作了。我们先在独立的公寓里腾出了地方，然后把宜家厨房用具组装好。就当我们两人都跪在地上，全神贯注地为新的独立公寓组装宜家厨房用具时，忽然间，我们两人不约而同地停下了手里的工作，互相对视着，并且清楚地听到了在楼梯上传来的清晰的脚步声。那明明是谁穿着皮鞋在大理石的楼梯橙上行走，才能够发出的清晰的脚步声 - 显然有人正在上楼，并且是冲着我们工作的地方走来。我们几乎是没有时间来思考，就听到了房间的门被打开了，紧接着就被房间门上已经安装好的自动关闭系统所发生的作用而被牵制，用力关闭了房间的门。大楼里所有的房间门都是为了安全起见，全部安装了自动关闭门的系统。脚步声好像是从大楼的后楼梯上进入到了这层楼的走廊里。'快点'，我对音说道：'你去大楼的主楼道，我去大楼的后楼梯，不管怎样我们两人之一总会遇到这位没被邀请就闯入大楼里来的不速之客。也许是房屋代理公司的人；也许是有人看到了我们搬运宜家厨房用具进入大楼，而举报了我们。房屋代理公司的人想要查看我们在做什么。我们要保证我们没做任何修建工作，只是组装宜家厨房用具罢了。'此刻，音已经向着大楼的主楼道跑去了，我向着刚刚传来关门声响的后楼梯走道走去。我很自信地对自己说，我应该看到房屋代理公司的人，他会被关在了后楼门的外面，可是，我没有看到任何人。我继续走到了大楼的底层，我打开了通往大厅接待室的门，在那里，音满脸疑惑地站在主楼道的楼梯底下等着我，'没有任何人'我对音说道。

'在主楼道里也没有人，所以我还以为他肯定在后门呢？'

'没有。'我说。音仔细检查了前门。前门仍然是紧锁着的。'也许他已经上了楼上了？'

4

第一章 － 楼道上的人

'他为什么要上楼上呢？'

'我不知道'，我说。'但是，我们一起来查看一下吧，因为肯定有人在这个大楼里。'

不由分说，我们不由自主地朝着我们分头走过的方向，从我们各自下来的楼道上，再次返回了楼上。在这个大楼里，有两条楼道：主楼道和后楼道，后楼道是佣人使用的通道。我从后楼道爬上顶楼，在那里我们又重新相聚。'什么也没有？'

'什么也没有，'音说，此刻，我们互相对视却全都无言以对，明明是我们都听到了清晰的脚步声响，可是，我们却无法解释究竟发生了什么。慢慢地也是很不情愿地，我们再次返回到了二楼，我们刚才工作过的地方，重新继续安装那些宜家的厨房用具的组装工作。手里拿着螺丝刀，我们开始工作，可是我们的脑海里还是想着刚才究竟发生了什么。我把厨房板一件件地从楼道里搬运到了公寓里，音在公寓里，把它们组装起来。就在我返回到楼道里，再次搬取堆放在楼道里的板块材料时，我的眼睛在楼道栏杆旁边遇到了一位正在注视着我的男子。被这个不期而遇的男子惊吓了得我，惊叫着，丢掉了刚拿到手里的木板材料，木板材料又掉回到了其它的木板上，发出声响。'出什么事了？出什么事了？'音急急忙忙地跑来并且问道。

我指着楼梯道说：'那里有个男的，'

'在哪儿？他在哪儿呢？'我从音说的语音里觉查到了他的紧张与不安的感觉，同时他又查看着楼道里的上上下下和走廊上的动静。

'呕，他不是一个真人。他在我看到了他的那一瞬间就消失了。'此刻，我看到了音的脸上浮现出了一种解脱；他在听我说那是一个神灵世界的灵魂时，他所感到的那种松了一口气的解脱。有趣的是对音来说神灵世界里的灵魂再现比真人的出现更容易能被他接受了。到了现在，音基本上已经习惯于我与神灵世界里的灵魂不期而遇的邂逅事件，这么多年来，他已经成了一位坚信徒，尽管他自己不想与其有任何的参与关联。'你想他要干什么呢？'

'我不知道；他大概是此大楼的前任的房主，就是让我们知道他仍然在此。他要让我们知道这是他的房子，他在注视着我们的行动。'我在我的眼神与那个男子邂逅的那个瞬即就已经收到了这个消息。那不是恐吓性的挑战，就像是任何主人在家里对待来此干活的工人一样的眼神。但是，这个信息很实在；他在注视着我们的一举一动。就在我对音重复讲述之际，我忽然觉悟到了我们在此创下了这个地方不寻常的特殊现象的实际记录—我们刚刚开始了对前几年一直是处于安静，并且是空荡荡的楼房，进行装修工作，搅动了这块静谧的地盘。我在想主要的装修工作还没有正式的开始呢，如果开始全面的正式装修工作，那该会发生什么样的事情啊。答案尚未揭晓。

　　我还会如期在楼道里遇到那个灵魂，我确实有与那个男子再次邂逅。那是在全部装修工作完成以后，我们正在准备开幕典礼的时候。开幕典礼的日子预定为2011年的十月23号，英国的国家神灵联合会主席将会届时前来剪彩。所有的室内外装修工作已经竣工完成，并且铺上了新的地毯，整个大楼都已经是面目全新了，就是已经恢复了旧日的宏伟与庄严。我把几个鲜花的花篮摆放在楼房大厅主楼的楼梯走道的两旁。鲜花为此圣地举行的开幕典礼增添了无限美好吉祥的氛围。就在星期五，也是开幕典礼的前一天，我独自一人在大楼的周围散步，查看各个部位都已经按部就班地布置妥善，就在我独自慢走环视四周之际，忽然那个男子再次出现了。他跟上次一样，就跟你和我一样的真实存在，仍然跟上次一模一样地出现在楼梯上，就是几个月以前我看到的他所出现的同一个位置上。只是这次我在楼下，他在我的上方，我在一楼的走道的平台上，我需要仰头才能够看得到他。这次他的态度更加友善，关爱和欣赏。他的穿着跟以前一样，他戴着礼帽，穿着礼服外套，外套里面穿着坎肩，坎肩上还挂着一条有金色表链的怀表，手里执着一根文明杖；他绝对拥有维多利亚时代的绅士风格和气度，并且他也留着那个年代男子特有的灰色长胡须。那个男子用手轻轻地用手碰了碰他的大礼帽的边缘，好似对我表示有礼貌。与此同时，他又向着我的方向微微地低下了头，在那瞬间，他向我传送发出来信息。这是表达他对此所大楼已经发生的事情感到满意的信息。我感觉到了他是在感谢我，他是在向我致敬。我对他的善意很欣慰。那天晚上，我离开大楼时在想，无论那个男子是谁，他都在让我知道：他很高兴他的房子看起来很好，再现辉煌，而且他喜欢并且欣赏我们在这所大楼装修上所做的工作。

2
第二章 — 是玩游戏还是捉迷藏？

在我们的整体装修计划获得了正式批准以后，我和音立即就开始行动了。我们通知已经预定好又被延迟了的合同工可以开工，他们随即就到了施工现场。先是房屋屋顶需要补修，做到不透风不漏水，我们就先请来了房瓦匠来到了施工现场；接着就是门窗装修工；整个大楼总共有43个年久失修的窗子，全部都需要重新更换安装新窗架子；还有就是房间内部的木质地板与其它木质结构也早已腐朽，都需要更换新的。大多的木质结构都需要全部换成新的木质材料；厨房需要重新翻修，六个楼层的洗浴室和洗手间需要重新装修；房屋的天花板需要装修，墙壁需要换上新的石膏板和墙壁纸；我们预计好，一旦这些工作完成以后，才能够开始室内的美化与室内粉刷，以及更新房间的地毯等其它的装修工作。修理屋顶的房瓦匠周末都没休息，他们连续加班抢时间工作，不需要在大楼外面架起钢架，这样就真是为我们节省了工时，他们很快就完成了任务，撤出了大楼。紧接着，我们就请来了门窗装修合同工，他们一共来了四个人。两个人一组负责一个楼层的门窗装修工作，这样他们两组人同时修理安装两个楼层的门窗，我和音每天都坚守在施工现场确保装修工作的顺利进行，同时我们的工作还不能影响到其他工人的工作，以保证装修的进度不受影响。一切都按照计划顺风顺水地推进着，直到有一位在一层楼房间工作的工人说他在工作时无意中看到了一个人。最初这个工人是来找我和音的，他说：'楼下有个人。'他只是向我们报告说有人进来了，你们应该知道。我下楼去查看，可是没见到任何人。我又返回到楼上，找到正在修理门窗的那位工人，就是向我们报告的那个工人，对他说：'楼下没人？你看到的人是谁？他要做什么？'

'我不知道，'那个工人一边继续干活一边若无其事地说：'刚才我下楼，路过那个敞开着门的大房间时，看到了一个男的。'

'他在做什么呢？'

'他就站在那儿环视着四周。'

'是这样啊，我们不知道他是谁，他现在没在那儿。'我没再多想就返回我的工作岗位上，直到几天以后再次出现了同一种情况。这次是跟那个工人一起干活的同事，前来告诉我说有人在楼下等着见我。我放下手里的活下楼来找那个人。可是，还是没有见到任何人。'也许是一个过路的人，他很好事，进来瞧瞧我们正在做什么的人；你要在去楼外你的汽车里取东西的时候，一定把前门关好啊，'我对那个修理门窗的工人说。

'我没出去，门是关着的，我只是从接待室那儿拿来些密封条。'因为在楼的附近无法停放汽车，工人们在来到大楼时，就已经把应该使用的工具和各种材料，全部都卸下了工程汽车，堆放在大楼内部的接待室里了。'那个人长得什么样子呢？'我问道。

'我不知道，就是一个男的，穿着深色的衣服 — 一件外衣，我想是这样的。'

'那就是我那天看到的那个人啊。'跟他一起工作的同事与他面面相觑而又不知所措，面带惊愕的样子补充着说。

第二天，这两位工人就都没有再来此大楼工作，我们缺少了两位门窗修理工。

我们大楼的装修工作继续进行着，教会的主席约翰说他希望在作为教堂的房间内的窗框上，镶嵌上美丽的彩釉玻璃；这就是神灵指定的房间，也恰好是那个莫名其妙的男子现身出没的房间。我和约翰认真地商讨了使用什么样子的彩釉玻璃片做窗玻璃来装饰这个房间里的全部玻璃窗。约翰有了用一年不同四季的树木来描绘不同季节的想法，他还画出了他自己的初步想法的草图。我又在他的草图基础上添加了哥特式的拱顶型的想法，使其看上去更有教堂窗几的情调，我们一起将这些最初的草图设计，拿去找门窗装修公司的人员审看，希望他们能够协助我们设计出一个有我们意图在内的综合性计划图样。他们的

第二章 — 是玩游戏还是捉迷藏?

首席设计师,是一位身材魁梧并有着一双硕大手掌的艺术天才人物,他跟我们一起商讨后,告诉我们,他会按照我们的建议,把房间内的窗户全部镶嵌上彩釉玻璃图片,每个窗户框上安装三扇彩釉玻璃图片。设计师希望能够来大楼测量窗户框架的实际高宽尺寸,以便设计确切的每三扇彩釉玻璃片的精准尺寸,精确地将彩釉玻璃片镶嵌到窗户框架里。我跟设计师说好了,第二天一早我们在大楼里相见。

可是,第二天早晨,我晚了一点儿。我开车来到大楼附近时,正好遇上了十字路口上的红绿灯。我看到了这位膀大腰圆的设计师正在东张西望四处搜寻我的踪影。交通灯刚好变成了绿色,我马上把车开了过来,在他面前停下。我摇下了我的车窗户,手里握着一串钥匙,高声对他说:'这是门钥匙,你先把门打开,我去找停放车的地方,我把车停下以后,就马上回来见你。'

'你肯定是开玩笑,'设计师立即给我一个回答。我疑惑不解地看着他,他继续说:'我是绝对不会在没有你的陪伴下自己进大楼的 - 我自己不会进入到大楼的内部 – 那里闹鬼。'

我不太敢相信我听到的话。这个家伙可是从来都没来过这所大楼的人,然而现在他说他不敢自己进去 – 我又怎样做才能保护像他这样一个膀大腰圆,强悍的大汉子呢 – 我无计可施,只有暗地里对自己发笑。我告诉他说我去找停车位,他告诉我说他会在此处等着我回来。我从停车场走过来的路上,心里在暗自打趣,这么一个强悍的男子汉莫名其妙地竟然被这个大楼里闹鬼的事儿给吓住了。我只能猜想是他公司里在这个大楼里工作过的工人,在回到他们的办公室里把他们自己的经历诉说给这位首席设计师和其他的员工,这样就足以促成让他不敢自己进入大楼内部了。那会儿,我还不晓得闹鬼的事情在当油漆工上门工作时,竟然达到了新的高峰。

当大楼的屋顶和门窗被整修完毕,大楼不再透风漏雨了。我们就请来了油漆工,给楼房里的各个房间进行粉刷,以待开幕典礼仪式。这是为了做慈善事业使用的大楼,我们选择了一家有良好的可信度和有丰富经验给房屋天花板举架高,四壁墙角有着艺术性装饰纹理的房屋做精密粉刷的公司。我们把合同给了这家公司,请他们从一层楼和二层楼的主要房间以及主楼的楼梯道开始工作。这几个房间里的天棚举架都特别高;其它房间里的天花板举架比较低,我们可以自己动手粉刷,以减少开销费用。粉刷公司来了三个人 - 老板叫卡门,还有他的两个助手,也是他的员工。

他们到了以后，就把粉刷工具和油漆等存放在一层楼的房间里，但是他们的梯子很高，只能先放在一层楼的楼梯底部待用时再搬取。内部装修使得大楼的面貌日新月异，我们逐渐可以看到了大楼原来本色的辉煌与宏伟。卡门曾经是一位职业足球运动员，所以他和音、还有其他的员工总会在星期一的一大早，以谈论周末的各个足球对的比赛成绩为话题，开始日常的工作。这种方式总能帮助他们建立起和谐友好的工作气氛。一天晚上快要收工的时候，卡门，音和我站在三楼的楼道里商量粉刷主楼道的计划，卡门说：'在这所大楼里有一种奇怪的感觉。'

'哪种感觉呢？'音问他。

'是一种挺好的感觉，我还听到了有人在唱歌。'

'啊。'

'我没对其他员工讲 - 他们会认为我有精神恍惚症呢 – 但是，那是个女的在唱歌，我想她是站在楼梯上唱歌。在楼上我可以听到她唱歌的回音。我今天让其他员工把收音机关闭掉了，因为我还以为是他们的收音机里播放的音乐有串台的效果呢。但是，我让他们关掉收音机以后，他们听不到任何声音了。我就让他们重新打开了收音机。他们认为是我的耳朵出了问题。你们有听到过吗？'

'没有。'

他又继续说：'我现在还是可以听到呢。'

'卡门你听到了什么？她在唱什么？'我追问卡门。

'那是你无法辨认出来的歌曲。是一种幽灵般的曲调，就像人们传说中的美人鱼的曲调，但又像似乎是天使一般的曲调 – 给我一种非常美好的感觉 – 我觉得我自己能随着曲调腾空飞起来，或者是漂浮起来跟她一起在天空中飞翔。'

我不喜欢他的评论，尤其是我们那会儿是站在三楼的走道平台上，离地面有着四十英尺的高度距离。'好吧，我们今天就做到此，该收工了，明天再继续工作。'我说着，同时盼望他快点收工下楼去。

'明天，我有其它的工作任务，我不会再来这儿了。但是，他们两人会继续来这里工作。'就这样，我们都收工回家了。在我的脑海里，仍然反反复复地回想着卡门告诉我们的情况。

我们事先把大门的钥匙给了那两位工作人员，以便他们自己可以开门进来开工。可是，等我们到了以后才发现他们在茶室里，大声地争辩着什么。他们确实来的很早，打开大门以后，他们发现各自的油漆

第二章 – 是玩游戏还是捉迷藏？

工具都不见了，他们正在这里互相指责。（他们有着很严谨的工作作风，就是每天完成工作以后，把油漆刷子和油漆辊子都带到一楼的茶室里，用特制的油漆工业使用的不透气塑料纸把刷子和辊子密封包装好，以便用具在第二天不会变得干燥，他们马上可以开工，继续使用。这是非常专业的处理办法，意味着他们不必在每次完成一项工作以后刷洗工具。可是，现在，他们的工具都找不到了）。

'也许卡门把工具带走了？'我想制止他们的争辩，就这样说了。

'不可能的，我们都有使用和保存自己工具的习惯，卡门只带走了他自己的工具。'

当师傅的那位油漆工说着，就又开始指责漫骂那个年纪较轻的油漆工。年轻的油漆工看上去是一位学徒工人，他被师傅指责漫骂的不知所措，因为他自己的工具也不见了，他争辩说他没有大门的钥匙，是师傅拿着钥匙开门进来的。

我接着说'昨晚上，我们跟卡门都在这儿，如果他没有带走你们的工具，也许你们放在了其它的什么地方了吧？'

'没那时儿。'给我的回答就是这么简单，现在，我认为他是在仔细回想，想办法找到工具。

'好吧，工具不会自己跑远了，我们找找看吧。'我们分头寻找工具 – 油漆刷子和油漆辊子 – 我们找到了油漆刷子和辊子 – 原封没动地躺在顶层楼的地板上。我们给他们的合同上并没有安排工人们在那里做任何油漆的活儿，工人们也没开始在那里干活呢，那里是他们昨天干活的地方的三个楼层以上的顶楼。所以，师傅认为是徒弟故意搞恶作剧，故意把刷子藏在了三层楼上的这个地方。他又开始指责漫骂徒弟恶作剧，白白地浪费了一个小时的时间。徒弟不甘心被无理指责，可又无法解释清白，他们互相瞪眼争辩之后，才又快快不快地重新开始了工作。

两个油漆工在二层楼的最大房间里干活。这是大楼里最好的房间之一，房屋有高高的天花板和华丽的飞檐，以及墙壁的各个角落都有着美丽的花纹做装饰。给这些飞檐壁角上油漆，确实是一件手艺活，他们还需要用A型梯子。他们在两部A型梯子之间架起了一条平板的台子，在梯子与平板台之间上往返作业，这样才能够给天花板和飞檐图上新油漆，两位油漆工刷一段天花板的油漆，就要移动一段A型梯子和架在梯子之间的长木板，这实在是一件不易的工作。

第二天我们进来时，再次听到他们两正在二楼大厅里愤怒地互相指责的声音。音立即跑上二楼，在那里，他们正在互相指责漫骂，气氛十分紧张，双方都在气头上，互不相让，咄咄逼人。我紧紧地跟在音的身后，并不想急于判断谁的对错。

音开口问：'出什么事了？'

师傅说：'这个小混蛋觉得恶作剧有趣。'徒弟看师傅咄咄逼人的凶煞气很胆怯，他很委屈地表现出，自己受到了不公平的漫骂。

'出了什么事了？'音问道，'又是油漆刷子不见了吗？'

'你往周围看看，'师傅说，'你看到什么了吗？'我和音环视了房间里的四周，可是没有什么引起我们的注意。那只是一个空房间，没有什么混乱与被破坏的现象，不至于让师傅有如此这般的愤怒。师傅意识到我们没有理解他的话，就又强调说'你们*没*看到啊？'

啊，也许又少了什么，我暗自想到。如果不是油漆的刷子，那就应该是油漆桶了。可是，我看到了他们在从楼下的茶室里来的时候，已经把昨晚留在那里的油漆刷子和油漆桶都带到楼上来了。'那个该死的梯子哪去了呢？'师傅恼羞成怒地大声吼叫着。我和音这才意识到高大笨重的梯子和平板台怎么会无翼而飞地失踪了呢。这确实让我们两个人也一时惊讶的目瞪口呆了。那个徒工呆若木鸡般地求援地看着我们，同时他还忍受着师傅冲他来的怒吼。

我紧忙说'等一下，昨晚上，你们两是同一个时间离开这里的，他是不会自己搬动梯子的啊。'可怜的徒工望着我们大家，连忙点头示意我说的完全正确。但是，他不敢开口，害怕师傅再冲着他开火。师傅似乎理智些了，因为我说：'卡门正在做另外的一个工作，也许他借走使用了你们的梯子。'

二话没说，师傅把手放进了他的口袋，摸出了自己的手机，给卡门拨打了电话。'我说老板，你昨晚上来这里把梯子搬走了？'我们没听到其答复。但是，听到师傅继续说：'不对，钥匙在我的手里啊。'与此同时他用手摸向自己的另外一个裤兜，把一串钥匙陶了出来，好像似证明他确实有钥匙在手里。这就很显然，卡门是告诉他说：没有钥匙，无法进入大楼里搬走梯子，也许是反问他：有没有把钥匙给了别人，才搬走了梯子。至此，师傅结束了跟卡门的通话，并告诉卡门，过会儿再向他汇报情况。他大概明白了，只有他自己的手里才掌握着开门的钥匙，其他人都是没有办法进入大楼内部的，所以呢，如果要指责的话，只有他自己应该是被指责的对象了。为此，他沉默无语，百思不解。

第二章 — 是玩游戏还是捉迷藏？

'好吧'音说道'在我们报告梯子被盗窃之前，我们要在大楼内部各处找找看，也要查看是否有人破门而入，偷走了梯子。'他这样一说，马上就让这位师傅冷静了下来，师傅能够理智地听从他的这个建议了。两个油漆工迅速朝着楼上走去。音对我说'我现在就去地下室查看。只有这个地方有可能从窗户里把梯子搬出去。因为梯子太高，根本无法从楼上的任何房间的窗户里搬运出去，况且那个房间的窗户距离地面有四十英尺的高度，楼上的窗户也许还要更高一些。如果是这样的话，一定是有人从后门破门而入，才能够从地下室的窗户里搬走了梯子。'我认为音的分析很正确，于是就同意跟从他去地下室检查门窗的情况。音径直奔向地下室的后门，我去地下室的前窗，我们分头去查看。当我看到地下室的窗户时，记得清清楚楚地全部的窗户上都有铁廊杆护着玻璃；音回来说：'后门上着锁头。'

那一刻间，我们听到了楼上又响起了大声的吵嚷。我们迅速地往楼上跑去，因为这吵嚷的声音比上次更激烈，更带有愤怒与叫骂。吵嚷的声音是从三楼上传来的，我们跑到了三楼的拐角处，顺着声音跑到了205号房间，这是由原来的两个房间，把隔壁打开之后，合并成的一个大房间。这样一来，这个打通了的房间的门，相对来说倒是小了许多，肯定不算很大。连着的房间其结果是多出来一个小的前厅，前厅有一扇通往另外大一些的房间的小门。在大房间里的地板上，两架A型梯子和大木板，整整齐齐静悄悄地被谁摆放在那里了。

看到梯子和木板在地板上，师傅又怒火燃烧，指责徒工恶作剧，故意在浪费时间。徒弟不服气，引发了激烈的争吵。可是，当他们意识到，要想把梯子搬出这个房间，如何才能搬得出这个房间的门，这可是个大问题时，他们的争吵就又烟消云散了。梯子太高，根本无法直立着放起来，因为这个房间的天棚较低，况且梯子被放入的地方实在是太窄小了，根本很难扭转了梯子，再把它搬运出去。我们四个人费了九牛二虎之力，用了好久的时间，才总算掂量着慢慢地转动了梯子，把梯子从房间的斜对角线上，一点点地移动到了那个房间的前厅里，再穿过那个房间的门口，才回到了楼梯走道上。我们只有这样做，两个油漆工才能再把梯子搬回到二楼，也就是他们昨天干活的那个房间里，继续他们在那个房间里的油漆工作。

很显然，他们之中的任何一个人，都是无法能够自己把梯子从二楼的房间里搬出去，再摆放在非常窄小的三楼房间里的那个蹩脚的地方。这种A型梯子是专门为在一楼和二楼的高天棚房间里刷天花板使用的。三层楼的房间里没有高高的天棚，这种A型木制梯子即沉重又蹩脚，把它们从三楼搬回二楼实在很费劲。我们四个人在把梯子搬出去的过程中，实在没有办法不碰坏墙壁，本来就没有必要把梯子搬到那个房间里。从那以后，油漆工们交出了大门的钥匙，他们两个人拒绝在没有我们的陪同下，进入大楼工作。不管是他们担心因为怕在大楼里再次出现丢失了东西的情况，他们有责任；还是因为怕担心保险公司对有钥匙的人追责。我是认为师傅之所以对徒弟的不满，是因为他自己内心里的非常害怕。

　　与其相反，我们的下一个承包商来此工作时，却采取了完全不一样的态度。为了赶时间完成装修计划，我们聘请来一位泥瓦匠，给大楼里的厨房，浴室，洗手间重新放上新石膏板或涂上一层稀薄的石膏。我们也决定了安装一个新厨房，因为原来的厨房在地下室，那是以前的酒店使用过的厨房。那时这个大楼是被用做为旅馆，厨房地底下有着沉积了多年的淤泥和油脂以及老鼠的粪便。我们决定把这一切都通通都给挖掘出来再都给扔掉。重新建起设立一个新的厨房。泥瓦匠干得很卖力，他一点点地从地下室开始，往楼上做。，一天，当我们吃午饭时，我对音说，我要去看看泥瓦匠，问他是否来跟我们一起喝杯茶，用午餐。当我找到他时，他正爬在梯子上给二楼的一个房间的墙壁抹灰。'你干得怎样？'我问他。

　　'很好啊。'他回答，'可是这儿有个小女孩儿，她到处跑着玩儿。'

　　'真的吗？'我无法想象到这所大楼里还有个小孩儿，如果真是这样，那她会有危险的。'我去找找看啊。'我对他说。'也许大门没有关好。'我马上就给音打去了电话 - 我们已经习惯于在这所大楼里用手机联络对方了 - 尽管我知道大门是已经关着的了，因为我在上楼时，查看了大门。可是，我还是要问他，让他再确认大门是关着的。我在大楼内走了一圈，没看到任何人，也没有看到任何可疑的现象。我回到了厨房，继续干着我手里的活，同时告诉了音那个泥瓦匠说的话。到此为止，我们已经对大楼里发生的奇怪现象习以为常了，可是我们互相默守着一个信条，那就是我们要保持缄默，闭口不谈。因为我们都不想再吓跑了合同工。

　　我们的新厨房全部就绪，于是我们就开始装修洗手间；大楼里的六个楼层，每层楼都有洗手间，所以有很多的工作需要完成。那天，我们正在一楼干活，午饭时，我再次去找泥瓦匠，通知他午休吃饭。他正在三楼上干活，他又告诉我说：'那个小女孩儿，她又来这儿玩了。'

第二章 — 是玩游戏还是捉迷藏？

'那天，我把整个大楼都查找遍了，也没有找到任何人 – 她长得什么样儿啊？'我问他。

'我不知道'，他说'我只是听到了她到处跑着玩的声音，她还一边跑，一边哼唱着歌儿，我回头看她的时候，她就跑出了我的视线。就好像她在跟我玩捉迷藏。'

'好吧，你下来跟我们一起吃饭吧，然后我们再一起找找看。'当泥瓦匠在顶楼做最后的装修工作时，我再次爬上顶楼去找他，他对我说'那个小女孩儿不是真人，对吧？'

'你说的是什么意思呢？'我问他。

'我的意思是她是一个小鬼的灵魂？'

'我不知道 – 我没见到过她呀。你怎么会这样说她呢？'我问他。

'我有一个朋友有特殊功能，有时候我也能有这种功能。当那个小女孩儿出现的时候，我想她是过去留下的灵魂，她不是现在的人。'

'我真的不知道。这儿只有你看到了她。我确认我已经把整个的大楼都检查遍了，我没发现任何人，也许是你听到了从大楼外边传进来的声音吧，也许是马路上的小孩儿吧？'

'不对，'他不满意地说'这次我看到了她。她并没在街上，而是就与我这儿，跟我在一起的。'

'你没事吧？她吓到你了吗？'

'没事，她只是一个顽皮的想要玩捉迷藏的小姑娘 – 我想是捉迷藏 – 让我一转身，每次我转过身来，她都会跑掉了。我想她一定是很孤寂，想要找个人跟她玩玩罢了。'说完，他就吃了他的午饭，又完成了他手上最后的活，就离开了大楼。

3
第三章 — 自愿工作者

　　一旦承包商把大楼主要房间里的基本设施安装修理完毕，我和音就可以接着完成楼上房间里的整理工作了。外来的公众不会轻易地去楼上的房间里，我们在时间上也不必太较真儿了。虽然我们希望能够尽最大的努力，在大楼开幕剪彩前，能够完成这些装修工作；因为我们明白一旦大楼对外开放使用，任何装修工作都会更不方便。[1]

　　至此为止楼上的房间需要修理的都已经修理好了，就等着粉刷了，我们发出了邀请宣传，招请自愿工作者前来帮助粉刷房间的广告。我们想大楼里主要的大房间都已经由专业粉刷装修合同工完成了，只剩下四楼和五楼及顶楼楼上的小房间了，这些小房间里的天棚举架都比较低，况且这些房间是不对外开放，不接待公众参观的房间，没有必要请专业人员来完成粉刷任务。我们很高兴有来自教会的人员报名，他们自愿前来做义工。他们是亚历克斯 哈瑞森，比尔 麦贵格和伊万。伊万还有另外其它的工作，所以他的时间有限。但是亚历克斯和比尔都已经退休了，身体尚好，他们积极主动，情愿做助人为乐的工作。我们把油漆，刷子，油辊子，托盘准备好，让亚历克斯和比尔每人负责粉刷一个房间。他们对粉刷房间有着不同的主见与方法，观看他们的独特技巧也是很逗趣的。这体现在我们请他们在工作之余，来茶室里跟我们一起用茶时，他们穿的衣着就说明了一切：亚历克斯就像没做任何油漆工作一样，衣服上没有任何油漆弄脏了的痕迹；可是比尔的衣服和双手，还有他的脸上都已经沾满了油漆的斑斑点点儿。我们被这两个人之间的相貌差异，给逗得哄堂大笑。他们两个人年龄相仿，打扮和气质也都蛮有绅士风度。每个周日去教堂，几乎难以分辨他们两个人之中的谁是更帅气了。因为他们看上去都像似刚刚从裁缝店的橱窗里走出来的时装模特一般，他们的裤线被烫熨得笔挺笔挺的直，他们的皮鞋被擦得跟镜子一样锃亮，都能够照得出自己的影子来，再搭配上时髦的衬衫、领带和夹克衫，简直就是完美无瑕的美男子。现在呢，他们穿着旧衣服，充满了热情洋溢与自乐其中的享受感，跟我和音一起在四楼的小房间里，友好欢快地干着活，显得十分惬意。我记忆犹新的一天就是比尔开始在顶楼的一个房间里刷油，这里是以前旧旅社的一间卧室，室内有一个淋浴室，淋浴室已经装修完毕，只待粉刷了。我和音当时正在一楼干活，比尔忽然跑了下来，冲入茶室又抓起了他的背包，随后冲出了大楼。我跟着他跑出了大楼，并大声呼叫他的名字，他根本没有回头，一直沿着街道在奔跑，径直消失在我的视线中。

就当我正准备写此书的过程中，我查看了我对当时发生在大楼里的事情所做的笔记。我暗自责备自己那会儿没有请亚历克斯和比尔把他们当时在大楼里工作，所遇到的、经历过的事情做成书面陈述，让我保留下来。现在，亚历克斯已经不幸离世了，我也说不准比尔怎么样了。我已经好久没有比尔的消息了。我很后悔自己失去了那些能够对本书中的记录，提供独立的当事人证实言词的机会。可是，你应该想象的出来，我是多么的惊讶，就是在第二天，我收到了从活动中心转发给我的一封电子邮件。此邮件是比尔 麦贵格发送到中心的电子邮箱地址上的，比尔是想通过活动中心跟我联系上。开始时，我还以为这是一个骗局。可是，我马上就意识到了比尔是接收到了我的心灵呼唤，他是跟我有了心灵的感应而后发出的回应。以下是比尔发来的电子邮件：

安你好，

我是比尔 麦贵格，我喜欢阅读你的书，我从三岁起就开始写日记直到今天。日记内容是我跟神灵接触的经历，包括2011年亚瑟 柯南道尔活动中心开幕典礼之前，我在那里做义工的经历。

第三章 – 自愿工作者

安，你能阅读我当时所记录的日记吗，这不是为了发表给公众阅读，而是为了给我的家人。我的联系方式电话和住址都在活动中心有备案。

请问候您先生，音安好。盼望有你的回音，希望你一切都是最好的。

比尔 麦贵格

所以，不但是比尔恰在我需要他的时候与我联系上了，并且他还在他的电子邮件中注明了他在大楼装修时的经历，由他即时写在日记上，记录下来了，可以用来做为今天的证词；有的时候神灵就是这样能够神机妙算！我给比尔回复了邮件，他十分友好地允许我阅读和使用他的日记内容，以下是他日记的摘录：

'我是一名精神主义者，亚瑟 柯南 道尔精神主义者活动中心和教会的成员。我们的教堂地址从爱丁堡的茂若森街上迁移到了于2011年十月23日正式开幕典礼的新大楼，在开幕之前，有许多工作要做。

做为一名志愿义工者，我在大楼的一层楼上帮忙干活，一楼的旋转楼梯以180度的漩涡形式上转到二层楼上。我当时在这个楼道的半腰上干活，觉察到了旋转楼道上有动静，我就看了看，恰巧看到了好像是一只无形的手（我没看到手）在挥动着七色彩绸缎飘带，由底层楼往上层楼飘逸过来，我得到的印象是宛如一个无忧无虑的少女，她也许是这个家庭中的成员之一，她身上飘溢着轻松地欢快与自由，但是，我没有看到任何真人，只看到了七彩的绸带。七色绸缎彩带在齐肩的高度飘曳。我惊喜呆愣了一会儿，我几乎从来就很少在任何情况下发出大惊小怪情不自禁地说'啊'的，但是，这次我还是暗自在我的内心里说了。我目睹了这些彩色绸缎带子，从楼梯底层的楼梯橛处开始飘曳，朝着我的方向飘移，快到我身边时，就忽然消失了。

这所大楼的旋转楼道，建立在高高的天井下面，尽管三层楼上的房间的门全都是关闭着的，直射的阳光也会通过天井的大玻璃窗直接射入到楼道中，使得七色绸缎彩带的飘逸上移呈现的如此仙境一般，让我非常愉悦，我觉得自己很幸运能够有此机会见到如此的绝妙情景。

第二天，我觉得应该在顶楼的一个大房间里开始工作，这个房间很

漩涡 THE VORTEX

敞亮，令人很舒适。我就在地板上铺开了一张大朔胶布，打开CD光盘播放机，一边听轻音乐，一边干活。大约过了一个多钟头以后，我停下手里的活想稍微休息一下。这时我注意到了两个人影。这并不是真实的人影，因为我可以透过她们，看到她们身后的墙壁和房门。两个都是年龄在十五或者是十六岁的女孩儿，她们都穿着浅色的长身晚礼裙。她们的身高大概都在六英尺左右，站在我的面前望着我，大概持续了有三十秒钟。我觉得有她们的陪伴很舒服的，她们大概也有同感吧，直到我对她们说了一声'喂'她们就转身消失可了。她们的消失让我觉得非常遗憾。我是希望能够与她们对话。第二天我继续在顶楼的房间里给墙壁上涂油漆，就在我休息的期间，我想看看在同一层楼待刷油漆的隔壁房间。我走进了第二个睡房，这是一个套间，我先看看洗浴室，想仔细考虑一下该怎样着手粉刷的工作。离开套间，我走进了睡房。令我万分吃惊的是，在我面前站着的是一个身高五英尺，肩宽三英尺的黑汉影子。我们之间只有十英尺的距离。说那是影子吧，可是又不是影子。我可不是轻易就害怕的人，但是这个庞然大物可不是这个世界上有的呀，这可把我吓坏了。我无法出声、说话、吼叫、嘶哭，好像似我的喉咙被掐住了一样，我全身都变得冰冷、冰冷。终于我夺命逃脱，退出了那个房间，一气之下跑到了楼下。我回头看看，很惊讶，我怎么没有摔倒呢。到了楼下，我跑着抓到了我的东西，就径直逃命一般离开了大楼。我一周都没有再回那儿去，然后，我把自己的经历告诉了一起工作的工友。'

—— 比尔 麦贵格

有关比尔 麦贵格的相信介绍，请参照附录

4
第四章 — 我们开门了

活动中心于2011年的十月二十三日正式开幕启用。前来致开门典礼贺辞的主持人是精神主义者英国国家联合会主席大卫 布鲁顿先生（David Bruton）还有三位著名导师、通灵媒体。他们都来自伦敦附近斯坦斯待德（亚瑟 芬德利学院）他们是凯瑟琳 格伦迪（Kathryn Grundy）、西蒙 凯（Simon Key）和 珍妮特 帕克(Janet Parker)，他们已经接受了活动中心的邀¥请，将会在2012年做第一期的工作室示范演示。由于活动中心的待定维修与使用日期一直被延迟，致使多位精神主义者英国国家联合会的导师和通灵媒体，已经被其它组织提前预约好了2012年的各种活动项目，无法再来苏格兰此活动中心工作。幸好凯瑟琳能上苏格兰来，给这里的学员指导一次用意念治疗、治愈疾病的工作室活动；西蒙做了进入呆滞状态的演示、珍妮特更改了她在瑞士/德国和瑞士/法国的辅导学员的教学计划，重新安排来此活动中心做辅导。我要那些在2012年无暇来此活动中心做节目的导师们，能够在2013年前来苏格兰我们的活动中心与我们这里的公众见面。因为我知道要让如此规模的大楼获得公众的拥护和使用，是我们面临的一项巨大挑战。我们2013年的节目排列出来有：：艾萌窦尼Eamonn Downey, 克瑞斯 祝 Chris Drew, 斯欧码 方西斯Thelma Frances, 凯瑟琳 格伦迪Kathryn Grundy, 鲍 扎考伯Paul Jacobs, 西蒙 吉姆斯 Simon James, 西蒙 凯Simone Key, 朱迪斯 西门 Judith Seaman,

通尼 斯道克瓦Tony Stockwell，比尔 汤姆森 Bill Thomson，白恩 罗伯森Brian Robertson，高登 史密斯Gordon Smith 和 吉姆斯 万 帕阿赫James Van Praagh – 这实在是一个令人耳目一新、众人久仰大名的人物、一个接着一个的名人，全都荟萃在此活动中心，印制在节目表演单里。但是眼下我们还需要绞尽脑汁，想尽办法来利用好这所新的大楼，争取赚得到最急需的收入。

亚瑟 柯南 道尔引领我和我的团队得到了这所大楼，现在我一定要把它做好、做成功。我的使命就是遵循他的宗旨，把他一生倡导的：人死以后精神存在的信条传告给更多的众人。我也知道他想要越来越多的人了解这个真相，我要精心策化各种演讲和工作室的节目，吸引更多的众人来参加这里的活动，才能实现我们的共同理想。我很清楚精神主义的本意，总的来说总是被媒体给做误导性传播，最糟糕的是他们认为通灵媒体就是为了赚那些容易上当受骗的人和失去至亲好友的人苦苦赚到手里的钱；最好的就是他们认为这些工作都是垃圾，那些通灵媒体都是精神恍惚者。我知道我必须加倍努力工作才能够改变这种观念。实际上，大多数的通灵媒体为死者的至亲好友提供的服务，是任何其它方式都无法比拟与替代的安慰；况且经常是免费的服务。所以说，为通灵媒体与私人会晤提供场地，将会是这所新大楼房间的主要用途之一，还会有怎样的活动来改变人们通俗的概念呢？首先，我希望在这所大楼里所做的活动都是专业性的，提供服务广大众生所需求的活动内容；我们能够达到这个目的，也取决于这所大楼的位置正好占据在爱丁堡富人街上最明显的街角上。其次，我们必须采用不同的方式来鼓励让公共众人进入到大楼的门内来，尽管他们不是为了寻觅精神主义或者是通灵媒体的安慰也没关系，我们会让他们在大楼内有一种正常感与安全感。我还认为我们中心里的活动内容，应该包括对心理活动研究与调查的小组和有关方面的讲座；这些异常现象的内容对我自己来说也是有着教育意义，我觉得应该放在我们中心的日常工作之中。在中心举办讲座课程，能够让我有机会请来各地著名的科学家、学者、大学教授和专家研究员来中心做讲座。我总是使用名言'*如果你不相信我的话，你应该相信他们。*'我的同事，他也是大楼的管理委员会的董事，约翰 布来克伍德John Blackwood 也有同样的意见，他建议新大楼里的活动应该还包括有音乐会和美术画展，我还建议有各种用意念治疗、治愈的活动和整体治疗和疗愈的授课内容。这样一来，我们就可以设计出我们活动中心为社区公众服务的活

第四章 — 我们开门了

动项目了。我这个活动中心的主席，也就会有机会向公众传达我们的宗旨和信息，并且有机会鼓励公共大众参与到我们新的中心里举办的各项活动了。

我聘请了原来在苏格兰心灵调查研究讨论会（苏调研会）的会员，阿其 罗锐Archie Lawrie 到我们活动中心做调研队的队长，让他负责活动中心里心灵调研队的工作；特蕊莎 罗伯森 Tricia Robertson 原苏格兰心灵调查研究讨论会的秘书，来我们中心帮助我安排各种类型、不同内容的讲座课程。为了更丰富地介绍我们活动中心安排的课程内容，我们还请来专家安迪 托马斯Andy Thomas就麦田圈的现象做讲座、皮得 芬威克博士Dr Peter Fenwick做濒临死亡经验的研究讲座、哈若德森教授Prof Erlendur Haraldsson做通灵媒体专题讲座、,考博教授 Dr Cal Cooper 做故去的人打回来电话的讲座、波纳德 卡尔教授Professor Bernard Carr 做 量子物理学专题讲座、 艾伦 善德森博士 Dr Alan Sanderson做让死者灵魂得到解脱的专题讲座、 耐久 批斯 Nigel Peace做未卜先知方面的专题讲座、 耐克 凯由 Nick Kyle 苏格兰心灵调查研究讨论会德会长做物理性通灵媒体的专题讲座、卡若兰 瓦特Dr Caroline Watt 爱丁堡大学心理学博士、考斯特研究团队的主席做幽灵心理学专题讲座、若哲 斯兆汉 Dr Roger Straughan英国Reading 大学的博士，他声称他目前正在与亚瑟 柯南 道尔本人沟通--我十分感兴趣倾听的他的亲身经历的讲座、还有就是欧柯夫博士Dr Ciaran O'Keefe是来自最闹鬼电视节目里的持有怀疑论者，他给我们做讲演的内容是其对闹鬼节目持有怀疑的特殊观点和评论。

我很感谢阿其和特蕊莎，他们两人在活动中心的初期，帮助我做了大量的工作，为使这个活动中心成为游人来爱丁堡时打卡的一个重要场所，并标记在城市的市内地图上做出了贡献。他们安排请来了著名的讲演家，他们自己也常常把他们在这个领域里实践的亲身体会和广泛的经验，介绍给我们的来访者，他们两个人都有出版此方面的著作。

我在早期为使用这个活动中心的场地，并让场地能够获得收益的另外计划是把大楼最顶上的两层楼的小房间，也就是曾经是旧楼给佣人使用的房间，出租给画家或艺术家，作为他们的工作室。当这些小房间很快就被出租出去以后，我又惊又喜地发现了在爱丁堡这个城市里，这样的艺术家工作室是如此的广受欢迎。瑜伽练功班也是非常受欢迎的一个项目，在我们的活动中心里的出租房间，很快就被好几种的瑜伽班老师给租用去了，做为她们教练瑜伽功的教室了，还有气功班和太极拳班的教练，他们也租用了我们中心的房间做授课场地。就当这些不同的活动班租用了大楼里的26个房间之际，并没有达到我们需要的把更多的公共大众吸引进来的目的，我绞尽脑汁地想如何来强调这个方面，吸引更多的公众进到大楼里来。一天，我从家里开车来活动中心。在路上，我注意到了在爱丁堡许多的教会外面，其中之一的外墙上悬挂着横幅，上面写着的宣传内容是他们正在做的一个画展内容。太妙了，我想我们也应该这样做。我们已经有艺术画家在大楼里建立了自己的工作室了。2012年初春，我向我们大楼内租用了楼上的两层楼小房间的艺术家、画家们发出了通知，告诉他们说我们计划给他们做一次画展。一呼百应，他们都来参加这次画展预备会了，我在会上告诉他们，我要组织这次画展，但是没有做广告的预算资金，我要让爱丁堡的人都知道这里的画展，我们的大门敞开着，欢迎他们进来看看。我的理论是把众人吸引进来 – 这次活动是艺术展 – 一旦人们进来以后，就会到处走走看看，就会明白这里是神灵教会，这里有人介绍和做神灵教义的讲座，然后他们会被通灵媒体的演示和讲座给熏染和得到鼓励，再自动地跟从。我是从我以前做销售经理那儿得到的经验启示，在这里算是一箭双雕了。所有的艺术家、画家都很赞成，因为他们可以在这样一个宏伟壮观的大楼大厅内举办免费画展，他们只需要把自己的艺术品、绘画挂上墙壁就罢了，他们可以自己通过网站和电子邮件宣传他们自己的画展。他们还告诉我，在画展公开以前，要有一次预展。在预展上，他们可以邀请他们的至亲好友先一饱眼福 – 在这种情况下，总是在预展会上，请嘉宾欣赏艺术绘画之际，同时品尝葡萄酒和精致的小吃 – 我一口答应能够做到这些。我让艺术家和画家们在以后的几个月内准备好他们自己需要展出的作品和打通他们自己的宣传渠道。与此同时，我在想还有什么类似的活动可以吸引广大众人的到来，那些与神灵和通灵媒体无关，但是又安全又正当的活动。我认为在秋季里举办这些活动是再好不过的了，如果夏季举办的是艺术画展，秋季就应该计划些可以在晚上参加的活动，因为冬天黑天早，适合在九月或十月里举办适合晚上的活动。这样一来我立即想到了十月将是我们活动中心的开幕纪念日，为何不举办一次庆祝开幕一周年的音乐晚会呢？音乐会是我们活动中心的项目之一，可是到此我还没有想出来如何把音乐会放进中心的活动项目之中呢。现在应该是我考虑请一位乐手或一个音乐队来我们活动中心举办一次

第四章 — 我们开门了

周年庆祝会了。这种想法暂时被放下了，会是来日方长对我的挑战，因为眼前，我要着手安排预展的事情。

在我们大楼里有七位艺术家和画家 – 他们是考伦Colin Wilson,安妮 Annie Broadley, 甄妮珐- 若思Jennifer-Rose Bruce, 兆吉娜 Georgina Parkins, 奎斯廷Christine McSorley,莎莉—安妮 Sally-Anne Mochrie 和莎乐妮Charlene Nelson. 这七位艺术家和画家各有千秋、每个人的主体与风格都大相径庭，这就给我们带来了对待一系列有趣的艺术和绘画的不同形式，观看与欣赏的机会。我聘请了我的也是画家的侄女爱丽丝Alison Hogg，她的爱丁堡建筑绘画精美别致，她在组织艺术绘画展览方面非常有经验，她给我很多这个方面的帮助。七位艺术家和画家每个人被分配了华丽大厅里的一扇墙壁，做为他们自己的展示墙壁，当他们用自己的艺术品装饰了整个大厅里的所有墙壁以后，大厅里就更显得辉煌璀璨了。大厅中间摆放着两张长长的宴会桌，桌上铺着白色的亚麻桌布，桌上还面摆满了精致的各种小吃食品和几瓶葡萄酒、香槟酒和果汁。每位艺术家、画家都邀请了他们自己的至亲好友，陪伴着自己的家人。朋友欣赏自己的佳作，再带着他们观赏同行展出的别有风味的艺术品。我的任务就是与客人打招呼，请他们品酒赏画；一切都如此地如意顺利地进行着。莎莉—安妮的作品是以精美细腻的花鸟类为主题的，她还把金丝叶绘在了她的画中。她穿过众人，来到了我的面前说：'过来见见我的爸爸，'我已经在几个月之前见到过她的先生，他是一位好手艺的木匠，他为她的作品设计和制作了所有的镜框做了装裱。这会儿，她向一位细高条绅士样子的男子挥手，对我说：'这是我的爸爸。'又对她的爸爸说：'爸爸，这是安 川赫，她是这个中心的主席。'

'晚上好，'我说：'我很高兴见到你。'我一边跟他握手一边说。

'我必须说，你把这儿做成了一个绝对了不起的地方。'他环顾四周并举头仰望着天花板、墙壁花檐和璀璨的吊灯。

'谢谢你这样讲，你很好意的夸奖。花了很大的努力才把一个陈旧不堪楼舍在很紧的时间内给了它焕然一新的面貌，我们过来了。'

'我几乎不敢认这个地方了。跟以前截然不同了。'他继续说道。

'你以前来过这儿？'我问他道。

'对，以前，这儿是音乐学校，我在这儿工作过-- 我是音乐老师。'

'啊，我们希望把音乐再找回到这儿来，我盼望能找到音乐家们肯帮助我实现这个愿望。'

'我能帮你做到。'他非常爽快地回答了我。

'真的啊,'我说:'那该太好了。'

'你要找的是哪种音乐家呢—我认识许多音乐家。'

'啊,我还真的没有想过要哪*种*音乐呢。我只是设想为我们的大楼开门一周年举办一次音乐会来庆祝一下啊。'

'庆祝一周年的音乐会—我为何不为它作个乐曲呢?'

'你能作曲?'

'对呀,作曲是我的职业。'他说得竟然是跟拿来一杯牛奶一样得轻松自然。

'我们没钱－我无法给你付酬金啊。'我说,我的第一想法是他看好了这是个他赚一笔钱的机会。

'那没问题。你委托我为你们的一周年庆典作曲,我保证能做到。我也能帮助你找到几个音乐家来演奏我谱写的乐曲。你大概要支付给*他们*些费用,只是支付给他们花在演奏上面的时间就是了。'

我好惊喜。我真的听到这些话了?只是一个随便的交谈,他就主动提供为我们的庆典专门写个曲子,不但是免费作曲,还能够组织音乐家来演奏。我简直不敢相信,我漫无目的想个可能举办的一个庆典音乐会,竟然在我的眼前忽然兑现顺理成章,不需要我的任何过多亲自劳神参与。谈到时机[1]。我对他的好意帮助表示感谢。他问我庆典的日子是几号,我告诉他是在十月的23号。他说时间有点紧迫,但是,他能做到。同时他也会物色音乐家。

第二天,我仍然陶醉在这尚好的天衣无缝的巧合机遇之中,尽管我不相信巧合。难道说是亚瑟或者是什么神机妙算的安排让其发生?另外的想法已经占据了我的脑海,他真的能做到他许下的承若吗?他真有那份本事吗?他只是告诉我他曾经是个音乐教师罢了。我知道这所大楼曾经是为圣 玛丽亚大教堂开设的附属音乐学校所使用,圣 玛丽亚大教堂就在我们大楼的过路隔壁大街上。在这所大楼前厅的一块牌匾上有这样的解释字样,我就知道这些。他到底是谁?也许他只是简单地举办过业余初中生的音乐会?我上网查找了他的情况:

> 他是这一代最杰出的法国圆号演奏家之一,擅长管弦乐、室内音乐、爵士乐、电影和商业音乐,现在是一名作家、作曲家和指挥家。特里约翰斯Terry Johns在他45年的职业音乐家生涯中,与作曲家本杰明 布里顿Benjamin Britten, 威廉 沃尔顿 William Walton,伦纳德 伯恩斯坦

第四章 — 我们开门了

Leonard Bernstein, 安德烈 普雷文 Andre Previn 和约翰 威廉姆 John Williams合作，一起创作了《星球大战》三部曲，《超人》和《夺宝奇兵》电影的音乐。在伦敦的工作室里，他与当时的许多著名歌手合作，包括托尼 班尼托Tony Bennet, 芭芭拉 史翠珊Barbara Streisand, 雪莉 贝西Shirley Bassey, 杰克 琼斯Jack Jones 和 佩吉 李 Peggy Lee.'

我决定他也许很出色。

5

第五章 — 小提琴

  我在网上查找到了有关特里 约翰斯情况以后，明白了他在音乐界里是一位的辉煌巨匠，他参与创作了著名电影《星球大战》三部曲,《超人》和《夺宝奇兵》深受观众喜爱的影片，现在主动专门为我们的庆典作曲，我决定我应该让他做吧，等着瞧他的吧。随着时间的流逝过去，我一直没有他的消息，就在心里嘀咕是不是他在聚会上说说而已了。他太忙了吧？还是他全都忘记了？虽然他的女儿在我们大楼上有工作室，我认为我要是找她进行干涉是不公平的做法。也许这都是太恰到好处了的妙事，无法成真。

  直到那天他信步走进了我们的大楼，他是一位细高条的男子，一双长腿适合于穿着深色的长风雨衣，尽管那会儿仍然还是在仲夏季节里。他似乎只用了轻飘飘的三步就跨过了从大楼的门口到我们的接待室的20英尺的距离，随着他的大步流星而飘曳着的风雨衣，在他身上就跟蝙蝠侠的斗篷一样，让他象飞舞的蝙蝠侠一般停站在了我们的接待室桌子前。'我想该是让你知道我做到哪儿了。'他对我说。

  '太好了，'我说，尽量不显露出来我对他能够真的再来这里的惊讶。

  '我跟艾拉斯特说了，他愿意来表演，他会把需要演奏的其他人也一起找找来，因为需要有四个乐手—一定要有四个。'

  '谁是艾拉斯特？谁又是这些乐手呢？'

'艾拉斯特Alastair Savage是拉小提琴的乐手，他在英国苏格兰BBC交响乐团拉小提琴，他会把他的几位老铁哥们找来一起演奏，他们会一起演奏弦乐四重奏。'我尽量用最平常的姿态接受他的最新宣布的消息，特别是我还是以为他会把圣 玛丽亚音乐学校里的学生请来表演呢，大概最好也就是音乐学校里的学生与老师的混合表演。可是，现在我们会有英国苏格兰BBC交响乐团传统的音乐家来演奏，哇啊！

就当我还在转过头来、全神贯注地消化理解这个最新的消息之际，他继续说：'我决定这个曲子定为《四个标记》 做为它的主题—你知道柯南 道尔的福尔摩斯探案集中的第二部故事吗？'他还没等我回答呢，就象魔术家变戏法变出来个小白兔一样，从他的风雨衣里陶出来这本似乎已经是跟韦编三绝差不多一样了的故事书来。他随即又打开了有书签的那页，说：'看这。他继续说并读出书中的文字：福尔摩斯 从房间壁炉台的角上拿起他的药瓶儿，又从他整洁的摩洛哥箱子里取出了注射器针管，再插上针头抽取了药物，他的修长、白皙、紧张的手指调整好精致的针头尖，又将左边的衬衫袖口往上卷，他的眼睛若有所思地停顿了一下，终于将针头插入到发达的前臂手腕上，他手臂的皮肤上面已经有了无数个被这样的针头刺伤过的痕迹了。而后，他又将针管里的液体通过针头全部推注射到他的血液里，他随后擦了一下被留下的针眼儿，满意地长长呼出一口气，再坐回到有天鹅绒包着扶手的座椅上……这是可卡因……'

我用完全不敢相信的眼光望着特里 约翰斯。我不敢相信他竟然选用了不起人物福尔摩斯是一个吸毒瘾的故事来创作这个作曲，来成为我们第一个周年庆典的音乐会主题。我猜想他是否理解我们这个活动中心的用途。我们的宗旨是为了人们的思想、身体和精神的健康服务。我认为选择使用这个主题，没有益处。

当他看出来我的迟疑，就说：'应该是有戏剧性的啊，你看。许多人都不知道福尔摩斯是一个毒瘾君子；电视上根本就不播放这个方面的情况。'

'我能够理解为什么不播放的理由呢。'我说道。

'福尔摩斯是家喻户晓的人物，我就要使用众人完全不了解的方面为题材，我想就是这个了。你说你要把众人吸引到这个新大楼里来，人们会来听他们以前从来都没有听说过的故事。别担心啊，一切都会好起来的。'说着，他大步流星地消失在爱丁堡的阳光里，他的长长的风雨衣依然在他的两条长腿之间随着他飞快的大步流星的步伐飘摆着。

第五章 – 小提琴

我坐在那里发呆，不敢相信自己是如何陷入到了如此的境地。我该怎样才能挽救这个局面呢。我不可能告诉这位自报奋勇给帮忙的音乐大师，他选择的这个主题、创作的这个音乐曲目不被我们选用。我提示我自己这个安排是天意；我最好是走着瞧，我有一种预感会有其它的事情会到时候就发生。

几周以后，我乘坐汽车来我们的活动中心，现在大家都知道这是帕玛森街。我顺手拾起了一份免费报 *地铁报* 纸，就当汽车在爱丁堡的婉转街道上驶向西头之际，我漫无目的地翻看着这份报纸。我翻开了一页，这张上面的图面就是亚瑟 柯南 道尔，他正面对面地望着我。更有趣的是，在像我一样遇到他以后，他现在一下子就被认出来了，以至于感到了像似自己的一个亲密的朋友或者是亲戚上了报纸一样。这篇文章是关于什么呢？是有关丹尼学校，这是一所专门为有智障的学生提供教育的学校，校园内有一棵古老大树对学生玩耍活动有隐患，需要被砍伐掉。我想这儿没什么有意思的内容，接着继续报道说，经过调查得知亚瑟 柯南 道尔 小的时候曾经在这颗树下玩耍过，学校得知这个消息以后，就找到了当地的乐器制作艺人，委托他用这颗大树的树木制作小提琴，用以纪念亚瑟 柯南 道尔对小提琴的热爱。乐器制作艺人史蒂夫Steve Burnett制作了一把华丽的演奏音乐会的小提琴，还将其命名为夏洛克。它是为了纪念在2009年是亚瑟柯南 道尔 诞辰150周年而制作的。就当我认为这个消息在2012年的今天实在是有点晚了的瞬间，我又继续读到了这个乐器制作艺人史蒂夫完成制作了那把小提琴以后，继续又使用同一颗大树的木材制作了另外一把小提琴、中提琴和大提琴，组成了柯南 道尔的四重奏乐器队。我简直不敢相信—弦乐四重奏乐器—正是我们音乐会所需要的四把乐器啊，而且是使用了这位伟人的名字来命名的乐器。我们一定要使用这乐器举办音乐会。我无法在汽车上继续坐下去，就跳下汽车，又多拿了几份报纸，沿着人行道朝着活动中心走过去。我默默地感谢亚瑟将这些各个方面的元素都整合在一起了，真是神给助力了。

到了活动中心，我就打电话给特里 约翰斯，向他讲述了我的这个最新发现的消息和四把乐器的情况。他惊讶地说他还没有听说过这件事儿，但是他完全同意我的想法，乐器正好可以做四重奏音乐会的演奏乐器。特里 约翰斯还说：'你为何不给乐器制作艺人史蒂夫去个电话，问他可否借用这四把乐器，在活动中心开音乐会的时候使用一下呢？'特里对我说。

'他怎么能借给我呢？我没有任何的音乐背景，什么都不会 – 他更会把乐器借给你？'我说。

'好吧。'特里说，'我给他打个电话。'

就是这样，十月份我们在活动中心举办了第一届纪念庆典的提琴四重奏音乐会，BBC交响乐团提琴手，包括艾拉斯特Alistair Savage第一把小提琴手，演奏了'四个标记'，这就是由国际著名演奏家和作曲家特里 约翰斯专门为纪念活动中心建立一周年而创作的曲子，并且还组织演奏的四重奏音乐会。你是肯定不会用这个专题来谱写创作这样的音乐作品的。

媒体为此做了大张旗鼓的报道，我认为是由于特殊的提琴和专门创作的这个乐曲发生的效益，真心感谢；不至于是由于夏洛克 福尔摩斯有毒瘾的片面事实。特里 是正确的，这个题材的乐曲确实发生了它戏剧性的效果。在庆典音乐会上，就当特里将福尔摩斯探案集第二部里的这段故事，绘声绘色地阅读给观众之际，BBC交响乐团的四重奏演奏员，演奏出具有强烈戏剧性色彩的四重奏背景音乐，整个效果就跟看电影一样，只是没有视觉效果。你必须充分发挥你自己的想象能力来弥补这份空白—令人兴奋不已—抑扬顿挫的文学效果。那天的音乐会爆满，观众极为喜爱这个节目。亚瑟正在帮助传达这个信息。

备注：到了年底，我们发布了新闻稿，特里表示愿意帮助我们把更多的音乐带入到我们这所美丽的活动中心。欲知详细，请参照附录2中的新闻稿件副本和一些下载的新闻剪辑。

6
第六章 — 音的经历

  整一年过去以后,我和音(我的丈夫)都已经习惯了在大楼里的工作了。我们工作的时间较长,大多时间就只有我们两个人。我们设计了一个轮流在大楼里值班的时间表。音一大早到大楼里打开大门,他开始做清理和打扫卫生,把晚上各种课程、活动班的教室和用具都安排妥当。我在下午四点钟到达活动中心,我们见面后做一个交接沟通交代,然后我就接着做晚班的一切工作。活动中心在晚上总是格外的繁忙,因为有各种活动班、讲座、艺术展等活动都会有众多的人前来参加—我们经常总是在大楼里有爆满的参与者—我的工作就是保证这些活动能够顺利进行和照顾好许多前来这里访问的客人。晚上的活动应该在晚上九点钟全部结束,但总是在九点三十分左右才真正能关上大门,告一段落,我那时才能做一些收拾和整理工作,我要把所有的电灯关闭掉,关好各个房间的门,锁上大门之后才能回家。第二天,我们又重复我们各自的工作。如果在周末活动中心里有特殊的节目安排,我们会请几位自愿工作者前来帮忙做义工,但是在绝大多数的日子里,就是我和音来管理大楼里的各项事务。

  在以往音对神灵世界发生的事情总是敬而远之—告诉了我也是无稽之谈—这些年过去以后,当得到我出证给他的实在证据以后,他开始有点儿兴趣想要知道正在发生的事情,可是仍然保持着不参与和中立的态度。他现在是一个不情愿的信徒仍然保持着怀疑的客观性。因为，我惊讶地发现他能向我讲述他自己一个人在大楼里工作时，大楼里所发生的让他莫名其妙的情况和他的亲身经历。他告诉我说，在他独自一人坐在大楼活动中心的接待处办公桌前，就是我们活动中心在大楼大厅里通往主楼的楼梯道道口的旁边，办公桌的顶端就是拱形天花板，他会有一种被谁人盯着看的感觉；他从手里的文件上抬头望过去，他看到了一个小孩儿，一个少女在图书室（图书室的门口就在办公桌边上），少女在敞开的门口偷偷地盯着看他，当他抬头看她的时刻，她会俏皮地躲进房间里去。

他说少女穿着打扮象个小顽童，跟音乐戏剧《悲惨世界》里的主人翁人物形象非常相似。他还有看到一个可能是她母亲的人穿过图书室，走向仆人过去常常使用的楼梯，仆人使用的楼梯就在他坐着的接待室的办公桌的前面。

音告诉我的话，跟我们聘请来做合同工的泥瓦匠形容的那个顽皮的玩捉迷藏的幽灵一般的女孩儿形象差不多。我在晚上工作的时候也时不时地注意到了她。只是通常大家在晚上都很忙，音在人少而宁静的白天里更有机会见到她。当音向我讲述这些经历时，他有一种惊奇、满怀热情的感觉，这种感觉常常出现在那些第一次体验精神神界、充满了奇异感的人身上。我猜想是否由于音独自守候在大楼里的时间久了，安静的环境创造了让音目睹这些事情的条件，或者是这所大楼的建筑本身承载了这些现象，我们只是目睹到了它们的存在？我相信只有时间才能够证明一切，然而，我们并没有等得太久。

又一天，在我接班的时候，我问他有否情况需要告诉我的，他说：'今天这儿可真热闹了。'

'那太好了。'我说。'我们得想方设法吸引更多的人进门来。'尽管晚上的各种班都很繁忙，白天这里通常都是很安静的。

'不是。不是真人进来使得这里忙活起来的啊，'他说。'是这里的鬼魂神灵非常的繁忙—好多的鬼，他们象一个大军团的团队一样，在楼梯道里上上下下地列队行走，全天都没停过。'我问他这些人是什么样子的，他说：'全副武装的军团士兵—他们就像戴着胸甲的罗马士兵，都戴着鼻甲和圆顶头盔全副武装的角斗士。他们有几十号人，排着队形一前一后地走下楼梯，同时，另外一列队的士兵则走上楼梯。当他们到达楼梯底部时，他们就会转身再往楼上走—这种情况持续了一整天。'

我听着就惊呆了。这是一个非常直观和不寻常的描述，可是，我无

第六章 — 音的经历

法能够想象得出来，象这样一栋建筑于1800年代末期的大楼建筑，怎么会跟罗马军团里的士兵有上任何的关联呢，或者为什么他们会无缘无故地在这里的楼梯上走上走下呢。 又一天，音告诉我他在地下室里看到了一个人；我也见过这个人，可是音已经先看到了他。从接待室的位置上，走到地下室的楼梯道，再往下去就是地下室，地下室的另一端是厨房。地下室走廊的左边有两扇门通向餐厅。餐厅是一间长方形的房间，在房间的另一头有两扇窗户，尽管窗户是低于地面，还是可以透过窗户看到外面的建筑和人行道上的行人。房间里摆放好了长方形的桌子，每张桌子周围放着四把椅子，两边各有两把椅子。这种安排最多可以让60位客人同时在这儿就坐用餐。餐厅的门总是敞开着的。音说，当他沿着走廊走过第一扇开着的门时，他看到了在房间深处，对着窗子的桌子旁边上坐着一个男子。音形容这个男子身材高大魁梧，穿着深色的衣服。音只看到了他的背影。一周后，这同样的情景几乎是再次重复出现了。我也看到了跟音说的一样的画面。一个男子，他有高大的身材，似乎穿着一件驴夹克衫，坐在椅子上，他的双臂放在了桌子上，就跟你在咖啡馆里喝咖啡或者是看报纸时，应该有的姿势一样。他低着头，这样我就无法看到他的面孔了，他以同样的姿势坐在那同一张桌子上。当我和音沿着走廊走过敞开着的门时，外面两人都能够看到他。音走的很快，当他意识到有人坐在房间里时，他已经通过了第一扇门了，正在朝着下一扇门走过去（也能进入到餐厅里），但是，当他到了餐厅里面时，本来期望能够面对那个男子，但是他已经不在那儿了。（一些在周末给我们帮忙做义工的人，也目睹了这个情景。）到目前为止，这里的鬼神出没是一由于以前残余能量[1]的继续存在一过去事情的印记再现。我将目击到的事件之数量归结为这样一个事实： 我们创建了一个适于此类鬼神出没的条件，就是我们刚刚给一栋没人居住空荡荡地停放在那儿有四、五年了的建筑进行了重大的整修。我设想随着大楼里的能量被新来的居住使用所替代，旧的能量会逐渐安定下来，整个大楼会再次平静下来的。我错了。

虽然大楼内部的主要使用面积都已经被重新装修完毕了，但是地下室还有一个大的房间没有完成，那是原来打算出租给一个私家企业作为他们的办公室，以增加我们活动中心的收入。该企业要求搬进来几张大型的办公桌、转椅、文件保存柜以及开放式办公室内部使用的屏风。尽管那会儿我们还没来得及粉刷房间，他们还是把这些家具搬运进来了。这样一来，这些家具为粉刷房间带来了麻烦，当音准备好重新粉刷那个房间时，他首先用了好长的时间费了好大劲儿，把这些家具都堆放在一起，再用遮盖布把它们遮盖严密，以免有油漆点儿飞溅在家具上。房间被安置妥当待粉刷，音去储藏室拿来了油刷子、油滚子、和油漆以及油漆的托盘，然后又回到了地下室，这时他发现那些家具全都又回到了原来的位置上。

这些家具可是又大又重的写字台、转椅、文件柜等；事实上，音自己一个人花了好久的时间才把这些家具移到了房间里的一端，并且堆放一起的。他自己做了这些沉重的搬运工作。可以想象得到，当音看到这些家具在瞬刻间全部还原到了原来得位置上，他是应该有多么得惊讶？他只是去了走廊的另外一头的储藏室，随即就回来了。在他经历了这一幕、他被震惊了之后，他感觉是有人在故意取笑、捉弄他。他只好再次搬开家具，不过这次是他粉刷完毕之后，他才离开房间的。最后，那家公司决定不来租用这个地下室的办公室了。

情况逐渐发展得越来越糟糕，音将发生的事情描述如下：

'哎呀，我三次遭到了袭击。第一次是当我给茶室里的电热水箱加水的时候，我把里层水箱拿到地下室的厨房里加满了水（里层水箱宛如一个圆柱形状的不锈钢大水桶，没有提手，只在顶部有一个细长的边。它的容积大约能装20升\ 5加仑水。）一旦装满了水，它拿起来很沉重。我把水装满水箱以后就抱着它，想尽快走回茶室。我刚从地下室出来走向楼梯，刚走了几步，突然有一股无形的力量从我的手里夺走了水箱，又把它抬高超过了我的头顶再把水箱口掉过来，将箱里的水浇灌到我的全身，搞得我全身都被淋湿，里外都是透心凉，我不得不脱掉了T恤衫，放在暖气上烤干再穿上。幸好大楼里没有客人，就我自己在，所以没有人看到我被浇灌得像一只落汤鸡一般难堪。

第二次是我要把垃圾袋子扔出去的时候。我大楼里的垃圾收集到了四个黑色的垃圾袋里，一只手提着两只垃圾袋，想从地下室的门出去，把垃圾袋放在街上待被收集。我拿着垃圾袋走出地下室，爬上外面的台阶，到了楼梯橛顶上的时候，我被牢牢地卡在了最上面的台阶上，我无法移动和使用我的双腿，我不管怎样的使劲，我的腿就是不动地方。我的双脚就像是被烈性胶水给粘在了台阶上一样。然后又一股力量推动着我扑向前方，正好当时没有过路的行人，我摔落在路上，我的膝盖插在了路旁的排水沟道里，双脚落在了身后的人行道边缘上，我的双手仍然还握着四只垃圾袋子。这是一个难度极大，很难

第六章 — 音的经历

再重复还原那被摆放过的姿势。但是至少那会儿,我可以移动我的双腿了,我站立起来,把垃圾袋子扔到了栅栏上,从前门跑回了大楼里,抓起了钥匙,开车回家了。这次我可是真的害怕了。

　　第三次发生时,我有亲眼看到,可以做目击者。当吉姆(Jim Cleary)被聘请来做活动中心的管理委员会成员之一时,他主动来活动中心,帮助做各种零杂工作。他每天都做所有他能够做的力所能及的事情来帮助我的工作,通常是给大楼的地毯吸尘,洗碗或者是任何其它的工作。他很努力。那天,我们要在图书室里摆上几排的椅子,为当天晚上在那里举行的一个小型活动做准备工作。我们一边聊天一边工作,刚刚完成这项工作,我在房间里有一种奇怪的感觉—我无法用语言描述—当我抬头看时,我见到了吉姆他的脸变形了。他好像是另外的一个人了,并且在说话,他的声音也不再是他本人的声音了。突然,我被一股无形的力量从地板上举高起来了,又被摔在了吉姆脚边地板上。吉姆非常震惊,可是他没有我那么震惊。尽管以前发生过类似的事情,我很高兴今天有其他人在场目睹了整个情况。跟我一样,吉姆也不知道刚刚发生了什么事情,我只记得他说他很高兴他目睹了这一切。并且他说他一生中不会再有同样的事情发生了。如果再也不会发生在我的身上了,我会很高兴的。

— 音 川赫 IAIN TREHERNE

吉姆 JIM CLEARY 的证言:

'做为亚瑟 柯南 道尔活动中心管理委员会的成员之一,我总是尽自己最大的努力来帮助那里的工作。我不是电脑通,无法帮助安在电脑上做各种网站上的工作或者回复各种咨询邮件。但是,我每天都去活动中心能够帮助音打理大楼里的日常劳务工作。通常是我帮忙给大楼的地毯吸尘、清扫厕所,洗碗或者是用拖把擦地板—不管什么需要做的劳务活儿,我都能干。我退休以后身体健康也喜欢助人为乐,通常音和我两个人分工分担着做活动中心里的各种清洁劳务活儿。干完活后,我们一起喝杯咖啡再为当他晚上的各种活动班布置好房间的活动用具。那天发生的情况,在我的记忆中留下了永久并深刻的烙印,因为我从来没见过那种事情。我们两个人都在图书室里为那天晚上的会议活动布置桌椅。我们计划着把三张大桌子顺着长方形房间的长度摆放；再把一张小桌子为演讲人准备好，摆放房间的前面。椅子通常都摆起来存放在前厅楼梯橔下面，音和我把椅子搬回到图书室，摆放在三排桌子旁边的位置上。我站在前面，就是演讲人通常站立的地方—虽然我还没有把小桌子摆放好呢—就当我们两个人站在那里讨论足球的时候，音站在那三排桌子的后面，他的双手放在了两把椅子的靠背上。音和我各自支持各自的足球队，在我们讨论我们各自球队的表现时总是存在着友好的竞争感。我们这样休闲地聊着天儿，我意识到房间里的能量发生了变化，我开始感觉到奇怪的沉重气围缠绕着我们。我记得音说：'有事情发生了。'因为他也很清楚地感觉到了这种气围的变化，我记得我觉得这很奇怪，因为音并没有参与任何精神或者是通灵的事情。接下来，音的身体弹起、他的头朝下、并且他的头笨拙地先落地摔到了地板上。他摔倒的位置是前排摆放的座椅的位置上，他即刻又再次弹起来，摔倒在我的脚边的地板上。我不清楚究竟发生了什么事儿，我忙问音：你没事吗？我清楚地记得音非常震惊—就跟我一样—他说由一股无形的力量把他摔倒了。

我从来都没有见过如此的现象，可是觉得很幸运能够目睹此情景'

— 吉姆，亚瑟 柯南 道尔 活动中心退休的管理人员JAMES CLEARY, RETIRED TRUSTEE, THE SIR ARTHUR CONAN DOYLE CENTRE'

7

第七章 — 安的经历

就当音向我讲述他早期在活动中心工作中得到的经历时,这些情况似乎都是以一种非常自然的方式开始的,并且是一种我非常熟悉的方式。无论是从我自己的灵性能力与经验,还是在我举办的各种课程和研讨会上,用我的通灵媒体能力来帮助其他人的发展,来促使他人的通灵能力的提高,增加其经验并且有所进步。(尽管他说的军团士兵事件仍然让我感到困惑。)然而,他的经历似乎在帮助他提高他自己的频率和加强他对生活的认知能力,这一事实我还没有完全意识到,因为他会定期地告诉我,在大楼里每天发生的事情。我也只是觉得是灵魂想让他知道它们在那儿(就像小女孩儿一样),并且我不会特别强调这一点。我把他讲述经历的热情归结为这样一个事实:这是音的新体验,是他灵性成长过程中的体验—感知精神—我认为这仅此而已,直到他在上一章节中提到的他遭受到的第二次袭击。

我清楚地记得那天他讲给我听,虽然我没有在场目睹他的遭遇,我也一样很吃惊。到了2012年的下半年,我们聘请了几位义工来帮助我们在晚上做接待室里的服务工作,这样我就能够有一个晚上的休息机会,也能够让我和音一起在家里吃顿晚餐,这种奢侈的享受那会儿几乎没有。那天,音从活动中心回来时,我正在家里做饭,他回来的时间比其它日子都早,而且他看上去很震惊。当时,我正站在水槽边上洗菜,他说:'今天在中心里发生了一件非常奇怪的事儿。'那会儿,他的如此这类的话语对我来说已经听得太多、太熟悉，确实是习惯成自然了，因为他经常向我讲述他的经历。我想当他站在厨房门口告诉我，有一种无形的力量把他从楼梯台阶上推到了人行道上时，我只是用了一半的心思在倾听他的讲述，一半的心思却专注在准备我们的晚餐调制上。可是，在我听到了他的声音中带着惶恐与极度不安时，我立即转过身来，全神贯注地倾听他的诉说。他没有继续发声，双手仍然在颤抖不停，他拉开了裤子腰带，让裤子自动脱落在脚脖子周围的地板上。'看！'他说。我看到他的腿、膝盖，尤其是小腿都被他遭遇到无形力量的摔拖而擦伤了，他说伤痕是他被卡到了排水沟里时给割伤的。他现在腿上的瘀伤累累，显然他的腿已经被碰撞得血迹斑斑了。鲜血从他膝盖上流到了小腿前部。'现在你该是相信他了吧？'他说。

我这才意识到我没对他的证词给与他应该得到的关注，现在他终于争取到了我全神贯注的关心。我仔细思考了他告诉我的话，我计算出人行道大约有2米宽—没人能够从站立的姿势状态一下就能跳过去。即使是在被推动的情况下也不大可能，更不用说他的每只手里都拎着两只大垃圾袋子的情况下。他是被一种无形的力量给甩出又扔到了路上，这是事实。这一切让我意识到了他可能会被摔到路上更远的地方，也许会摔落在行驶的卡车或者是汽车的前面。这实在是想一想就后怕的事情。如果他的遭遇来自一种无形的力量，那种力量可以把体重大约有76公斤的男子汉（音）甩出去这么远，再加上他双手拎着的垃圾袋子（又增加了十公斤左右）那么这种力量可以对任何人，都有产生类似伤害的可能性。

我斟酌推敲着这个问题并想要找出来一种合理的解释答案，是为了什么呢？这种行为的目的是什么？我认为一切与精神物质、神灵有关的事情的发生都是有原因的。它是有目的，因为神灵是充满智慧的。那么为什么要把音给扔到路上去的呢？我从我自己的经验中得知，神灵做的事情是有意在引起我们的注意力。这包括了从简单的巧合（或同步性），其目的是让我们振作起来注意就要发生的其它事情，神灵使用的办法有可能是令人感兴趣或厌烦的事情。比如，拿东西来说吧（通常是大家熟悉的常用品，如钥匙、钱包、手机等等），把它放在最不可思议的位置，或者是把它放回几分钟前你刚刚查找过了的位置上。它还可能出现包括恶作剧的活动，在你面前出现东西自动移动的现象。如果请通灵媒体来参与跟神灵沟通、再分析这些情况时，所有这些事情通常都是可以得到合理解释与明确答案的。根据我的经验，

第七章 — 安的经历

他们通常会试图传达一个信息，当这个信息被表达出来以后，这种现象就会自动消失，就会恢复正常的生活，因为神灵的目的已经达到了，他们想要音得知什么信息呢？

我在这座大楼里也有过自己的经历。我看到过那个幽灵小女孩儿在玩捉迷藏，还听到了她咯咯的笑声，特别是在楼上的走廊里，泥水匠最初跟她对视的地方。我也见过一个身材魁梧的男子幽魂，他坐在地下室餐厅靠着窗户的桌子旁边的位置上，我还见过楼梯上的那个男人，他很早就让我知道他是这个大楼的主人。我猜想现在是否他正在将注意力集中在这座大楼的新人—音—但是我认为这是不大可能的，因为他似乎很高兴，甚至现在为这座建筑能够恢复到与原来一样的宏伟辉煌而感到了自豪。事实上，每晚当音离开大楼时，他都会大声喊一声'晚安，鬼魂。'奇怪的是，他会听到从主楼高处的某个地方传来对他喊话的答复—他听到两声敲击声，或者是砰砰的声音。后来，那些在这里做义工的人明白了音的意图，也学着音的做法，也就跟着效仿以同样的礼节这样对待大楼里的鬼魂。

我还遇到过其它的物理移动现象。一天晚上，就在我要关门之际，我跟往常一样围绕着大楼走了一圈，关上各个房间的门，关掉所有的电灯，然后离开大楼，沿着帕默森大街朝着汽车站走去。突然有什么东西提示我，让我回头看看那所大楼，我看到大楼在夜幕中就像一座灯塔一样，在漆黑的夜幕中闪闪发光，大楼内的灯火辉煌所有的43个窗户都闪烁着明亮的灯光。我决定不理睬、让鬼魂主宰大楼吧。还有一天，我把一条刚刚使用过的擦干了盘子的湿茶巾放在了厨房的餐桌上。当我拿着一条从洗衣房刚刚取来的新鲜干燥的茶巾返回到地下室，我走进了厨房那一刻，湿茶巾突然自动从空中浮起，浮起的高度有头顶那么高，随后飞向窗户再落入到水槽里。我停下脚步，站在那里，我想辨别这是怎么才能够发生的。因为窗户都没开，根本不会是风吹的，即使有风吹动，也不会使得茶巾朝着窗户自动浮起飘移，因为它又湿又重。我得出结论来了，是神灵要我知道他们在这儿呢。

我现在已经习惯了，每当我走进一楼的图书室，图书室的书籍整齐地摆放在一面靠着墙、有玻璃门的书架里，另一面墙摆放的是开放式书架，上面有书籍、CD光盘光碟、卡片和其它待售物品。几乎每次我走进图书室的时候，其中的物品都会自动从架子上飞落下来。我的意思并不是说只是因为我在地板上的走动或者是楼外交通工具通过而可能发出的振动，而引起促使东西掉落到地板上的。我的意思是就当我迈入图书室的门槛，书籍或者是CD就会自动从开放着的书架上飞跃下来，降落在跟地面有两米高距离的房间正中央的地板上。我对这种现象已经是习以为常了，根本不在注意它了。当这种现象发生在有其他人目击的情况下，倒是让目击者被此难以理解的现象给惊吓住了。

还有一次，晚上大家都回家了，我还在那里为了第二天的一个学习班布置房间。我认为如果我把这个房间准备好了的话，就可以减少第二天音的工作量，让他的工作容易些。这个房间位于三层楼上，现在被用于会议室使用。主要是因为房间的前厅部分有一张会议桌。我从使用者预约的电话中得知，他们的课程是讲授如何控制饮食内容的，教师要求将座位设置为两行直排的椅子，面对面地靠着两扇互相对面的墙来摆放。布置好房间以后，我站在房间的正门口上，欣赏着我刚刚完成的完美座椅排列。当我转身走向前厅时，我用擦灰布轻轻地再擦亮一下会议室的桌子，正要离开时，我回头望了一眼房间，发现其中有一张椅子不在同一条线上，它比其它椅子大约向前移出了一英尺（30厘米）。我马上觉得好奇怪，因为我刚刚审视了自己亲自动手布置好的这些桌椅，所以我又重新把那张出线的椅子推回到了与其它椅子同排的位置上去，然后就朝着门口走去，站在门口，我再次回头审视发现那张椅子再次越出排列，况且这次是整张椅子的距离，这好像似乎是有人在故意要独出心裁。我又一次走回去，再次把它推回到与其它椅子并列的位置上，因为我意识到了事实上是谁正在故意戏弄我，我就有意识地把手里的擦灰布放在了那张椅子上，用这个办法回复那个戏弄，并且说：'你不能移动了，现在有了它，你就动不了了。'我再次转身朝着门口走去。当我再次回头看的时候，那张椅子上的擦灰布仍然还在那儿，可是我眼前的那张椅子，在我的注视中，慢慢地、轻轻地自动移出了跟其它的椅子排列的直线上，再次自豪地独具一格地从排列中站了出来，比其它所以的椅子都突出。此刻，我决定是我离开大楼的时候了。

虽然以上提到的现象会给某些人的正常感觉带来冲撞，特别是普通的物理定律被这种形式给打破时，会让人迷惑不解不知所措。但是我从来没感受到会有什么真正的危险。以前我曾经对一些恶作剧的案例做过调查研究，我意识到即使很重的物件被无形力量扔了出来，它们也不会击中伤人，乃至需要时，它们会自动在空中改变飞行的轨迹，不至于伤人。在大多数的情况下，目击者都没有受到过伤害。可是，现在音给我看了他的伤痕，那是他被无形力量给甩到路上的结果—谢

第七章 — 安的经历

天谢地，音只是被甩到了路上的阴沟里，而不是更远的地方。我该怎么理解这个情况呢？

这真的很奇怪，当这样的被伤害了的人不是你自己时，你只是看到了视觉图像时，你的感觉永远不会象是亲身经历过的人那样，具有很强的那种影响与凝固力。我对音表示同情。我也很担心他的情况，因为他显然是由于他有了这样的经历而感觉很震惊，又不晓得其缘由，我推断这并不是严重的伤害，他会没事儿的，也许是神灵提示给他，要他对大楼里发生的事情有所警觉才对，他会活下去的。这种想法能够让我以某种方式来跟自己的感受划分出来，并能够有勇气继续在这座大楼里工作下去—直到发生在我自己的身上。

那个晚上，与平常一样，由我在大楼里担任晚班的工作。大楼里繁忙了一阵子以后，最后的班--瑜伽班—在最后一分钟时被取消了。瑜伽老师从格拉斯哥给我打来了电话说她被耽误在那里了，没法来上课。她已经给所有的学员打过电话了，通知了他们，取消了这个晚上的课程。

我可以早点回家了，太好极了，我暗自喜悦地对自己说今晚我能早点儿到家了。我所要做的就是在大楼内走上一圈，关门、闭灯，锁上大门回家。我先将办公桌上的手头材料文件都收拾起来放好了，又把我的外衣从衣架上拿过来，从底层抽屉里把我的手袋也拿出来，从手袋里取出了车钥匙，又把车钥匙放在了我外衣口袋里。我再把外衣和手袋放在了桌子上，再将桌子的抽屉都锁好，准备出大门。最后时刻总是要做出同样的选择决定，就是检查大楼是要从底楼向上开始呢，还是从顶楼向下开始。由于我已经在一层楼了，我就决定先下到地下室去，从地下室开始往上爬楼梯。我从地下室做起，关闭每个房间里的电灯，再关门。我下到了地下室，先进入到左边的房间里，就是餐厅里。当我站在门口，用眼神巡视整个房间里有没有还没关闭的CD机，台灯，当我确认全部都关闭好了。我就关闭了电灯，再关门。接下来我就走到餐厅附近的厨房，我再次用眼神扫描确认房间里的电器都已经关闭好了。我就关闭了电灯，再关门。随后，我沿着走廊继续往前走，经过了两个房间，走廊里两侧各一个用做办公室的房间，我用一只手推推每扇门都是紧紧地关着的，我再确认两扇门都上了锁，然后我就走到了地下室的最后一个房间，那个位于走廊尽头的房间。我知道那天晚上没人使用那个房间，可是那扇门半敞开着，我朝里面看了看，查看电源插座所在的那一侧，我没有在房间里发现任何问题，就把门紧紧地关严，开始沿着走廊迅速往回走，集中精力想要尽快查询大楼的其它部分，完成工作尽早回家。地下室的走廊是一个正方弧形，走到头就得自动向回转。当我转过走廊的第二个拐角时，我突然意识到有什么人或者东西从我的身后过来了。况且其速度很快，就在那短短的几秒钟里，我的思绪飞速运转。一定是有人藏在了地下室的什么地方，可能躲藏在半开着的门后面等着大家都离开大楼，等着抢劫的机会，或者至少想在那里过夜，也许我刚刚查看房间和关门打扰了他。我猜想他现在正要想逃脱跑掉。他已经被发现了，现在他要尽快地跑出去。这些念头在一瞬时间一股脑地闪过了我的脑海里。我在想他要追上我了，我大概也就只能走上两三步，他就会在惊慌失措之中撞上我，把我撞倒，夺路逃脱。然而我感觉到的是走廊里转弯处向我发来的能量速度波远远超出了人类所能够达到的速度。那种感觉就跟在伦敦的地铁站里的高速行驶的地铁车一般的强力流动波一样，还带有那种高速列车行驶时的呼啸声、极其强烈的动力波与强力的高速。我本能地闪到了一边，我的后背撞到了墙上，我的本能反应是不被这股强力流动波给压倒。当我的后背撞到墙壁时，那股强力流动波紧急刹车般停住了—它就停在了我的身边—在我的脸上。它是如此令人可怕、恶心、强大、有爆破力和攻击力。它就在我的脖子上，我想我随时都会被掐死。

很久之后我告诉别人那是一种又软又粘的液体。然后，我意识到这种形容并不准确，无论如何那是一种没有骨骼结构、没有椎骨、没有可形容的身体或形状的物质-无形状的庞然大物。然而，它占据了一个巨人的高、宽度和空间，更尤甚的就是它的流动性令人难以为之做出任何定义。我可真的被吓坏了！我非常清楚这无形状的庞然大物的力量实在太强大了，瞬刻间它就可以将我碾成碎渣。我没想到那天晚上我还能活着出来，或者至少我有受到严重的伤害的危险。这种带着强烈的恐惧并且与其实体近距离的接触可能持续了有几秒钟，然后它消失了--就宛如它在地板上溶解、悄然消失。我二念没想，从地下室三步并成两步跑上楼梯，冲出了地下室通往大厅的门，再用尽全力'砰'地一声在我身后把门关紧。我后背紧紧地靠着门，我心惊胆颤地站在那儿，心里隐隐约约地企望自己有能力制止这股巨大的能量波穿过我身后的这扇门。站在门后，我弓着腰，用尽全力紧紧地抵挡身后的门。我当时是又害怕又疲惫，累得气喘吁吁，双眼环顾四周，看到这座大楼的主楼部分几乎是灯火辉煌，整个大楼的每一盏灯都闪烁着光

第七章 — 安的经历

亮。我心想：今晚就这样亮着吧，我是肯定不会再冒险去关灯了。我一心想逃出去。我看了看对面的接待室办公桌上，我的手袋和外衣仍然躺在那里等着我去拿取。我想是否要把它们拿过来，然后再冲出大门。如果那样的话，在我逃脱出去以前，地下室里的无形状的庞然大物会不会冲出地下室的这个门，冲过来袭击我。我决定了，尽管我不是真正的需要我的手袋，可是我需要我的车钥匙，我要开车回家。我使出了全身的勇气和解数，奔向办公桌，一把抓起了手袋的背带和外衣，迅速扭转身，朝着大门跑出去。我几乎是冲刺般冲出前门，随手把这扇木制沉重的大门砰地一声关紧，门锁自动弹出将门锁上。我这时几乎是瘫坐在门口的台阶上了，我的双腿再也支撑不住了。

我想一定是我体内的肾上腺素发生作用促使我坚持到此，现在我在门口台阶上，身体缩卷成了一团，瘫坐在我的手袋和外衣上，全身颤抖失去控制。我意识到当时我的身体正在经历着极度的恐怖与震惊，我尽量放慢了呼吸，脑海里闪过一个念头担心我的心跳加速可能会引起心脏病发作。况且，没人知道我为什么要坐在门口。我要警告其他人：这里有危险。这种想法帮助我恢复了理智和镇定，最终我站立起来。

当我终于回到家里时，音看到了我的脸色不对劲，音就问我：出了什么事。我转告给他，我在大楼里的经历，他说：'现在你知道了那种感觉是怎么样的了—被袭击。'听到他的话，我觉得十分的失望。经过了如此震撼惊恐的创伤，我本来渴望得到些同情安慰的语句，可是他说的话只有：我告诉过你这些呀。他确实也是说对了。我听过他讲述的他在大楼里遭遇的情况，可是我直到有了自己的亲身经历，才真正地体验到了被未知事物袭击的残酷性和潜在的生命危险，被袭击者受到的极度恐慌感和不安情绪是如此的铭心刻骨。

'既然如此，你将做些什么呢？'音问我。

'我真的不知道。没人会相信我们—我认为不可能被别人相信。'

'你没相信我告诉过你的话，'音的语调中充满了沮丧，因为他在我有了经历以前，已经亲身体验到了这种铭心刻骨的震惊。

'我会给约翰打个电话。也许他知道该怎么做。'约翰 布莱克武德是我的同事，我们都在这个活动中心的管理委员会上当管理成员；那时，他也是精神主义者教会的主席，他从小就受到了精神主义思想教育的熏陶，他肯定有过这方面的经验，知道如何处理这样的事情，我心想。但是，当我给约翰打去电话，告诉他发生的情况以后，尽管我们是多年的朋友，他相信我也更了解我，可是我能够听得出来，他很难理解我给他讲的经历。他不停地问我：你肯定是这样吗？你是否想象出了这些事情呢。

当然肯定，我当然坚信不移。那会儿，我坐在放在大楼前台阶上的手袋和外衣上，等待我颤抖不已的双腿恢复正常，我才能开车回家。最真实的记忆就是有一对夫妻过路时，他们看到了我的窘态，还特意回头关注了我。我的感觉是她要给我几个零钱，因为她还以为我是无家可归者，想要在大楼门前打个窝棚过夜呢。'就是这样。约翰，你的猜想不对，我敢肯定这绝对不是我想象出来的故事。'我还告诉他，我非常害怕再次返回到大楼里工作，他这才意识到我是多么的害怕、我确实是心有余悸了。我问他是否知道谁有本事可以把这个大楼中地下室里的恶魔赶走；精神主义教会的牧师有否接受过培训如何驱除这样的恶魔？他的答复是：从来没有，他也不知道谁人能够真的可以帮忙。

他的答复让我十分的失望，不是因为这是约翰给我的答复—他是我至今的友人—是因为精神主义者教会组织对此束手无策、无能为力让我失望。他们从来没接触过这种情况，因为他们从来也没真正地相信过这种情况是客观存在。他们的态度对我来说实在是可笑又很幼稚，可是至今仍然如此。我不得不从其它方面求援。我所知道的在这个领域里最有权威性话语权的唯一组织就是苏格兰心灵调查研讨协会the Scottish Society for Psychical Research (SSPR苏格兰调研会)，早些时候，我在那里学习到了有关异常现象的课题。我给耐克 凯由打夫电话，他当时是协会的主席。耐克也很了解我，知道我不会突然间就胡思乱想或异想天开地夸大奇谈，他很专心地倾听了我的诉说，而后耐克的话让我非常惊讶，

他说：'我可以在大楼里守夜吗—我想体验一下。'

'你肯定是开玩笑—你真的—真的—不想有这种经历。'

'我想要这种经历，我愿意，我很乐意来在大楼里守夜，体验一下—如果你同意的话—看看我能够体验到些什么事情。'

我没想到耐克会这样答复我，他很了解我，因为我也是一名超自然现象的调查研究人员，他知道这么多年以来，我经历过了很多异常奇怪的现象，可是从未经历过如此这般可怕的事情，所以他也想体验一下。我接受了他要求在大楼里过夜的意见，就安排了他和他的妻子莎拉来大楼里住上一个夜晚。耐克和妻子莎拉在大楼过夜的经历陈述附

第七章 — 安的经历

注在本章节的末尾。（注：他们的经历完全不同，因为他们是在三楼的一个房间里住宿过夜的，他们带来并使用了一些调查测量器械，也录制到了一些奇异的现象。）

这是第一次由苏格兰调研会发起，随后有许多其它机构前来活动中心进行的许多通宵守夜和调查其异常现象的活动。在我最初与约翰和耐克的谈话中，我发誓要对这些现象保密，因为我承担不了泄露这些情况的后果。我的初衷本来是要警告人们注意其带来的危险，但经过反思，我意识到这会在众人之中导致的其不同观点的两极分化。有些人想来这里体验这种现象，但这可能会导致错误的主张和期望。也可能有人说这全是一大堆无稽之谈。身为通灵媒体的我本人，会被人嘲笑说我害怕鬼或其它类似于鬼的东西。毕竟我是在努力鼓励公众进入大楼里来，参加活动中心组织的各种活动；我不想让任何有负面影响的宣传损坏这个活动中心的形象。我决定对这一切保密，并且想方设法采取措施来控制、消除或至少尽量减少对前来亚瑟·柯南·道尔爵士活动中心来访者的威胁。

当我即刻撰写本章时，我仍然还是不明白为什么会发生这种情况，更确切地说为什么我的精神团队和引领我来到这座大楼的亚瑟·柯南·道尔会允许这种情况的发生。他为什么要让我们到这座有着如此恶魔一般负极能量的建筑物里来，这股负能量可能会使我们的生命处于潜在的危险——因为这就是它所发出的给人们的感觉。

当我撰写这本书时，我再次重新考虑到我的这些想法，并再次请我的丈夫音，把他当时是怎么感受到的告诉我——他的回答是"害怕——真的很害怕。"我也再次问我自己，有过如此令人恐惧的经历之后，我为什么、又怎么能一如既往地返回到那里工作的呢。答案是——我坚信亚瑟在过去五年左右的时间里，所指引和带给我的一切。我毫无疑问地确切知道这就是我们被引领找到的活动中心的大楼。我知道我们应该在这里，尽管我很害怕。但是，我知道我必须回去继续承担起他的工作。这是一种为了坚守信仰的行为。

巧合的是（你应该理解我现在对巧合的看法了），当我再次仔细斟酌所发生的这些事件时，我在家里收到了一系列的书籍，这些书籍都是捐献给我，为活动中心图书室所使用的藏书。在封城期间（2020年大流行的新冠病毒），这些书籍一直都放在我的厨房地板上，直到解封以后，我才能够将它们带入活动中心的图书室来。一直以来，我都觉得这些书籍很有价值，是要作为一个完整的专题书籍荟萃保存、收藏集中在一起，而不是分散或混合在图书室现有的其它图书之中。事实上，在我厨房书堆的顶端有一本书，它一直在向我呼唤着，我知道我需要阅读它，但我对自己说，留在写完这本书以后，我会认真阅读的。当我终于把这些书籍用盒子装好拿到中心时，我们星期四静思冥想小组的成员乔治说：'你要这会儿就读读这本书。'所以，我又把那本书带回了家。这本书的名字叫《精神朝圣者》，作者是约翰·韦尔奇(John Welch)、O.Carm。前言解释道：

'虽然这本书声称是对 卡尔 甫Carl Jung的心理学和阿维拉的特蕾莎Teresa of Avila的神灵性质的研究，但它的深刻意义远不止于此。圣 特蕾莎最重要的著作之一《心灵内部城堡》的个人之旅，是获得了伟大的精神病理学家所提供的巨大帮助，使得作者对人类心理和灵魂有了更深刻的理解和解析，冯·胡格尔男爵Baron Von Hugel阐明，研究神秘主义的唯一方法就是研究神秘主义者，然后效仿他们做榜样。韦尔奇神父Fr. Welch正是这样做的。他研究了两个人的生活和他们的写作，他们一生都是在对自己心灵内在的城堡进行宗教性探索[灵魂/自我——在他们书写的参考文献中，被称为中心或深度]。他清楚地展示了在这段内心旅程中，所遇到的困扰，以及内心旅行者所面对的危险，并提供了旅程目标，以及清晰的意念图像，激励我们前行。'

虽然我只是阅读了这本书的前两个章节，我被随便手翻阅而读到的内容所吸引住了，并且能推荐以下为你思考的参照内容：

'作为一种宗教体验，这种疏离的蚕茧过渡期被称为"灵魂的至暗黑夜"。十字的圣 约翰St John of the Cross是另一位卡尔默利特Carmelite西班牙的神秘主义者，他也是圣 特蕾莎的朋友，他用夜晚的黑夜形象地形容和表达了基督教的信仰之旅。约翰的著作比特蕾莎修女描述的更具有生动说服力，它强调了教徒通过与上帝交流沟通联合为一体，而后所发生的转变，既是宛如蚕茧蜕变即变化的阶段。黑夜就是基督徒在净化过程中所经历的象征。'

它继续说道：

第七章 – 安的经历

'精神之夜,信仰之旅的午夜,乃是一种更强烈更具体的体验。所有的支持系统都显得不足,只有赤裸裸的信仰才能成为朝圣者的唯一的精神支撑力量。这个茧蛹出壳之前,在黑暗的体验之中,两个极端之间的对比是尤其的令人震惊。'光线越亮,'约翰写道,'猫头鹰就越失明。'就好像跳入一个不知道底儿的深处,到了半截处的时候,才是最神秘的,于是引发了这个问题:这该有多深、这是到了一半了吗?还值得继续往下跳吗?这个适合于我、能维持并赋予我生命吗?但,没有给出任何答案,信任本身必须已经成为精神支柱,也就是你支持下去的理由,心诚则灵,涅槃重生。约翰的这种对经历的描述与特蕾莎的对蚕茧蜕变的形象之描述,都是一样的逼真与相似。他将这些经历比作被野兽吞噬中夺命、在严酷受审中求生、在大海深处漫游、在死亡坟墓中再复活、以及窥视地狱后复生,既是涅槃重生。'

当作者在这个主题上提到甬时有写道:

'在蚕茧壳中有一种紧张混乱的迷茫,还要在同时求索出路,这是一个伴随着痛苦的意识成长的过程。感觉就像死了一样。甬写道:"每个自然的人在深入探究自己时,所经历的恐惧和抗拒,归根结底是对通往地狱之旅的恐惧。"

再回到圣 特蕾莎的观点上,作者写到:

这是精神的黑夜,在中心部分的可信度受到了质疑。特蕾莎写道:"上帝似乎给魔鬼发出了许可证,以便让你的灵魂受到考验,你甚至会有被上帝拒绝了的想法……"

虽然我从未认为自己是在做朝圣,但现在看来,几乎是显而易懂的了。在过去的五年里,我虔诚地度过了——如果你原谅我的这个一语双关的句子——遵循亚瑟·柯南·道尔的引领线索和指示,找到一座计划为公众带来启蒙作用的大楼为活动中心。找到了大楼、翻新装修了大楼,并准备好对外开放,让大楼发挥其作用后,才发现那些管理服务大楼的人正在接受测试。此时,我和音很容易就会认为,将我们的努力投入到了这些不会真正给我们带来个人经济利益的事情上,这一步走得实在是太远、太冒险、太可怕了——这不是我们活着的目标。

这种脆弱的想法是我当时唯一的解释，随后，我做进行了进一步的调查[请参见第12章]，但无论是怎样，地下室里庞然大物的负能量已经似乎消弱、淡漠尚且殆尽了。虽然我们意识到大楼中仍然存在着某种物质能量波的骚动，但与这些可怕的时期相比，它已大大减少、削弱了许多，似乎更加可以被容易、被忍受了。在大楼中的各项活动（灵媒、治愈、神圣服务等）所产生的正能量也可能有助于减轻负能力的影响力度[1]。

过去，当我们的小组坐在有邪恶能量残余、负能量游离存活的神学社教室里静坐冥想时，阿莱斯特·克劳利（Aleister Crowley）的显现（在《亚瑟和我》中对此进行了详细的概述），我就已经意识到了这一点，但这属于完全不同的情况。因为他是一个涉足于神秘学的探险者。而大楼地下室里的庞然大物是一个无形的物体，它从来都没属于过人类，也许它有一些智慧。但是，我觉得它没有可以与人类交流的能力，然而它却拥有如此巨大的摧毁力，可以在一瞬间轻而易举地摧毁任何生命，然后悄然无息、毫无踪迹地消失得不留任何痕迹。

也许我们已经通过了考验。

耐克 凯由 Nick Kyle的证词

2012年，安打电话给我，告诉我她在活动中心地下室里遇到的一次可怕的超自然现象。我的第一反应是我和妻子莎拉应该给安最恰当的支持。我们建议我们可以拜访这个大楼，体验以后，为安提供一个独立的意见。

在接下来的那个周末的一个晚上，安在活动中心等着我们。她一边介绍一边带我们在这所座大楼里走了一圈。我们都在这座大楼的地下室和三层楼里，觉察到了有一种很强的"有灵魂共存的感觉"。我揣量着想许多象这样的大房子的地下室可能都有"鬼存在"的现象。也许这是建筑、温度和照明对我们心理影响的结果。但是，我在一间地下室里的感觉是我们一直都被什么无形的物质体给监视着。我意识到整座建筑从其它的宽阔的中央楼梯和装饰中，能够给人一种宏伟壮丽辉煌的氛围，其历史可以追溯到以前，大楼作为音乐学校和家庭住宅的历史。我对三层楼上传来的奇怪声音很感兴趣。这就是来访的灵媒住宿使用的公寓，也是他们说午夜有听到声音的地方。它有一个走廊的入口

第七章 — 安的经历

处,通向休息室/厨房、浴室和双人卧室,我们就住在这个房间里,很快我们在这个公寓里休息安顿了下来,我们知道那天夜里,在这所大楼里没有其他人同住。

那天晚上睡觉前,我在我们公寓的门外设置安装了了四对红外线安全警报器:

- 一对放在公寓的入口处
- 两对放在三楼走廊的相对的两端
- 一对放在了通往另外一间会议室的走廊内。

这些设备是电池供电的发射器和接收器对,如果在设置的管辖内有走动现象,就会阻断红外线光束的连接线,自动触发警报器发出报警信号。

电池都是新安装上的,所有的设备在我们以前使用时从未出现过任何故障和误报。

第一次警报器响了:几个小时以后,也就是我们在卧室里休息以后,离我们的公寓最远处的、就是在走廊另外一头的那个警报器响了,我们去检查并重新安放好。我们没有找到任何触发警报器启动的明显原因;我们检查了是否有任何可能触发红外线阻断的东西,也许是啮齿小动物、飞蛾或者是什么东西从墙上掉了下来,但我们什么也有没发现。我故意打断红外线光束,检查警报器是否在正常的工作状态中,再重新做了设置,而后我们回到了卧室。

第二次警报器又响了:又过了几分钟后,同一处的那个警报器再次响了起来。就在我们欲动身离开房间去检查之前,同层楼平台另一头的那个警报器也响了起来。没有任何情况可以解释触发警报器启动的缘由。当我再次重新设置和试验打破光束触发它们时,一切都工作正常。我们只好拿开这两对报警器。只留下放在楼梯平台上的一对报警器。我们还把一对报警器放在了上了锁的我们自己住的公寓里。

第三次和第四次警报器响了:我们第二次返回公寓后的不久,公寓外面的那对报警器又响了。我们又再次查看,还是没有查出任何可以解释触发报警器启动的原因。我们把楼梯平台上的一对警报器拿开,把一对警报器放在了我们上了锁的公寓走道上。不一会儿,公寓走道上的警报器也响了起来,我们检查了一下,我又把那对报警器也拿开了。

第五次警报响了:我们决定在卧室的地板上设置一对警报器,正如我们所预料的那样,在我们上床后没多久,警报器也响了。

我们感觉好像似有人跟踪着我们，进入到了我们的卧室。我们都感觉到了有一种强烈的"有灵魂共存的感觉"，但没有其它现象。这些警报器在那天晚上以后，曾被多次被使用过，都没出现过任何问题。

莎拉和我一致认为不是飞蛾或啮齿动物触发了报警器响铃启动，而是看不到的能量物质。这些报警器被触发报警以后，我们对周围的情况进行了仔细观察，从中得到的解释，特别是在观察过程中，我们感觉到了无形能量物质跟踪我们，并且它逐步靠近我们的亲身经历。

后续：随后，我们带着苏格兰心灵感应研究讨论协会的一个团队人员回到了大楼里，我们团队在这里举行了一次通宵守夜的活动。每个参与者在分享他人经历和小组讨论之前，都完成了一份个人经历调查报告。那天晚上，我们在地下室安装的摄像头里拍摄到了移动的光亮球体的画面。

我们建议在这个中心的再次守夜活动中，我们将使用环境保护监测仪器和设备，可以从远程遥控监视我们认为是监测目标的具体地点，同时使用红外线控制和影像录制设备。

— 耐克 和莎拉 凯由NICK AND SARAH KYLE 2021年八月 九日

我相信，有如此众多的灵性人士在来我们的大楼活动中心，积极参与从事神灵方面的工作，他们带来的正能量足以淡化和驱散这种负能量；他们整休团队的为集休利益意识服务的意念，足以能够战胜地下室里存在的负面意图。我还记得在2012年，我们在大楼里举办了多个瑜伽功操练的课程，特别是有一个固定的团体班，专注练习昆达里尼瑜伽功，那会儿，在爱丁堡这种瑜伽功还是很新潮的。（昆达里尼瑜伽功练功的目的是唤醒以蛇为代表的"沉睡的蛇"，这是盘绕在下脊柱骨的昆达里尼能量源泉，对大多数人来说，是需要努力练习才能够唤醒其机能的活跃性。昆达里尼瑜伽功试图通过能量呼吸和吟诵以及瑜伽操练来唤醒这种功能，并且在自身能量中发挥作用。）这种瑜伽班的会员们，多半在周末住在这所大楼里，以便他们在凌晨日出时就能集体准备好，一起开始练习发功——夏天通常是凌晨 4 点钟开始——当他们这样做时，他们常常会邀请一位有高能量的瑜伽大师前来一起参加这些课程。Hari Hadji 环游过整个世界，因为她是仅有的、极少数能够达到了昆达里尼大师水平的奉献者之一。她是一位有着高维灵感

第七章 — 安的经历

性和敏锐直觉的灵性导师。她身上有一种极为特殊的平静感和一种不动声色的洞察力。我记得当我们一起走到大楼地下室的时候，她告诉我这个大楼里有黑沉沉的负能量。当我问她为什么会是这样时，因为我们正在这里做的全部都是善意的、神灵慧智的工作。她说："你的光越亮，你投下的阴影就越长。"现在，我仍然不敢肯定这到底是意味着什么，我还担心她的意思有可能是，一个人所做的好事越多，就会吸引越多的黑暗面；这对我来说听起来好可怕，而且不公平。如果我回到这本书和圣十字约翰讲述的内容上：

'在这个宛如蚕茧一般黑暗的体验中，两极之间的对比是极其令人震惊的。"光线越亮，"约翰写道，"猫头鹰就越失明。"就好像跳入深渊，到了位于中心部位时会产生的神秘感一样，于是引发了这个问题：这些深度、这个中心部位的深度是否还值得信赖吗？该中心是否适合于我、维持并能够赋予我生命吗？但没有给出答案，信任本身必须成为其自己的唯一之提升的理由，即心诚则灵，涅槃重生。'[2]

— 《精神朝圣者》作者：约翰·韦尔奇 (JOHN WELCH)、O.CARM。保利斯特出版社 P145。

欲知更多对此现象调查的有关信息，请参阅附录3.

8

第八章 — 其他人的经验

我和丈夫,音在早期的那些痛苦艰难的经历大多发生在 2012 年,也就是大楼对外开放使用的第一个周年里。这确实给了我们一个挑战。一年前,我们目睹了油漆工的梯子被移走离开了原址,其它的物品和家具有的被移走了,有的要么是先消失了,继而又重新出现了。那些合同工人和志愿工作者在大楼工作不久以后,就离开了大楼再也没有回来的人屈指可数。所以我们知道我们这里是一座"活跃"的大楼建筑物体。这一切都没有把我和音压倒、吓跑。我们仍然能够泰然处之。我知道我们有被神灵的引导,才来到了这座大楼的,所以我知道这是正确的地方。我信任神灵,音也信任我。可是,最近的这次经历从根本上震撼了我们,而这一点在精神主义者的教堂的礼拜仪式上,充满了讽刺地反射到了我的身上。

那是一个当我不主持星期日的教堂礼拜时,我通常都会坐在公众座位的最后一排的椅子上,那里靠近敞开着的门,这样我随时都可以看到接待区,以防有人突然进来咨询。一个星期天的早上,当天的访问演讲者带来了一位实习通灵媒体学员。这种情况时不时地发生,让学员有个上台的机会,能与现场的众人对答,一边学习一边工作。那位实习生在开始工作时,她做得特别好,向公众会员传达了各种信息,然后她说她有一个信息要告诉我。每当通灵媒体想要给我传达信息时，我通常都会很自然地保持警惕的思维方式，因为大多数人都认识我，可是，当然这个新手她不认识我。

'你有你自己的圈子？"她说。我对她突如其来的问题不知所措，不知道如何作答。与她之前给的信息相比，她的这个问题没啥意思。由于她站在神灵主义者教堂的讲台上，对着在场的公众提出这个问题，因为在场的大多数人总会时不时地组织自己的圈子，这并不是一个很明智的问题。不过我还是做出了积极的回应。

然后她继续说："这是个意识命令物质动化的圈子。"

听到这句话，在场的公众几乎是集体同时都倒吸了一口惊讶的凉气，更有许多人转过身来，把目光一致集中在我的身上，看我作何反应。在那个年代，物理性通灵媒介[1]极其罕见（现在仍然如此）。现在，只有一两个有精湛技艺的高手还业内在发挥着作用；大多数有物质动化性能力的通灵媒体，他们都是活跃在维多利亚年代，那时，他们有过鼎盛时期，也曾经受到过公众的热捧，但是那个年代的热情早已过去了，现在基本上是人过事空了。也没有人知道我的冥想小组的存在，更不用说我们正在经历的通过物质动化性能力的通灵媒体与神灵沟通了。但是，我必须要回答她呀。

'是'，我总是简洁明了，尽量提供最少的信息。但她接下来的一句话却让我大吃一惊，哑口无言。

'你可是获得了比你欲望要的还多得多的报答。'

当时我的即时反应就是简单地慢慢地、小心翼翼地点点头，想知道她还会要继续透露些什么样的详情。然后她含糊其词地说了一大堆无关紧要的话，说她并不知道所发生的事情的细节和经过，可是，她已经是把我给吓了一跳了。她接着说，我应该知道，神灵一直都在照顾、保护着我，引领着我。这句话将她带回到了通常大家熟悉的爱、神灵智慧之光永照人间的领域。

这种利用实习通灵媒体新生向我提供信息（通常是公开的）的新技术还将被继续使用。但是，现在我已经避开了所有可能在公开场合曝光有关我在大楼地下室的经历。值得庆幸的是，直到现在，这件事仍然还是保密，只有另外两个人知道。实习媒体，她所做的当然首先就是要向我确认——如果我要的话——精神世界里的神灵清楚也知道发生了什么，及其对我有何影响。其次，她向公众宣布了我有一个冥想小组的圈子。所以，在教堂祈祷结束以后，肯定会有一些人要向我询

第八章 — 其他人的经验

问这个方面的问题,我要尽量地回避任何询问,以确保我们小组的机密得到保护(正如神灵之前给我们的指示那样)。

在我的上一本书中,我将与阿莱斯特·克劳利不期而遇的经历,描述为是我所遇到过的最惊心动魄的可怕事件。在那个时代,应该是确实如此。可是,我在大楼地下室里的经历,真的要比那次的经历更可怕的多。我以前从未像那天晚上那样对自己的生命安全感到担忧与恐惧,我相信音也有同样的感觉。尽管如此这般,我们还是决定继续下去,一旦你体验到了最糟糕也是终极的体验,之后的一切都会变得微不足道—对我们来说这就是涅槃重生的机会—但是对第一次经历它的其他人来说,肯定并非如此。

值得庆幸一提的就是,大楼里的负能量在跟我和音发生碰撞的事件发生,似乎已经达到了顶峰,随之以后一切都变得跟往常一样,现在似乎已经恢复到之前的安全稳定的水平。我意识到地下(地下室里)有一种与地上不同的能量波、磁场。可是你可以感觉到它的存在 - 无论是积极的还是消极的 - 有的时候这种消极的负能量会很强,比平常的日子更容易被觉察得到。这可能与发生在大楼里的某些活动、事件有关;与大楼里的特定时间与特定时间内楼里的人数多少也有关联。我们现在定期举办通灵媒体研讨会和工作室演示活动,因此大楼里的人越来越多参与各种活动。其他人也有更多机会亲自体验到这一点,特别是如果他们正在接受培训和正在培养与发展他们自己内在的灵感性和通灵能力。

保罗 扎考勃PAUL Jacobs

我们开始收到在大楼里参加培训的学员的报告,他们说有人觉得是被推上了楼梯。一些学员就是不想去地下室,尽管在休息时间,我们在地下室为他们准备好了茶和咖啡,我们还有一位志愿义工接待员,不管怎样劝说,他都断然拒绝去地下室。

当然,我们尽量地淡化了在地下室里曾经发生的一切,从不向来大楼里的人透露以前发生的事情。但是,不可否认的是,有些客人在大楼里有过异常的经历。其中一次是在2012年6月,当时保罗(Paul Jacobs)被安排在周末举办一个研讨会,首先在周五晚上展示通灵媒体术。周五下午,我把保罗接到了活动中心,并引领他去了三楼的一个公寓,他将在这个公寓渡过这个周末。他看上去很高兴来到这里，我们也很高兴能够请到他来做演示。跟我们曾经请到过的许多其他灵媒一样，保罗是一位享有国际名誉声望的通灵媒体，他曾接受过灵媒大师高登·希金森(Gordon Higginson)亲自指教和训练，并且，他的通灵功能被认为是绝无仅有的少数人、继承了他血统中的祖传技艺功能的灵媒之一。

我们没有失望。他的演示非常顺利，观众很喜欢。晚上10点左右，我们已经接待了所有那天晚上参加他的演示并从中受益、想感谢他在当场转发来的神灵信息；还有些人还很想跟他拍一张自拍合照，用来保留纪念。然后我礼貌地问了保罗他休息的公寓是否舒适，他是否还需要什么-- 他说很满意-- 所以我就祝他晚安，告诉他说我们会在早上再来大楼，安排第二天的活动。说好第二天早晨再见。

第二天早晨我们坐早班汽车然后沿着帕玛森大街朝着活动中心走去。我一眼就看出了，是他--保罗正站在大楼门口的台阶上抽烟。我和音走近了保罗，我对他说：'早晨好，保罗，你休息好没有？'

'没有，我没休息好。我不知道昨晚谁在大楼里，他们在干什么。不管他们昨晚做什么，他们的房门整个晚上都不停地砰砰作响。我几乎都没能闭眼。猜想不止一个人，肯定是好几个人了，因为好几个房间的门都是砰砰作响，听上去好像就在我房间的楼上一层的房间里。他们几个房间的门都不停地有人进来又出去，出去又进来地砰砰关门作响。我几乎就要忍耐不住，想要上去跟他们讲：你们的楼下可是有人正在想要入睡休息啊。

他一股脑抱怨以后，我和音都只是默默地望了望对方。

"什么？"他看着我们迷惑不解的脸色，困惑地发问道。

"保罗，大楼里没别人——昨晚可就是你一个人在这里啊。"

顿时，他显然被这一发现给惊呆了。他原本以为楼上的房间里正在举行一场疯狂的通宵聚会呢。随即，他的愤怒变成了一种不愉快的预感，因为他意识到自己将还要独自在这所大楼里再住上一个夜晚。

那天晚上，我安排了在工作室演示会结束以后，我们一起跟约翰·布莱克伍德共进晚餐，因为保罗和他也是老朋友了。我们在当地的一家中国式餐馆里会聚用餐，保罗再次向约翰讲述了他昨晚上在公寓里的经历。约翰无法再不重视保罗讲述时声音中带着的深切担忧的事实。他再次表示，在有过这样的经历之后，他很害怕，他自己不得不独自在大楼里再住上一个夜晚。至此为止，我经常告诉约翰大楼里的物质能量显示的现象，他总是漫不经心、无视我的反馈。我确信他会听取

第八章 — 其他人的经验

他的老朋友的话，相信保罗的个人经历讲述这同样的事实，可是，约翰仍然还是不肯相信。

我当时问保罗是否愿意填写一份问卷，该问卷是 苏调研会SSPR 在第一次守夜活动以后留下来的。苏调研会SSPR 要求我将这份问卷资料交给来过大楼内，所有目睹了这里发生的奇怪事件的人填写，并要求我将这些资料，请当事的目击者填写完毕以后，转发给苏调研会SSPR 进行整理和分析。保罗同意填写，并完成了问卷——他是这样说的：

'我能听到我睡觉的楼上的房间里有动静、有闹音和抨击声。这种状况持续了好一阵子。我想上去请他们保持安静。然而，我意识到了我是那天晚上独自留在大楼里过夜的唯一的一个人。'

— 保罗 扎考勃 PAUL JACOBS，2012 年 6 月 30 日

琼 菲尔德 JUNE Field

另外一位在我们活动中心工作期间，遇到超自然、奇异事件的专业通灵媒体是琼·菲尔德（June Field）。琼参加了并赢得了来自世界各地超过 70,000 名灵媒参加的"国际灵媒大赛"，她获得了"世界最伟大的灵媒"的荣誉与称号，为此，我们都很高兴地欢迎她前来我们活动中心工作。按照来访灵媒的惯例，她住在三楼的公寓里。这是她的口诉：

'我住在亚瑟柯南道尔活动中心，我自己还有我的学生萨姆。安带着我们一起去了在街拐角上的意大利餐厅吃晚饭。在我来这儿上课的前一周，安刚刚在这个活动中心接待了心灵研究所组织的活动，他们在这座大楼里守夜和进行调研的活动。为此，我问一名学生是否愿意和我一起，同住在一个公寓里，她就是萨姆。

饭后我们都回到了我们将要过夜的公寓里喝了杯茶。我们正在谈论鬼的事情，我感觉到了有其存在，就要求将谈话的内容改为另一个话题。聊完之后，安就回家了，我听到大楼的前门在她身后被关上了的响声。我和萨姆没再离开过公寓。

我感到非常不安，感觉到有灵魂就在公寓的门外，好像他们正对着我们入宿公寓的门口。

我不情愿地去睡觉了。凌晨2点，火警警报器突然响起。我知道没有发生火灾，那个灵魂只是想让我离开这里的公寓。我叫醒了萨姆，告诉她我认为没发生火灾，但是，按照规则我们必须离开公寓。

我给安打了电话，但是电话直接接到了她的自动留言录音机上，所以我发了一条短信希望她能收到。

我们打开公寓的门，即刻我觉查到有一股邪恶的感觉笼罩着我。我们把灯打开，一边走一边继续开灯，我们下了楼。萨姆感到非常地惊慌，想要逃跑，但是我指示她别急、慢行。下楼后，我们拨打了报警板上的号码，并通知了接听电话的另一端的人，大楼里的哪个区域火警灯响铃了。他说是地下室，要我们下去查看。

我立刻就知道他们只是想让我们去地下室。我拒绝了，并问他是否可以远程遥控、重新设置地下室的那个警报器——如果那里发生火灾，我就更不会去那里。他按照我的要求这么做了。我们也重新返回到我们在楼上的公寓里，楼上所有的灯都亮着。我们走进公寓，插上电水壶想要泡杯茶，因为我们两个人都很震惊，我们都在发抖。我觉查到了这儿有一股邪恶的能量气息。但是，我没有告诉萨姆，因为她非常害怕，我向她保证没事儿。然后，当我们两人都坐在客厅里喝茶时（那会儿大约是凌晨 3.30 分左右），我们公寓的门自动开启、被推得又开又关，好像有人试图闯入进来。萨姆很害怕。然后，厨房里的垃圾箱的盖子也开始自动来回摇摆不停。就在那时，我真的生气了，我郑重地要求它离开，并召集了我自己的神灵团队前来助援。我们在那儿坐了几个小时，一切都安静了。但是，这种感觉上的经历铭心刻骨，第二天早上，我将这个经历告诉了安。

我再也不会在这个中心过夜了。这是一个比我的道术要高强得多的恶魔，通常说：道高一尺魔高一丈，在此用上了。'

— 通灵媒体 琼 菲尔德JUNE FIELD

曼农·阿诺德MANON Arnold

我们活动中心接待的另一位访问通灵媒体是来自荷兰的曼农·阿诺德。曼农（Manon）已计划好，有被私人预约会面的安排。她打电话告诉我，她住在中心时非常害怕，所以收拾好行李就离开了。联系了她之前住过的附近一家酒店，看看是否可以接待安排她入住。我记得她

第八章 — 其他人的经验

告诉我，在诉说了可怕的经历后，那里的接待员花了一些时间安慰她平静下来。她现在似乎觉得自己应该更勇敢一些！这是她的证词：

> "我在亚瑟 柯南 道尔活动中心，做了一天为私人提供通灵媒体的咨询服务。由于我来自荷兰，活动中心为我在大楼的第五层提供了一个过夜使用的公寓。
>
> 我为最后一位客人解读完毕以后，我决定在爱丁堡的商店关门之前，去苏格兰的大街上逛逛。当我回到中心时，大楼里面一片漆黑，显然员工们都已经离开大楼，开始庆祝一个轻松愉快的周末了。
>
> 我不晓得，我的周末，竟然离轻松愉快有十万八千里远。我打开大楼的门，打开走廊里的灯，然后上楼梯朝着我的公寓房间走。海伦·邓肯公寓房间正好在我下榻的公寓房间的对面，那门开着，我瞥见海伦·邓肯公寓房间里有一台钢琴，我想如果弹上几个音符、再唱上几句乐曲该多有意思。只是为了好玩儿，我就这样做了。而后，我离开了房间，朝着通往楼梯的门走去。就当我伸出手去、握住了门把手时，我听到了楼下走廊里的哪个房间有开门又被慢慢地关上了门的动静和门与门框摩擦的声音。那种声音，就跟我们在看电影时才只能听到的声音一个样。然后，我听到了脚步声，那是从走廊中间朝着茶室的方向走来的脚步声，听起来有点沉重，就像男人穿着皮鞋走路发出的声音。
>
> 然后声音突然间就停止了，这从逻辑上来说是很奇怪的，因为你想是一个人会走向茶室、厕所或办公室，他不会在正中央停留过久的时间。
>
> "喂，有人吗？"我一边喊话，一边想弄清楚那个人可能是谁。没人回答我。我再次走下楼梯，希望看到工作人员中的某个人，他可能忘记了什么东西，这会儿是他回来取东西的。可是，走廊里是空荡荡的，我察觉到了有一种奇怪的感觉。我走进自己的房间，拿了本书和一双舒适的鞋子，准备步行进城。这次，我是要去吃点东西。
>
> 我回来时，我又重复了两个小时前相同的做法。我再次先打开灯，走到二楼的门前，当我的手放在门把手上，我正准备打开门时，我又听到了走廊里的门发出同样的响声、摩擦声，接着我听到了同样数量的脚步声。我数了数，一共有三步，然后就停止在走廊的中央，没有继续走到任何一个房间。我再一次查看，还是没有发现任何人在那里。

然而，我的内心深处脑海里却看到了一个穿着西装、仪表堂堂的男人，很显然他不是这个年代里的真人。这一切给我留下了极为深刻的印象。来自门的摩擦声音以及脚步声是如此真实地存在，致使我明白了我不可能在这个晚上，让自己的思绪处于安静、休息的状态。

这个故事以我存心的忏悔而告结束。尽管我热爱我作为通灵媒体的工作，也很好奇那天晚上发现和体验的其它活动，一个整晚上与这位非凡的伟人物共享那座空荡荡的大楼，我确信他不想吓怕我——可是我确实很害怕——我要求的有点太多了。

我收拾好了自己的行李，订了一家距离亚瑟 柯南 道尔中心很近的酒店，（幸运的是，那个酒店还剩下一间单人房！）我尽快下楼，同时又觉得自己的行为很可悲，我关掉了电灯再随手关上了我身后的前门。

在离亚瑟 柯南道尔中心不远的丽兹酒店里，我入住了一个舒适的单人房间，在这个酒店的房间里，我祝愿那位衣冠楚楚的绅士能够有一个美好的夜晚，对我绝然的离开，表示歉意，同时我保证下次我再次来访这个中心时，我会表现得像一个更勇敢的通灵媒体！"

— 曼农·阿诺德MANON ARNOLD - 荷兰

乔治·英格利斯GEORGE Inglis

下一年，即 2013 年，我第一次见到乔治，是在我做（灵媒）私人会面时，跟我们所有的做通灵媒体的人一样，我确保接受预订的接待员和将做解读的通灵媒体之间不会有任何泄露信息的情况。这种做法能够确保通灵媒体不会被指责在私家客人到达之前，通灵媒体就已经掌握了他们的信息。那天，活动中心的日记里，有给我准备的整整一个下午的私家预约安排。跟往常一样，我只得到了一份名单，上面列出了那天下午所有的预约跟我会面人的名字和时间。一切都很顺利。我知道，我对我自己的要求十分严厉，我总是喜欢问我的客人，他们是否高兴我给予的服务，他们是否得到了他们想要的东西，或者更常见的是他们得到了他们需要的东西，这是两个不同理念的东西。

我在高登的房间里接待我的私访客人。（这是我的好朋友高登·苏特（Gordon Souter）用导向仪导出的他自己工作时要使用的房间，可是，实际上他从没来这儿工作过。那会儿，他因为患上了晚期癌症，

第八章 — 其他人的经验

正在临终关怀中心接受治疗，我那时定期拜访看望他。）坐在他的房间里，周围都是他的东西，这让我感觉和他很接近，他是对的，那个房间里的能量确实很好。

我名单上的下一个客人的名字是乔治，下午 3 点到达。我等到了规定的时间，有人敲门了，接待员领来了一名男子。他身材不高，但是很结实、魁梧，看上去他的性格也很安静。我猜他大概有60岁左右。我邀请他坐在我对面。就做了通常讲的开场白，确保他对我要讲给他的事情感到满意，我还告诉他，我会安静地坐几分钟，只是为了联通他的精神世界。当我这样做时，我能感受到这个人的能量气场。乔治生性悠闲、不急不躁，即便如此，我还是能感觉到他的情绪有些低落。就好像他缺乏健壮的体魄力量一样。虽然我知道他的情况正朝着好的方向转化，但是，我感觉到了他的健康似乎受到了某种打击，正在慢慢恢复体力。他的情绪和精神能量正在处于低潮，这是可以理解的，我可以看出他已经经历了一段健康状况不佳的时期，并且正在缓慢康复。当我与他建立这种联系时，我为他感到难过，理解他的感受——他不肯把自己的真实感觉表现出来——这是典型的、真正的苏格兰男子汉的表现。就在那时，我感觉到了他的神灵世界的灵魂正在向我靠近，我感觉到了一个来自精神世界的男人的能量。这就是我所需要的。我知道我已经与他的来自神灵世界的人建立上了联系，他想与乔治联系，当我开始说话时，他会给我他想要我传达给乔治的话语。

我睁开眼睛，向乔治就他的身体健康情况做出反馈报告。他回答说，他接受了前列腺癌症手术治疗，刚刚做完成了一个疗程（放射治疗），正在努力恢复自己的体力。

然后我说：'这里有一个来自神灵世界的人想和你说话。他是你的父亲，他来这里请求你的原谅和宽恕。"

"我不想和他说话，"乔治给了我这个令人惊讶的回答。乔治的性格突然从走进房间时的那个温和的人，变得很急躁不安的人，他还伸出一只手，对着我的脸说：

'不。我不想和他说话。'

"好吧，那可以。可是你应该知道，他会继续努力，因为他需要这样做——他还有没做完的事情。"

"哦，我知道，"乔治说：'那将取决于他了。我已经跨过了那段历程。我要继续往前生活下去——我不得不这样做。'

'好吧，你不必与任何你不想说话的人说话；这是你的特权。我也会继续寻找一下，看看是否还有其他人可以和你说话。'那之后，无论我怎么努力，都没有任何效果。我得到了一些关他祖父的模糊的信息，除此之外，我不断得到的是对乔治来说根本就毫无意义的随机信息。我想知道发生了什么，以及为什么会是这样。令我感到蹊跷的是，乔治说他更愿意和我聊聊天，而不是听我给他讲他的神灵世界里的人要给他怎样的消息。我觉得这很纳闷儿，因为他已经付了费用。我说，"你可以随时跟我聊天，你不必付费的呀。"看上去他似乎很热衷于把剩下的时间，都花在跟我一起聊天上，我们就这样开始聊天。令我惊讶的是，我们之间有着很多相似之处，他对精神世界和许多不同种类的宗教、不同习俗有着如此深刻入微的了解。况且，其中许多是他亲自参与体验的结果。他对萨满族传统宗教有着很强的亲和力，他是一位多学科、熟练、并且是知识渊博的一位治疗师。他渊博的知识与他在爱丁堡著名医院里担任外科手术室的经理，这个物质世界里的职业生涯与他内在精神世界里的丰富知识，相得益彰。当我了解了所有这些情况以后，我感觉到乔治与生俱来的优秀的精神本质，他肯热心帮助其他需要他自己给予帮助的人，就好像我坐在这里和高登以及他的房间里属于高登的物品说话一样。那一刻，我知道乔治是被神灵派来找我的。这并不是我在自夸或者显示我的傲慢；此时我已经学会了认识同步性。他是被神灵选中派来参加我们星期四的小组的新成员。

下个月里（2013年4月）乔治正式加入了我们的小组圈子，直至今天他仍然是最有价值、最有知识的成员之一。从那时起，他不知不觉地接替了高登的工作，成为领导我们小组成员做祈祷、领导治愈冥想并将他的知识（尤其是他的萨满族古老的传统知识）和技能带入到我们实践工作之中（尽管他从未与高登坐在一起）互相根本就不认识，因此完全不知道在乔治到来之前，高登会在我们小组中担当过如此这些细节性的职能）。

我现在正在输入这篇文章。并回顾我的笔记以确保我对这个日期准确的记录，我注意到另外一个有趣的事实。我已经提到过高登，当时他住在临终关怀中心，我现在意识到这次与乔治会面的时间是在周四的下午（3月21日），而高登是在那几天后的3月25日去世的——他是否在离世前，就已经选中了乔治，做为是他的这个长跑接力棒的继承人？

当我把这个最新信息转达给一位朋友时，他提醒我说，三月的那个

第八章 — 其他人的经验

日子是春分。这是大多数植物和植被在冬季死亡期过后，新生命重新生长的重要时期。

更奇怪的巧合是，当我们小组再次去若丝琳访问时，我们对那个地方的气场能量做了进一步的实验与考察，我很快注意到了乔治在使用我们的一个吊绳摆锤导向仪探测那儿的能量场状况，导向仪在他的手里真是十分的得心应手，得到的结果特别成功（我还带了一些额外的设备——探矿棒和吊绳摆锤导向仪器） - 以便我们小组人员在考察时使用）。令我欣慰的是他就好像跟吊绳摆锤导向仪是个二合一的整体，每次他问一个问题，吊绳摆锤导向仪都会在乔治最终确定他的问题之前，给出回应。

'这太棒了，这个摆锤导向仪，它的工作效果非常好。'

'我能理解了。这显然是为你准备的，乔治。你应该留着用它——它是你的了。

"你是真想给我吗？——你从哪儿得到的这个啊？"

"是的，我确信它对你来说比在我这儿效果更好。而且，我从未使用过它，所以，它显然是为你准备的。"我说。我是从哪里得到它的呢？我从高登那里继承了它。他给我留下了很多精神上的东西，我很高兴它应该归乔治所有。

乔治很快就融入了我们的小组，当我们活动中心需要时，他也会自愿在中心轮流值班，为接待室做帮手。有一次，他也飞快地跑下了楼梯，冲出了大楼的前门，离开了大楼。以下是他后来返回到活动中心，在我们活动中心的客人留言本上写下的内容，我们为此保留了这些内容：

'星期四晚上，大楼上锁之前，我检查了大楼是否还有人没走。我意识到三楼有一种能量围绕着我。当我走下楼梯到了二楼时，这种能量变得更强更有力度，我看到了在我的头和脖子周围有一股蒸汽样子的能量在环绕着浮动。我继续走下楼梯，当我到达二楼和二楼之间的平台部分时，我强烈地感觉到有一种无形物质的存在，而且变得更强更剧烈，因为在我的脖子上，已经感受到了剧大的压力，我开始感觉窒息了。我也开始感觉到自己被那股能量推着向前移动，我抓住栏杆以恢复自身的平衡能力。这是一次强烈的经历，让我感到震惊、恍惚、感到恶心。'

漩涡 THE VORTEX

— 乔治·英格利斯GEORGE INGLIS

卡润 奥基夫 CIARAN O'Keefe

2013年6月，我们很高兴地欢迎 卡润 奥基夫Ciaran O'Keefe 和他的女友来活动中心。卡润的讲演安排在6月4日星期二，他和女友在星期一抵达爱丁堡，并计划在公寓里住两个晚上。卡润演讲题目为"研究奇异与奇妙"，他将就通灵、鬼魂、驱魔和鲜血的奇迹为线索，引领着观众一起完成一次激动人心的想象一般的知识型旅程。正如你可能想象的那样，那些对热门电视节目《最闹鬼》持有怀疑态度的民众会蜂拥而来。那天的讲座确实是座无虚席。然而，当他们周三离开时，他们自己也经历了大楼里的一些奇怪能量的显现，我记得他的女友表现出了她不会高兴再来。

罗杰·斯特劳恩 ROGER Straughan

另一位演讲者是罗杰·斯特劳恩，时间安排在2013年11月。我十分期待能够听到他的演讲，因为他声称他正在与亚瑟·柯南·道尔交流，他使用的是一种最新开创的方法——他书架上的藏书。这些书籍被他用作为占卜的工具。如果斯特劳恩博士提出了一个问题，受到这个问题的影响以后，他随意从他的书架上抽出一本书，打开任意一页，然后他的眼睛落在该页上，答案就出来了。从斯特劳恩博士的演讲和他的书中的答案来看，这种方法似乎异常准确。这本书的名字叫《生存研究：柯南道尔解决了最后的问题》（O Books）。

罗杰·斯特劳恩 (Roger Straughan) 在我们活动中心的大楼里过夜，听完他的演讲，（那天晚上肯定还有其他人，也同时也住在大楼里），我们不得不把他安排住在顶楼的卧室里，他并不知道就在几个月前，我就在那个房间里，曾经遇到了一个奇怪的现象。

那个周末我们举办了一个相当大的研讨会，这就意味着我要把星期一的大部分时间，都花在为所有的卧室更换床单、被单，枕头套上和毛巾、浴巾，还要把换下的寝具单等拿到自助洗衣店里去清洗干净。

星期一早晨，我从大楼的公寓里开始，打扫客人使用过的房间，更换床上的用品和毛巾，然后上到四楼的卧室。当我到达顶楼时，我从自助洗衣店取回来的新鲜的床上用品和浴巾等仍然在密封透明的朔胶

第八章 — 其他人的经验

袋子里。我用钥匙打开房间的门,走进卧室套房。这是一间双人房,床的两侧靠着墙壁都安装了橱柜。这些柜子可以用来存放洗干净的床上用品,柜子表面也是房间里的工台面。我们在床一边柜子的台面上,放了一个小冰箱、水壶、烤面包机和一个托盘,托盘里面装有杯子、碗、盘子、餐具、早餐麦片等。这样一来这个房间里的设备齐全,适合任何在房间里过夜的人使用。我还在冰箱里存放了牛奶、黄油、果酱等,以便客人可以自己用早餐。床的另一边的那个橱柜台面上放着一个水果盘、一面镜子、一盒纸巾和一盏床头灯,这些物品距离床头只有一臂远,客人可以随时伸手得到。这样一来,我们希望为客人提供了他们所需要的一切;如果忘记带什么东西的话,客人要到一楼才能拿到,比较麻烦。

出现问题那天,我带着洗干净的寝具单(仍在塑料袋中)爬到大楼顶层时,我就随手把装有洗干净的寝具塑料袋扔在房间外面的地板上。这让我可以腾出手来,用钥匙打开门,然后开始换掉床上用过的寝具外套。所以那天早上,我像往常一样把新洗的床单放在门外,然后把床上的所有脏床单和毛巾都扔进垃圾袋里。我打开走廊的门,用脚阻止门,以防备门的自动关闭器关闭这扇门,同时我把装满了使用过的物品垃圾袋扔到了地板上,拿起装有洗干净的床单的塑料袋。但当我转身走回房间时,我惊讶地发现床两侧柜子台面上的所有物品,现在都被整整齐齐地放在柜子和床之间。工作台上完全没有任何物品。我很吃惊。因为我没有听到任何声音。我只转过身一会儿——最多几秒钟——可是所有东西现在全部都被摆放在地板上了。我一赌气,就把装有新床单的袋子扔到了床上,走出去,关上身后的门。这儿的工作再等一天吧——我今天不会再回去做房间了。(参见本章末尾该房间的照片。)

现在是十一月份了,这就是罗杰·斯特劳恩 (Roger Straughan) 住的房间。像往常一样,我们设法把所有这些奇异现象对客人保密。我们什么也没透露给客人,只是要求那些在大楼里有过奇异经历的人,帮助我们填写一份调查问卷,并在我们的客人留言册上留下详细信息,以便我们来感谢他们。除此之外,没有人知道这些事情的发生。我们想维持这种状态。

罗杰·斯特劳恩 (Roger Straughan) 到了,我们带他去了他的房间,并为房间位于顶楼而表示歉意。他很高兴来到亚瑟·柯南·道尔爵士活动中心,特别是由于他与感觉跟这个人很亲近,他准备好了,在当天晚上给众人做演讲。讲演会进行得很顺利，他受到了热烈欢迎。罗杰也顺利地卖掉了他自己撰写的一些书籍，我们也为活动中心的商店购置了一些他的书。我们向他致晚安、祝他能够度过一个愉快的夜晚，就都离开了大楼。第二天早上，我像往常一样问他睡得好吗？他说还好，可是，发生了一些奇怪的事情。当我想要他会告诉我发生了什么时，我突然感到一阵恐惧，尽管他看起来还是跟平常一样的平静。

罗杰在来访后的不久，就写下了他的经历。如下：

'那天晚上睡觉前，我想读会儿书再睡。我把我的阅读眼镜拿出来，把随身用的远视眼镜放进了眼睛盒子里，再把眼镜盒放在工作台上（靠近台灯）。早上醒来，我戴上阅读眼镜，伸手去拿眼睛盒子——可是眼镜盒不在那儿了！我以为我心不在焉地将它放在了其它的什么地方，所以我仔细寻找了可能放眼镜盒的所有任何一个地方。可是，都没能找到。然后我又花了10分钟左右的时间仔仔细细地梳理各个可能放眼镜盒的地方——台面、地板上、床上等等——然后放弃。我可以发誓什么地方都看不到它。我甚至去房间门外找找。然而，我回来后，发现眼镜盒子就躺在跟我记忆中一样、前一天晚上放在灯边的地方！

我对此感到震惊，因为我不可能在找寻、搜索中忽视它——我认为自己是上了年纪老糊涂了，其实不然！'

罗杰·斯特劳恩（Roger Straughan）为我写的上一本书提供了一个见证，为了完整起见，我将其复制在这里。斯特劳恩博士对他入住那个房间之前发生的事情一无所知，只有在我的这本书出版时，他才会知道。

"这是一部关于一位杰出伟人的非凡书籍。我对它特别感兴趣的缘由有两个：

首先，我相信自己在多年的时间里，积攒了来自跟柯南道尔的心灵交流的经历，我的经验在我的书中有详细的描述，夏洛克·福尔摩斯的创造者仍然坚守初衷，就是传播人死后，灵魂永生的事实，他会随时准备继续传播他的使命。他的做法与他故事里的情节一样，多种多样且各有巧妙不同！

其次，几年前，安邀请我在 亚瑟 柯南 道尔爵士活动中心，与读者

第八章 — 其他人的经验

见面并一起谈论、探讨我的书。当我在中心过夜时，我经历了一次除了作为一种心理现象之外，根本无法解释的经历。这完全出乎我的意料，因为当时，我对安的冥想小组所获得的结果一无所知。"

— 罗杰·斯特劳恩（ROGER STRAUGHAN）博士是《生存研究：柯南道尔解决了最后的问题》一书的（O BOOKS）作者。大学教育系读者（退休）READER IN EDUCATION AT THE UNIVERSITY OF READING.

2019 年 7 月 13 日。

罗杰·斯特劳恩（Roger Straughan）的名字在此后的几年内没出现，可是还会再现的。现在，我在本章节里添上一些在这座大楼里，有过经历的人之证词，来结束本章：

伊万·欧文的证词 TESTIMONY of Ewan Irvine

'这是我的回忆录，你会看到我把苏珊的内容也写进来了，她可以在此添加或扩展我记录的信息。我只是凭借记忆来回忆几个例子。

我记得那些早晨，每当我走进大楼时都会大声喊话说"嗨，大家好"，然后会听到从顶层楼上的拐角栏杆上立即传来的敲击声，包括孩子们也有扮演他们的角色。同样，我也在晚上锁门时，跟他们说一声再见，同样我也会听到敲击声。

几年前，当安和音外出度假时，那是一个星期五的下午，大楼里只有我和苏珊。我们已经清理了好了楼梯和房间等，决定喝杯茶休息一下，然后用吸尘器吸地毯和拖洗地板地。吸尘器就放在大厅中间的地板上，我们两个人坐在有扶手的椅子上。我们都看到了：吸尘器在没人操作下、自动地在大厅地板上行驶，就好像有人在拉或推它。我们俩都看到了这个情况，根本没有任何解释。我们俩只是静静地坐在那里，看着吸尘器独自沿着大厅走来走去。

我还在后楼的楼梯上看到了一位[神灵]女士，她只是宛如烟花一现、很快就不见了。我似乎记得她穿着红黑相间的衣服，只是简单地往楼下走。

在楼下的餐厅里，我记得我开始感到非常不安，而后，就意识到有一个非常强大的令人不愉快的无形物质的存在。我再也没有同样的经历。

值得注意的一个情况是，当我担任教会主席时，周日在完成了礼拜以后，我去地下室的教会办公室。我把钥匙插进锁里打开了门，可是那扇门却被强行关上了。我以为有人在门后，因为这是一个小办公室，当我问是否可以进入房间时，没有得到答复。我再次打开门，这次门后没有被强行堵住，办公室里也没有人。

我还记得人们总是谈论东西无缘无故就会消失了，过会儿，再重新出现了。我记得当我用旧磁带伴随我冥想时，也遇到过这样的事。因为我喜欢这盘音乐带，就总是把它放回办公桌的抽屉里，再锁上抽屉。记得有一天晚上，在大厅里，一个人说这音乐真好听，我说这是我最喜欢用来冥想时使用的音乐之一。我记得把它锁在抽屉里，不知为何它就完全失踪了。我一直想知道它是否再次出现过，可是忘记了。

苏珊有过这样的经历：大楼里没人的时候电灯会自动都亮起来，还有一次放在架子上的一张 光碟，自动 飞下架子，朝着她飞过来。

我记得当卡润 奥基夫 Ciaran O'Keefe 和他的妻子在这里时，我与他交谈过，我认为她有一些经历。'

— 伊万·欧文 (EWAN IRVINE)，精神主义者教会前任主席，也是亚瑟·柯南·道尔爵士中心的志愿者。
WWW.THESCOTTISHMEDIUM.COM

苏珊·科恩的证词 TESTIMONY of Susan Cohen

"我想起了在柯南道尔中心工作时，那里发生的许多令人费解的事情：

• 伊万在上面描述的我们俩看到了吸尘器自动移动行走的情况，我记得非常清楚。当我们同时一致意识到瓷砖地板中央有一些动静时，我们都坐在接待大厅里闲聊。那会儿，我们都转过身来看看发生了什么，然后互相看着对方，都问对方："你看到了吗？"，仿佛在质疑自己和刚刚目睹的一切。就我个人而言，我目睹的是吸尘器在走廊里，带着自身的轮子到处移动。它从桌子向门的方向移动，没有任何其它的东西接触它，也没看到任东西给它施加力。

第八章 — 其他人的经验

- 一个星期四的晚上，我那天晚上是最后一个离开大楼的，我站在切斯特街头上，用手机与伊万讲电话。讲着电话，我看到大楼内的电灯突然都亮了。我清楚地记得我当时告诉伊万说："我刚刚看到大楼里的灯都自己打开了，我太害怕了，不敢回去把它们关掉"。
- 我曾多次在活动中心的茶室里，用活动中心的 CD 播放器音乐，我总是用手设定播放器的音量度。一段时间过后——有时是几分钟后，有时是一个多小时后——音量就会自动增高了。这种情况在几周内发生了好多次。而且总是自动提升音量，从来没有自动调低音量。
- 对我来说最值得注意的事件之一，是发生在我 在亚瑟 柯南 道尔爵士活动 中心工作时。当时，我在大楼的地下室里租了一间办公室。我背对着外墙坐着，窗户就在我的右边，我面向着门。我前面是电脑，我正在看书，右手拿着笔，桌上放着一张纸，准备做笔记。突然，我感觉到一种无形的力量将我的手臂从桌子上抬了起来。我清楚地记得我看到我的右臂举起，直到肘部与肩膀齐平行，右手伸出。现在，我仍然可以清楚地记得这一点——肩膀、上臂和下臂的肌肉没有被使用。起初我保持着缄默，可是随后我意识到我身体的一部分正在被某种无形的力量移动，我竟然开始哭叫起来。我离开了房间。事实上，在那次事件发生后，我好几天都没有回到那个房间里去工作。
- 几周以后，我的一位同事来了，跟我一起在办公室里工作了一整天。他背对门、面朝着外墙坐着。我离开房间一会儿去煮两杯咖啡。他来之前，我告诉他了：我经历了奇怪的事情——自动抬高了我的手臂是这里发生的奇怪事情其中之一——他非常怀疑。我的同事是一个眼见为实、注重事实的经验主义者，对我的"故事"他根本就不感兴趣。当我端着两杯热咖啡走进房间时，我的同事转向我，可以看出他脸上有很明显地非常震惊的样子。他告诉我说，桌上的一块布告板自动跳了起来，撞到了一杯水，其水溅满了他正在使用电脑的键盘。我本人没有亲眼目睹这一事故，我确实看到布告板倒了，键盘也湿了。那个布告板已经在同一个位置上放了好几个星期了。它并不是不稳定的平衡而倒下的。我的同事是个很细心的人，不会轻易出事——这并不是他笨手笨脚造成的事。
- 老实说，我不能说在 亚瑟柯南道尔中心里没看到过鬼影。我到死也不会忘记与可爱的吉姆在一起工作过的那会儿。当时，我就坐在接待室的大厅里，他在我眼前变成了完全不同的另外一个人。我坐在桌子后面的椅子上，吉姆就坐在我的右边、稍远的地方，因为我面向着前门，靠近壁炉。我和这个人——绝对不是吉姆——交谈了大约有十多分钟，在这几分钟的每一秒里，我意识到了我自己正在经历一些我不能够理解的事。可那是千真万确的事实、是平静的、是很奇怪的安慰。吉姆的面部特征和身体姿势都发生了很大的变化，在他的转化过程中，吉姆本人却以某种方式向我传达了要我一定不该害怕的信息。更重要的是，也是我不得不说的，就是吉姆变成的这人，对我了解的非常详细，他告诉我一些吉姆*根本就不可能知道的、关于我自己的事情。还告诉我一些关于我的生活的事情，这些事情已经被证明了是有预言性，兑现了。

当我写这封电子邮件时，我对在柯南道尔中心度过的时光之眷恋悠然而生，那是温馨和可爱的日子。我在那里遇到了一些真正了不起的人，我有过十分美好愉快的时光，对此我很感激。

— SUSAN COHEN，作家、出版商、THE WEE 图书有限公司董事 WWW.THEWEEBOOKCOMPANY.COM

* 吉姆Jim - 是星期四小组的成员之一。

海德 麦高乐的证词TESTIMONY of Hector McLeod

<u>在亚瑟 柯南 道尔爵士活动中心遇到的事儿</u>

'我的大儿子荣睿14岁那年，他正在爱丁堡圣 玛丽 音乐学校读书，那儿离亚瑟 柯南道尔活动中心大约有300英尺的距离。荣睿有明显的通灵天赋。

做为圣玛丽音乐学校里的寄宿生，荣睿意识到在他的卧室墙上，有一个很奇怪且无法解释的光图画像，这让他很纳闷、也很烦恼，因为他找不到任何投影来源。他还遇到了一个小女鬼，就在他练习弹钢琴时，她总是会跟着钢琴曲调唱歌。后来，他还透过餐厅的玻璃窗户，看到了一个穿着20世纪50年代服饰、戴着礼帽的男人的身影，这个人影向餐厅里面看了看，然后就消失了。荣睿立刻就知道这是幽灵。当荣睿开始听到声音时，他开始感到震惊。荣睿担心是自己可能患有精神分裂症或患有其它疾病。得知他很可能具有通灵能力以后，我和妻子觉得荣睿的情况可以得到神灵智慧方面的解释。

第八章 — 其他人的经验

一天下午，我来到了亚瑟柯南道尔爵士中心，向安·川赫Ann Treherne 描述了大儿子的情况。安让我把荣睿带去她工作的活动中心见见面，我就这样做了。安和荣睿之间存在着明显而且直接的心灵内在的沟通联系。她觉得荣睿正在尝试着通过心灵感应进行交流，并觉得他有很强的通灵天赋。在接下来的一个小时左右的时间里，安教给我的儿子怎样'关闭'。就是当荣睿不想遇到神灵的交流时，她教会了荣睿怎样使用"关闭"内心沟通的方法，并向荣睿解释了这种现象不可怕，让他相信他并没有像他担心的那样，他没有任何精神上的问题。

过了一段时间后，荣睿受到了抑郁、恐慌和焦虑的困扰，我请一位朋友耐克·凯由，看看试着教荣睿冥想是否会对他有帮助。耐克同意在亚瑟柯南道尔中心见荣睿并给他讲解如何使用冥想的办法来解脱压力。在亚瑟柯南道尔活动中心时，荣睿和耐克一起去了地下室。当他们回来时，两人都向我讲述了所发生的事情。耐克告诉我，荣睿的祖父似乎作为一个保护者的实体"出现了"，而荣睿说，他"看到"了一位戴着高礼帽的维多利亚时代的绅士，这个人物还给他留下了深刻的印象。'

<u>海德与苏调研究协会守夜后的回忆录</u>：

"那是一个周六的晚上，苏调研会的一个团队在亚瑟柯南道尔爵士中心举行集体守夜活动。团队被分成几个人一组分工合作，他们坐在彼此对视的视线范围内，他们都可以看到特定的区域里的（大多数情况下）情况。大约30分钟后，每个人都会移动到另一个人的位置上。我对这次守夜活动有很多回忆；在二楼的一个位置，向上看螺旋式旋转楼梯道的顶楼上，我对楼梯道口前的左上曲线一处，有一种不舒服、很奇怪的感觉。我感觉在这里有过出人命的事件，也许是自杀。楼梯的那个特定部分，给人一种非常阴险恶毒的感觉。可是，我无法证实。没有任何表现、声音或其它什么可以验证的实据，只有一种非常奇怪和不愉快的感觉。从我的角度来看，几乎所有其它守夜的位置都平安无事，除了地下室的一个房间，在那里我看不到任何其他参与者。在这里我最不舒服，有一种被无形能量给监视了的感觉。我承认从那出来以后，我松了口气。我还得承认，我不能以一种姿势坐着，而是总得要"伸伸我的腿"。因为我明显感到了：我不自在。再没有任何特殊的显现，或者是声音之类的事情发生，只有特别压抑的气氛。守夜活动结束以后，一位同僚向我展示了一张她用手机拍摄的图书馆椅子的照片。我们可以清楚地看到一个约 14-16 英寸的半透明的蓝色亮光斑点，呈香肠状态，弯曲的形状以适合那椅子的轮廓。这显然不是一粒灰尘之类的东西，而是一种非常令人信服的超自然现象。'

— 海德 麦高乐 HECTOR MCLEOD

海德是一位退休的律师，曾经在香港工作，专业是婚姻法、损伤赔偿普通法。海德于2012年加入苏格兰的心灵调查研究协会SSPR并在同一年成为协会管理委员会的成员之一。海德说：'我一生都在研究生活中的超自然现象，特别对第二视觉感兴趣。我有亲属住在台蚋岛上，亲属从小时候起就有第二视觉的能力，能够留意到各种类似发生的情况。'

伊旺·克雷格的证词 Testimony of Yvonne Craig

"我参加了亚瑟柯南道尔中心的举办的周末课程，该课程在地下室举行。我们正上楼梯去准备去茶室，强烈地感觉到有人用双手从后面推了我。我立即转过身，还一边说：要有耐心，不用推我。可是，我转身时，一个穿着女仆制服的年轻女子从我身边冲了过去。这绝对是灵魂形态，不是真人。

还有一次，在精神主义教堂上完晚上的课程以后，我穿过接待大厅时，看到了一位身材细高条型的绅士从楼下朝我走来。他穿着一件燕尾服，上身还穿着一件黑色的长夹克，戴着高顶礼帽。他穿着非常考究，留着胡子。

再说一遍，这绝对是一个灵魂世界里的灵魂显现。"

— 伊冯·克雷格 (YVONNE CRAIG)，爱丁堡精神主义论者协会主席

第八章 — 其他人的经验

吉米 柯莱瑞的证言 TESTIMONY of Jim Cleary

吉米 柯莱瑞是帕玛森信托基金（管理亚瑟·柯南道尔爵士中心的慈善机构）的受托人兼董事。吉姆·克利里（Jim Cleary）亲眼目睹了音被"无形力量"抛甩出去，他在本书的第六章中给出了证词。

安妮·布罗德利的证词 TESTIMONY of Annie Broadley

"2011年11月，活动中心对外开放后不久，我就搬进了位于中心顶层的一个工作室。几个月后，应安和音的邀请，我就把自己的几幅绘画挂在了玛丽·达菲室里展出。

其中一幅《海之声》Sea Voices 是一幅巨大的方形画布，描绘了各个不同时代的化石，从最早的寒武纪到人类的出现，在那个时代洞穴墙壁上留下来的雕刻的图画，足以证明人类的存在。为了把这个这一点反映得淋漓尽致，我使用了把颜料与胶水混合一起，使用粉状的石膏粉末与胶水混合绘制成一种交替层。我用胶水+颜料类似于液体做绘画彩粉，用石膏做绘画中的岩石，我用人类早期发明的象形文字符号完成了我绘画中反映代表人类早期状况的任务。我的绘画灵感是来自乔治·麦凯·布朗的诗《激发诗人的作品》，他激发了我的想象力。

这是激发诗人想象力的作品—
雕刻符文
然后就满足于静之中

我把"满足于静"用早期的文字符号、符文的形式，填充了作品的表面。

一天早上，我的绘画展出后不久，我走进了中心，见到了音，我清楚地记得他看上去很不安。随后，他带我去了玛丽·达菲房间，在那儿我看到了《海之声》的右上角和左下角正出现脚边儿严重的扭曲现象，画面的两个脚边离开了悬挂的墙面约有六英寸/十五厘米，这样迫使整体画布不得不承受着巨大的压力。看起来真的好像是这幅画是在拼命、竭尽全力想要逃离此处。音帮助我把这幅画从墙上取下来，它即刻就恢复了原样。但是，画面在经历了很强的压力之后，在表面上已经造成了一个大裂缝，这意味着这幅画将无法出售。

最初，我把发生此次事故的缘由归结为是由于我把这幅画上涂了过多的胶水，我还认为也许是胶水被太阳光照射、晒干以后，导致了整个画面的收缩。然而，因为此画面已经有了无法补救的损伤，也就是它无法再畅销了，我就把它带回家去了。从那会儿起，那张画就一直挂在我自己家里的墙上，我的这个房间里有一个大玻璃窗，已经十多年过去了，每天阳光都被普照，从来没有发生过任何不愉快的事情。144厘米见方的绘画，这可不是一件小作品。此外，画布被粘贴在硬质纤维板的背衬上，并固定在木框架子里，这就意味着需要更大的力度，才能将其扭曲成我和音那天在玛丽·达菲房间看到它时的那种十分令人不安的样子。

有一位朋友给我讲解了许多有关于象形文字符号的知识和符文的作用力，还提到符号、符文可以用作占卜工具。懂得这个知识以后，我开始怀疑，通过这些远古的符文，我是否已经在无意识之中激起了大楼内早已存在的、我们看不到的某种意识的东西，在某种程度上，我无意识地挑战或干扰了存在大楼里的我看不到的能量。"

— 安妮·布罗德利ANNIE BROADLEY，艺术家。

安妮·布罗德利（Annie Broadley）是一位颇有成就的艺术家。她的作品曾在伦敦画廊、苏格兰画廊，格拉斯哥的 McTear's 画廊，以及爱丁堡的画廊（包括 Doubtfire 画廊、Leith 画廊、托伦斯画廊）还有她拥有自己工作室的在阿瑟·柯南·道尔爵士活动中心 的里(Sir Arthur Conan Doyle Center) 举办过展览。

星期四小组 The Thursday Group

我自己的小组曾多次坐下来，静思冥想寻求对某些现象的解释，都没有得出任何解释。有一次，我们在地下室遇到了一个身材魁梧的男人，此前曾多次在地下室里遇见过他。当我的整个小组的人都坐在地下室静思打坐时，他让我黯然失色，他给我的意识是他曾经是大楼屋顶上，正在工作的一名工人——无论是在大楼刚建成时，还是在大约四年后屋顶扩建时，因为事故他丢掉了命。他最初的表现是让我在他的坟墓上放上鲜花，以纪念他。当我问他的坟墓在哪里时，他示意告诉我说 坟墓在地基的底下。他告诉我，他施工时坠楼，即刻身亡，事件被掩盖，他的尸体被隐藏在地基里。

第八章 — 其他人的经验

像往常一样，我开始尝试着寻找线索来确认这些细节，可是我一无所获。我联系到的一位研究员助理告诉我，像这样的事件很可能会被掩盖，不会被报道。当我想放弃寻找证据的念头时，我却收到了来自最意想不到的证据了。这座大楼曾经是圣玛丽音乐学校的所在地，该学校的一位往届学生突然联系了我，他碰巧回到了爱丁堡（从他的英格兰家乡）来爱丁堡参加音乐节，当时他看到他的老学校已经变成了亚瑟 柯南 道尔的活动中心，他给我发了一封电子邮件。我给他回了邮件，正如他在邮件中开头所说的那样："有些人（当时是那所学校里的人）评论说，他们发现（或目睹）了令人不安的能量暗流，特别是在三楼和在地下室。"我想更多地了解一下你们所经历的事情。过了将近有七年的时间，他才给我回应。他确实做出了回应，那正是在我寻找从我们屋顶坠落的那个人，以及坠落的实际证据之际。以下是他的电子邮件中的一段内容：

亲爱的安，

我发现我等了好几年才终于能够鼓起了勇气，现在回复您的电子邮件，感谢您的时间和关注。不知道您是否对帕玛森广场25号大楼的历史有更多的了解吗？我很想知道这座建筑与柯南道尔的关系。

在我学生时代，发生过一些令人不安的事情。一个漆黑的夜晚，一名同学，正在地下室拥挤的练琴室里练习一首音乐曲子，他看到了一扇门慢慢地被自动地打开了，他逃离了练琴室；由于房间是空空的，知道这件事后，他显得非常苦恼，失去了继续练琴的动力。

在帕玛森广场大楼三楼的一间寄宿宿舍里，我有过一次令人不安的经历。那天的晚上，我的室友没在，我在半夜里醒来，完全迷失了方向，持续了大约两分钟。我非常害怕，这种感觉过去了。也许由于是我身体不舒服，一位很了解这座建筑的牧师朋友，把这所大楼里的这种感觉描述为"压抑感"，这是接受过培训、懂得为他人祝福和"拯救"他人的牧师、神职人员，专门使用的技术术语。

我在那里是一年级的学生时，我曾经问过一位在那里的工作人员，这栋大楼是否闹鬼，因为我常常听到从顶楼房间里传来不断的敲击墙壁的声音，我希望能有一个合理的解释，一两天后，那位女士回来告诉我，一名建筑工人在屋顶安装大圆顶时，死于建筑事故。

学校的一名工作人员声称，她害怕在大楼的楼道前部区域里，有一股很邪恶的负极能量，就靠近曾经展示著名小提琴演奏家梅纽因肖像的地方。当时许多的学生和其他人，都以为这是无稽之谈的笑话，还讥笑了那个工作人员，但我没那样做。

最后，我对你的书很感兴趣，设定目标阅读它。

不管怎样，感谢您能耐心阅读我的这封电子邮件，这出乎我的意料。我祝愿您在这个充满挑战的时期里，一切顺利。

亲切的问候

A·泰勒博士Dr A. Taylor

因此，这些物质能量运动变化的现象，至今仍在亚瑟·柯南道尔爵士活动中心继续存在，尽管现在与我们在2011年初，开始重新修建这座建筑时相比，其强度和频率已经大大降低了。它似乎在2012年达到了顶峰，音和我所遭受的"攻击"，以及比尔、乔治、苏珊、伊旺等人所感受到的一些强烈的身体反应，都发生在这一年里。（我将他们作为独立证人的证言，已经纳入此书中——在他们中间，没有人知道音和我所经历的事情——并且在本书出版之前，他还不知真情。）

这是为了传播这样的信息：在精神世界或普遍意识的强大力量面前，我们都是微不足道的吗？我们认为我们能够控制这个我们可以看得见的世界，我们认为的物质世界才是真实的世界——这表明，看不见的世界更大、更强、更容易掌控我们。

我还相信，我们能够通过使用自己的思想来操纵或利用这种能量——就像以太世界一样——无论是积极的还是消极的。我很清楚，无论我在地下室遇到的是什么，它都不是一个可以交流的实体。也就是说，它不是正常意义上的神灵或精神存在。这个东西从来就没属于过这个人类世界，但它确实还有一些智慧。我知道或能感觉到他的意图——以极快的速度击中我，将我推上楼梯。只是我自己的感官阻止了这一切——那么是否有人或什么东西在它的背后操纵着这种力量、利用或控制着这种力量吗？如果是这样的话，使用这座建筑大楼的人，其积极的意愿是否能够可以帮助淡化，乃至消除这些消极的能量情绪之存在呢？接下来的章节能会有这方面的建议。

9

第九章 — 书归正传

前面我已经谈到了活动中心存在的磁场能量，它如何以不同的方式、在大楼内的不同位置表现出来，甚至有物质变形的显现。这种能量至今仍然存在，尽管我很高兴地说，能量活动的显现比以前已经大大减少了。我还列举了一些当时发生的、有趣且奇怪的、超自然的异常案例的例子，我还要告诉你发生在这儿的其它事情。让我回到管理这个新中心的实际日常运行日程，以及发生的事情是怎样的情况。这些现象似乎是更积极的，向着好的方面转化。

暂时回到2012年——那是我们对外开放后的第一个全年——我已经提到过，大多的数灵媒都已经在其它地方有预约了；他们的活动日记提前一年多就已经被都填满了，所以我也只能为他们预订了下一年，即2013年。我们非常感谢那些在2012年付出额外努力，前来参加我们这里的研讨会，帮助我们活动中心打开局面的人。好比说珍妮特·帕克，她就是为了来我们这里，支持我们的工作而更改了她自己原有的计划。到了仲夏，我意识到这个水平的活动无法持久——我们需要做更多的广大公众能够积极参加的活动——也许是更重要的活动，那些能够有惠于活动中心所设定目标的普通民众喜欢的活动项目。

那是2012年7月。一般来说7月份都是苏格兰人民传统放假的日子，我们活动中心里所有的常规课程都因为暑假而暂停了。课程将于九月份才能再恢复正常。我查看了一下我的工作日记，我们刚刚在托尼·斯托克韦尔做的周末工作室以后，举办了一次非常成功的灵媒表演晚会，（托尼·斯托克韦尔后来被推荐为该中心的受托人）之后，工作日记上几乎没有其它的活动安排了。

  活动中心的大楼里显得格外静谧，我独自坐在接待处斟酌——我们还能安排些什么活动呢？我们怎样才能让公众进入到大楼里面参与这里的活动呢？我们已经通过前一年的开幕宣传和各种活动，为这个活动中心赢得了良好的名声，精神主义者教会的会员和对神灵感兴趣的人都知道我们，我们的各种通灵活动，也曾吸引了创纪录的观众和参与者。很多情况下，各种活动班的门票很快就全部售罄。当我们举办这些活动时，人们常常在大楼外面、乃至大楼周围的人行道上，排长龙大队等待入场参加活动。我们不得不把那些未能提前买到门票，但是希望有人取消，所以他们可以替代买票入场的人，列出一个等候人的名单，一旦有人解除参加活动，即刻就有人马上取代那个自动放弃参加的人的位置。这一切都可以说是非常称心如意的顺利，当有这些活动顺利进行时，这座大楼里可真的很热闹。可是，我也明白，普通大多数的公众，仍然不知道我们的存在。我们没有举办他们感兴趣的活动。我们期待着这里特别为纪念柯南·道尔活动中心对外开放一周年的小提琴音乐会的举办，该音乐会原定于十月举行，但是，那也只能是一次性的活动。音乐会的目也是让公众了解和参与这里的活动。我反反复复的思考如何才能让他们知道我们的活动，我们没有广告预算费用；事实上，我们的资源非常少。我必须找英国广播交响乐团的作曲家特里·约翰斯（Terry Johns）和小提琴家阿利斯特·萨维奇（Allister Savage），利用他们的社会影响和他们的人脉关系，只要他们能来表演，也许可以在当地报纸上获得一些预先的广告宣传。当我在脑海中沉思着这个问题时，我又回到了最初的难题——当我们没有举办足够的吸引大众的活动项目时，我们究竟如何才能把公众吸引入到大楼里来呢？还是那个问题，我们没有预算来做任何节目的宣传广告活动。

  我从开始工作的那天起，就懂得如何开展营销活动，也晓得任何知名度的宣传广告活动都需要有一定数量的预算经费。我们在活动中心里组织活动的目的并不是为了赚钱，而是让人们知道亚瑟柯南 道尔活动中心在这儿，希望公众踊跃到来参与活动。我知道这可能会需要巨大的成本，而且往往没有切实的回报。那是一个阳光明媚的七月里的下午，我坐在大楼静谧的办公桌前，看着有一个人朝着大楼的大门走

第九章 — 书归正传

来，我仍然思考着如何才能更好地开展工作。阳光从我们的前门直接射入大楼里来，大楼的前门总是敞开着，随时都欢迎任何人进来，我看到那个人在大楼前的阳光里晃动着的剪影。当他又迈步走进我们的前厅里来，但是他仍然在我们的前厅的玻璃门的外面时，他停住了。他开始查看我们摆放在那里的一些传单，还有放在那里宣传我们活动中心各种活动的海报。我一眼就看出来了，这是一个年轻人——实际上是一个 16 岁左右的青少年——不是我们通常的客人。他很明智，即刻也意识到了我认为他是找错了地方。（不是说他不受欢迎。他绝对是受欢迎的。但是，我知道这个活动中心的活动主题，对年轻人来说，是没有吸引力的。我很高兴地说，从那儿起，我的观点发生了巨大的变化。）当大楼玻璃门被轻轻推开，这个年轻人走了进来。他首先抬头看了一眼楼梯和拱形天窗，这总是一个非常引人举首观望的地方，因为它格外引人注目。然后，他才慢慢地把目光转向了我。我尽可能地微笑着对他表示欢迎。他走到了办公桌前。当他向我走来时，我注意到他戴着一条挂件儿，挂牌儿上挂着一张身份证，但我看不清上面写的是什么，而且他看起来太年轻了，不可能有煤气、电力或其它什么行业来大楼里提供服务的可能。

他用右手抓住了套在脖子上的带子不停地在摆动的身份证，将其举到我面前说："我来自爱丁堡艺术节组委会，我们正在寻找可以摆放艺术家表演的节目单、宣传单和小册子的位置，我想知道您是否愿意给我们一个摆放的位置？您的前厅看起来很理想，我们正在选择发放宣传单的位置。它不需要任何费用，我们还会把一个展示架子和所有需要展示的小册给送过来子。你只需要常常查看，添加资料、摆放好就可以了；我们会给你送来所有的材料。"这个青年一口气就说完了他来到这儿的意图，就好像是他早已排练过背诵好熟知的台词一样顺利无误地道出他的来意。

"好啊"，我立刻答道。我简直不敢相信自己的运气。我坐在这里，绞尽脑汁地想要知道如何才能够把人们吸引进入到这座大楼里来。他还说会把一个正在准备的展示架带过来。我们只要把展示架放在我们前厅最吸引人眼球的显著位置上，这至少会吸引人们进门来看看。也许只是拿一本小册子。但是，给了一个机会，众人能借此机会，看到我们活动中心正在举办的所有各种方面的活动项目，这简直就是一个绝佳的机会！我的这种想法如此这般反复思考寻答案，竟然让我没想到能够这样轻而易举地就得到了解决的方案。还要更多雷同的事情紧接着就发生了。

当展示架和小册子交给了我们以后，音将展示架放在前厅的最显眼的位置上，以便公众从人行道走过我们敞开着的大门时，很容易地就能够看到它。看起来真的不错。当我拿起其中一本小册子翻阅它时，我想，这非常有吸引力。爱丁堡国际艺术节（Edinburgh International Festival Fringe）是世界上最大、最著名的艺术节之一。它以发现年轻、崭露头角的新艺术家而闻名于世界，至今方兴未艾，许多不同流派的知名艺术家，起初都是在爱丁堡艺术节(Fringe)上首次成名，这些是脍炙人口众所周知的事实。可以理解的是，它也同时吸引了电影、电视以及戏剧电影导演、制片人在艺术节上物色新片的合适扮演者。这就加剧了那些想要在表演行业发展的学员、表演者和那些想要参加表演的人（无论是名角还是普通公众）不断努力争取暂露头角的机会。爱丁堡艺术节也是这座古老城市带给每年蜂拥而来的游人，一个绝好的赏识景点之一。每年的八月份，爱丁堡都会有来自世界各地的游人到此游览、观赏三周，与爱丁堡本地人一起分享这个满载着传统气息的世界遗产性的各类节日。爱丁堡国际艺术节，在传统的文化基础上，又进一步宣传少数民族文化，故此大大丰富了多元化的艺术活动。曾经是爱丁堡本身艺术节的主要活动，现在，爱丁堡国际艺术节已经远远地超越了原有的只是爱丁堡艺术节的内容。'高手在民间'多元化的艺术节给了那些真正处于民间活动的艺术家和表演者、艺术高手一个尚好的机会来展现各自的才华，这些民间艺术高手通过艺术节的活动，为其艺术发起了一场草根运动，即'下里巴人'的艺术已经成为艺术节上的'阳春白雪'展示期间，与其共存的一个重要组成部分了。他们通过经营自己的艺术节开始了自己的艺术节之欢乐。他们在爱丁堡城市里的各个不同的地点、场地举办自己的演出会。这些演出场所往往规模较小，比较休闲。一些演出通常是免费供给游人观赏的，与苏格兰芭蕾舞剧团、苏格兰歌剧院和苏格兰交响乐团这类真正的阳春白雪艺术内容，在这个主要节日期间使用的大剧院为嘉宾演出，售票入场的情况完全不同。由于有人指责了爱丁堡艺术节的主要节日不具有多元化的包容性，而且太过于'杨春白雪'经典化；于是艺术节的形势发生了逆转，现在的公众舆论，明显偏向新潮派、'下里巴人'的艺术高手奉献在艺术节上的剧目，得到捧赞，并发扬光大。

根据已经统计了的数据显示表明，the Fringe每年八月份的三周内

第九章 — 书归正传

的演出场次就超过了五万场，门票销售量也超过了250万张，2012年也没例外。我站在我们大楼的前厅时，我用扫描的方式快速浏览了这本小册子。它类似于电话簿或报纸上的分类广告页面，其中包含一页又一页的列表、有些只是小广告，有些是小方框、半版，甚至整版广告，试图吸引更多人的注意力。我灵机一动，想知道它是从哪里开始，它又被分为几类。我看明白了其中包括儿童表演、歌舞表演、舞蹈、戏剧、喜剧、马戏表演、活动、展览、音乐、歌剧、音乐剧和口秀表演等。唷！这么多的节目，肯定会吸引广大公众的眼球。我很高兴。

一切都顺风顺水按计划进行，人们常来常往取走小册子，来爱丁堡的游人数量与往年相比翻了一翻。到了八月份，来自世界各个角落的游客，都汇聚到了苏格兰首都的这个狭小的空间—爱丁堡。当我眼看着这个看似偶然的计划，能够如此真实地付诸实施时，我也注意到了，大楼外面繁忙的街道上，跟坐在活动中心接待处的我，之间的明显对比出了天壤之别：大街上总是人头蜂拥行人总是如流水，过往人流源源不断。可是，我独自在一栋宏伟漂亮的建筑里——这里是一栋无人问津的大楼。更具有讽刺意味是，到了八月，我们大楼里所有的正常活动都会因为爱丁堡艺术节日和爱丁堡国际艺术节而停止了。如果你是一名灵媒、导师，乃至是一名学生，想要来爱丁堡，那可就太难了。而且，各种费用都太贵了。住宿的供应量和价格都在爱丁堡艺术节期间高涨。至于经常到我们活动中心来参加活动的当地人来说，由于这些因素的影响，他们此时正在逃离避开爱丁堡。那时我们试图举办任何活动，都是没有意义的。九月，游客们回家后了，我们才能再次启动在本中心里的各项活动。

就在那时，我脑海里出现了一个声音对我说："这个中心为什么不成为多元艺术节演出节目的一个场地呢？"为什么我就没有想到这一点呢？突然间，一切都豁然开朗、井然有序地展现在我的眼前了。我们将要给本活动中心打造一个出色的为多元化艺术节节目表演使用的场地。我们的大楼比爱丁堡的其它演出场地、场馆的条件要好得多。更重要的是，每年的这个时候，我们的大楼通常都是空空荡荡、无人问津，成了摆设。我们迫切需要赚这笔爱丁堡艺术节的钱，我们可以通过向表演者租出使用的房间，来获得可观的收入。但是，最重要的是，我们可以在艺术节小册子上获得免费广告宣传我们自己的活动中心。国际艺术节小册子是免费的，在整个爱丁堡和网上都有分发，有超过200万人可以免费拿到、领取。我们通常是无法承担这样巨大的广告费用开销的；为啥何乐而不为呢。我再次拿起一本宣传册，这一次，我是用新的眼光来重新审视它；这次，我是在看册子上面介绍的各种场地。是的，所有的场、馆都有单独的列表提名，而且数量不是太多。演出场次超过3000场的场地和艺术馆才不足300个。不仅如此，这个册子上还有一张免费的爱丁堡地图，可以引领游人很快地找到他们要去的场地。我要把亚瑟 柯南 道尔爵士活动中心的名字放在地图上－就是这样！那天晚上我带着新的活力，又是兴高采烈地返回到了家里。我们的活动中心将成为爱丁堡国际艺术节的演出场地。

"我们该怎么做，才能实现这个愿望？"音说。

"我不知道。但是，我肯定会找到答案——这不会是那么困难"。我当时正在想方设法找出办法来。第二天，我打电话给艺术节办公室，他们告诉我说：我要向组委提供一份申请报告资料，一旦他们收到了所有的申请资料：包括提供有关演出场地的文件、保险、消防和是否符合安全法规的场地以及使用计划之后，他们才会给予审理，并将会对该申请的场地进行实地查核。我是可以申请将这座建筑视为艺术节演出场地的，前提是必须得到他们的批准。他们能接受（或以其它方式）我们的申请以后，才能使用。那人告诉我，今年的艺术节结束后，他们将于九月份开始接收新的申请报告。一旦我们的申请被批准了，我们就可以将该建筑注册为明年国际艺术节的表演参赛场地。我们的活动中心是在2013年2月开始注册许可证书的。

天哪，收集材料可从来都不是我的强项。尽管如此，音和我——但主要是音——他开始收集所有必要的文件。我们已经完成了最初的申请阶段并准备好接受检查。两位来自艺术节（他们自称）的人拜访了我们，他们对这宏伟的座建筑很满意，也很高兴能在爱丁堡的富人西区拥有一个表演场地。他们透露说在这个西区确实缺少一个演出场，他们表示我们的这座建筑申请做演出场地对他们艺术节来说是件好事。因为，现在他们可以与未来可能正在寻找租用场地的表演团队或者是个人进行沟通和讨论安排计划了。这一切听起来都非常有希望，令人欢欣鼓舞，我们的活动中心也出色地通过了他们的初步考核。他们还亲自来到我们的活动中心，指导我们为活动中心申请注册2013年的艺术节表演场地，也建议活动中心将成为表演者和个人表演的场地，应该设置的一系列不同主题的场地背景与设施，以协助营销和其它此类主题的活动，帮助艺术节组委为艺术节做好准备。在他们的协

第九章 — 书归正传

助与支持下，我们在二月份开始注册的时间开始提交了申请，我们的大楼作为他们推荐的新场地，参加爱丁堡艺术节的演出接待工作对我们双方是互惠互利。既然最艰难的部分已经过去了，我们认为将中心注册为下一届爱丁堡国际艺术节举办的演出场地之一，应该会很容易了——其实不然，我们想错了。

我们按照艺术节组委的建议，准备好了各项工作，以便在正式注册开始前获得全面的信息。我们了解到活动中心作为艺术节演出场地，应该提供服务的方面有：例如提供前台服务、提供节目售票、收票入场、提供茶点售卖，当然还要有处理好所有的万一事故出现时的安全措施计划书。再接下来的一个主题就是营销了。我最感兴趣的就是把我们亚瑟柯南 道尔爵士活动中心的名字列入到艺术节散发的小册子里，我们的中心进入到演出场地名单之中，毕竟这就是我们的初衷愿望，也是促成这一切的基本原因。我已经决定，为了让活动中心接近按字母顺序排列的演出场、馆列表的顶部，我们将注册为"阿瑟柯南道尔中心"，从我们的标题中删除"爵士"的字样，因为那样的话，就将使我们的场地名字处于列表的底部。我专心研究了有关每年印刷多少份节目介绍的小册子、分发情况和展示台设置单位的所在地等具体统计的数据。一切听起来都是美好的前景，可是组委这样对我说："当然，我们不会接受您的申请要求，除非您的演出场地，已经有了演出的订单。"

什么一我简直不敢相信！岂有此理。我们希望成为演出场地，以吸引表演单位来租用场地进行表演。可是只有演出单位确定在这儿上演节目了，我们才能够被组委接受这里的场地可以上他们的小册子。我问组委人员，我们如何找到表演单位或者表演的人员？

他说，'如果没节目上演，就没必要在宣传册子上刊登演出的场地。'

我回答他：'如果没有人知道我们在这儿，怎么会有人来看我们这儿的节目呢？"

他说：'在我们的册子上，只刊登已经有预订演出了的场地名称。'

这一听起来，很像是现有的场地，只有从往届的演出预订中，继续跟以往的演出单位签约，才能够继续收益。因为他们已经提前预订了上一年出现在艺术节印发的演出宣传册子上的演出场地。新场地显然处于劣势。我感到愤怒和沮丧。我们已经完成了所有他们要求的这些事先必须准备的事情，却被最后一个如此障碍给难住了。

'简直就是浪费时间。'音抱怨说。我也无可奈何。太令人失望了。

'我知道该怎么做了——我自己会做一场演出。'我不知道这个灵感是从何而来，无论是心灵上的、我脑海中的声音还是我纯粹的在遭到挫败之后无中生有得出来的结果，我只记得我当时看看音的脸色。

'你——你要报名上演一场节目——你打算表演什么？'他在语气里无法掩饰他认为我的话该有多么荒谬。

'这不重要。没人会注意到它。我们已经知道有将近超过 3000 个节目都在努力竞争，争夺观众的注意力，争抢着拿到广告的空间 - 他们也许不大可能找到我的节目呢。我看看那本手册中的演出数子单据，如果我们只使用标准的小型广告，我们能注册一场演出，就意味着我们可以注册到我们提供的演出场地，这将意味着我们会出现在演出场地的名单上，这样才能够吸引到真正想要来我们的场地演出的演出单位。

音仍然是一脸的疑惑。'我们在那广告中该写些什么呢？''就写《阿瑟·柯南·道尔的经历》——没别的了。'

'那你要干什么呢？'音仍然很困惑地问道。

'没事儿—我不会有事儿干。没有人会来。因为没人会知道这里是做什么。他们根本不会在那本儿名目众多让人眼花缭乱的节目列表上找到我们这儿来。'

音点点头，表示他赞同我的说法，承认如果在艺术节印发的册子中、在那么多的表演节目、项目里，选出自己决定要看的艺术表演确实非常困难。他从经验中早就知道，当你走在爱丁堡的任何一条大街上，总会有人把宣传艺术节的小广告塞到你手里，更有街头艺人试图引诱你观看他们的表演来故意找你搭讪，更不用说一些有名望的表演者、艺术家为了吸引你的眼球而花费在广告和营销上宣传品了，他们的名字在大街小巷里用大幅横标语上招揽观众。我确信我的表演不会有如此的效果。音同意了我的说法，我们就这样决定上报了一场在我们大楼里的演出。而后，我很快就忘了这件事儿。报名以后，我的这个节目的安排，竟然达到了它的目的，我们能够将这个中心注册为一个爱丁堡艺术节的演出场地。这样一来，跟我们联系、预定使用我们大楼做演出场地的单位接踵而至。预订演出的表演单位和表演个人也越来越多。我们可以从众多的表演者和表演单位中来选择。其中包括《茶日记》，这是一部关于茶室里面发生的戏剧，所以他们为节目的演出预订了我们的茶室；我们还有一位心理医生，名叫伊恩·哈维·斯通

第九章 — 书归正传

(Ian Harvey Stone)他会为客人提供咨询；BBC 交响乐团的阿利斯特·萨维奇 (Allister Savage) 先生，正在积极努力为自己的新作品表演做物色场地的前期工作，我很高兴他能回到我们这里再次表演音乐；还有尼基·辛克莱 (Nikki Sinclair)，她是前英国独立党欧洲议会议员，也是英国著名政治家奈杰尔·法拉奇 (Nigel Farage) 的同事。她的节目叫做《欧盟》——这并不好笑。这是一部充满政治性的讽刺剧，也是一部女独角口秀剧。

爱丁堡国际艺术节的所有各类表演节目的门票，全部都是从 5 月份就开始发售，这些门票都是由爱丁堡艺术节组委办公室以电子方式做网上售票的，所以我们也别无选择，只能等到八月份以后重新开始我们的工作。其实，这是一个非常好的计划。六月底的一天，音从中心回到家里，我正在暗自庆幸我自己的那个急中生智，我推出的节目，而后招来了客户，看上去是奏效了。"好吧，你会很高兴地知道，你的节目《亚瑟 柯南道尔的经历》已经售出了 28 张门票了。"

'什么？--28张票？'我说。

'就是您的节目—阿瑟·柯南·道尔的体验。'

'不会吧! 别来告诉我，人们已经看到了它——而且真的有人已经预订门票了？'我能感到了一种恐慌顿然从胸中升起。

'是的，门票已经卖出去了—你现在应该怎么办吧？'

'我不知道。'

'好吧，现在让人家退票已经太晚了——我已经考虑过这个退票还钱选择了，这是不可能的。你接下来打算怎么办？'

'我真的不知道啊。'我真的感觉非常的意外，这本来是不应该发生的啊。我的脑子在嗡嗡作响。我对阿瑟·柯南·道尔到底知道多少呢。我使用这个标题，只是为了让我们能够给我们的中心争得一个被接受艺术节使用的演出场地。我现在应该怎么做？我怎样才能不辜负"阿瑟·柯南·道尔的经历"这个节目宣传标题呢？我能给买了门票的观众什么样的体验呢？

'好吧，随着门票继续被销售出去，你必须得想出个好办法。今天还又售出了另外的四张门票。'

如果他有任何安慰我的意思——他一点儿都没有。售出的门票越多，我的压力就越大。这在那会儿看是个好主意，我听见自己默默地安慰着自己说。现在看来这并不是一个明智之举。离艺术节开始只有六周了——我必须尽快想出一个办法来。幸好是，它被列为"单口秀、独角戏"的类别。我当然习惯于公开演讲。但是，我不是亚瑟·柯南·道尔的狂热爱好者。我对他几乎一无所知。亚瑟只是使用他的意识出现与我交谈，并引领我找到与建立起了活动中心的人。我该如何讲述他呢？然后，我想起了有一位来自阿伯丁的访问唯心论者，名字是穆里尔·芬莱森（Muriel Finlayson）曾经向我们活动中心捐赠了的一本书。她前年在我们的活动中心举办过使用意念疗愈的课程。而后，她送给我们活动中心一本书。她在书的封面上写了亲笔题词：这本书献给亚瑟·柯南·道尔中心，带着满满的爱与光。然后是她亲笔签名：穆里尔·芬利森，2012年3月2日。我记得她说过，这本书是给你的，或者类似的话。我们都很感激地接收了这份礼物，然后就放在了我们的图书室里。突然间，它变得如此这般的重要了。我一定把它找出来，带回家认真看看。离讲演的时间不多了。我白天大部分时间都在中心工作，晚上就拼命阅读这本书—我常常阅读到凌晨。我开始将他生活中的一些片段整理、制作成一个幻灯片，希望能拼凑出一个故事讲给观众。虽然是亚瑟引领我们来到了这座大楼，可是，我知道我不能把这个消息透露出去，因为我已经受到神灵的指示：神灵要求我和我的小组成员，要对小组里面发生的事情必须保密。那么，我能告诉他们些什么内容呢？我会告诉他们，亚瑟是爱丁堡人，也是唯心论者、精神主义论者；爱丁堡可从来都没有很好地庆祝他们最著名的儿子之一，所以当我们有了这样一座宏伟的建筑大楼时，我们认为以这样一位伟人的名字来命这座大楼，是对亚瑟的尊崇与致敬。当然，这一切都是真的，没有暴露真正的原由——亚瑟亲自引领我们来到这里。这些内容只是给了我一个这样的想法来准备我的独角戏。由于这个节目是为爱丁堡国际艺术节举办的节目之一做准备的，所以，我会重点讲诉他在爱丁堡成名之前，他的生活的那些主要的方方面面。毕竟他出生在爱丁堡。这也是一种给我自己找到捷径、减少阅读和减少研究量的便捷方法，亚瑟在爱丁堡的时间实际上是他一生中最短的一段时间。他在1881年毕业于爱丁堡，不久以后就去外地寻求工作，离开了这里，当时亚瑟年仅18岁。他在北极捕鲸船，船名为The Hope of Peterhead上度过了一段时间，然后就离开了爱丁堡前往英国的南方Portsmouth朴茨茅斯，开始了他当医生的生涯。我希望我能为爱丁堡国际艺术节提供一个长达一小时的关于他在爱丁堡的生活的展示的讲演，我如何才能使其成为广告中所说的"体验"，那可是要再另当别论的了。

第九章 — 书归正传

然而，一些奇异的同步现象随之不断地、接二连三地发生了。我开始阅读穆里尔捐赠给我们的书，书名是《亚瑟 柯南 道尔的书信人生》作者是乔恩·莱伦伯格（Jon Lellenberg）、丹尼尔·斯塔肖尔（Daniel Stashower）和查尔斯·福利（Charles Foley）。查尔斯是亚瑟·柯南·道尔的侄孙、玛丽·福利·道尔的曾孙，也是亚瑟 柯南·道尔遗产的现任执行人。乔恩·莱伦伯格 (Jon Lellenberg) 是《追寻亚瑟·柯南道尔爵士》一书的编辑，也是柯南道尔庄园的在美国的代理人。丹尼尔·斯塔肖尔 (Daniel Stashower) 是埃德加奖获奖作品《故事的讲述者：亚瑟·柯南·道尔的一生》以及其它许多书籍的作者。这三个人都是亚瑟笔下的故事书中提到的贝克街上的福尔摩斯爱好者俱乐部的成员，这是一个成立于1934年，专门由福尔摩斯故事集爱好者聚集的俱乐部。

通过某种神圣天意的帮助，我获得了一本由对亚瑟有深刻了解的知情人士所撰写的亚瑟·柯南·道尔的权威性传记——就在我最需要学习这些知识的时候得到了这本很重要的书籍。后来我发现，亚瑟的一生被许多传记作者详细记录、并且描述成书，但是，他们之间也存在着很多的矛盾。出于巧合、好运气或者是同步性在宇宙间的推动作用。我知道如果我决意做好这件事，整个宇宙都在帮助我，我幸运地得到了这本书，它澄清了事实，尤其是来自这位伟人本人的书信合订成的著作，因为这本书是根据他在54年之间，写给他母亲的书信，贯穿起来写成的一本书。这本书会帮助我把节目做得很生动、趣味横生。

当我阅读这本书时，我了解到他的父亲是一个酒鬼，还被送进了精神病院。可是我以前并不知道他的父亲是一位艺术家；事实上，他出生于一个非常卓越的艺术家庭。我必须承认，在我泛读这本书时，我已经抓住了一些可以为我的讲演增添引人入胜内容的事实。其实，我没阅读所有的细节。现在我需要知道有关他父亲绘画的情况，由谁人保存他的作品呢？他画了些什么？现在他的画在哪里？也许，我们可以找到一些他父亲绘画的副本、或照片，来增加我讲演时的吸引力。巧合的是，当时在我们中心正有一个艺术展览对外开放，有一个外来的画廊商人也来这里，从我们大楼里租用了一个展览的大厅做展厅。他们有一个实习生，跟他们一起做展览工作，这个女孩看起来没有太多的事情可做。我就问她能否利用她的空闲时间为我做一些网上搜查工作。搜查柯南·道尔父亲的艺术作品的情况。"当然可以"，她欣然答应了我。所以，我就对这个女孩说："试着在网上搜索一下，看看能找到什么信息、在哪里有他的绘画，以及你是否可以下载一些他作品的图片或副本，以供我在国际艺术节上的演讲使用。"她看起来很高兴能帮助我。

第二天下午，当我走进中心接班时，她正在等我。"我找到了他父亲的艺术作品。"

她说，"他画的，大多是一些传说中的仙女儿。"

"仙女。"我说，"这很有趣。你找到了一幅仙女画的照片了吗？"我接着问她。

"哦，有的。"她递给我一张从网上下载、并且打印出来的复件，上面有一幅仙女绘画的缩小了的画图，并且注有关于亚瑟的父亲查尔斯·阿尔塔蒙特·道尔的一些艺术生涯方面的信息。

"太好了！"我说还继续接着问她道："我们怎样才能知道这幅画现在收藏在哪里？绘画的原作还存在吗？

"这只是他整个绘画艺术创作的作品之一，他的绘画创作还中包括了随意绘画的草图、素描和水彩画。作品都被伦敦的一位私人收藏家给买下了。"

"啊，他的这些作品，还从来都没有被公开展出过呢"。我很遗憾地说，万万也没想到她接下来告诉我的话。

"我已经顺藤摸瓜，在网上寻找到了这些作品的收藏主人。他告诉我说这些作品不是为了展览而买入的，他也从来没有展出过任何所收藏的作品。实际上，这些作品都在他的文件柜里，被保存得非常完好。当我告诉他，这个亚瑟柯南 道尔爵士活动中心的情况和你正在为爱丁堡国际艺术节做准备，你的讲座是讲述有关亚瑟 柯南 道尔先生生平情况，你想用亚瑟父亲的作品来为你的讲座提供实列时，他提出了他自愿将这些作品邮寄送到你的活动中心来，以便你在你的演讲中，同时展示给观众，增加观众的视听兴趣和效果。"

"你在逗我开心吧。"我几乎不敢相信这位学生能自作主张跟收藏家联络上了，并且告诉了收藏家有关我要出讲演节目的事情—就是我根本没当真、即刻又不得不东拼西凑、必须应酬出个节目。现在，竟然有人愿意从伦敦给我们邮寄上来一些原始作品。"请告诉我究竟是怎么回事。"我追问道。

"我发现全部作品做为一个藏品都被伦敦在圣 詹姆斯的一家名叫克里斯甲壳虫画廊Chris Beetles Gallery的私家画廊给买下了。当我与这家画廊的主人交谈，并告诉他们你正在做的是什么时，他们自愿提出

第九章 — 书归正传

将艺术品寄给你。您所需要做的只是确保这些艺术收藏品在活动中心展示时，已经由你方面买了保险就够了。

'哇。嗯，我当然可以做到买保险了。他们能邮寄给我哪个方面的收藏品呢？

"全部的收藏品。"

'全部收藏。那是多少啊？

'他认为有三十多件吧？自从他把这整套藏品买了回来，它们就一直被存放在文件柜里。现在，他会把藏品全部装裱起来，然后请专业邮递运输公司，用特快专递得方式把他们运送到这里，确保你在爱丁堡国际艺术节期间的演讲会上展示。

"那么，谁来支付所有的装裱和相框、以及专业快递费用呢？"

"他说他自己会承担支付一切费用——你只需要给藏品投保就可以了。

我的脑子一时无法转过弯来，想不出刚刚发生了什么，不敢相信有这样的好消息。我还以为只是让她在电子网上找找消息和打印一些我可以在演讲时使用的信息，最多就是一张印刷品我可以用来讲解，让我做讲演时使用的图像。但是，现在亚瑟·柯南·道尔父亲的艺术作品一整套收藏品即将来到爱丁堡，并将首次作为珍贵的收藏品，在爱丁堡国际艺术节上公开展示给观众。还有其它的同步性事情，仍在继续发生。

没过几天以后，一位身体虚弱、走路颤抖的老太太，她手里拎着一个塑料袋走进了很多中心。她曾经参与过精神主义者教堂的活动圈子，也常在路过活动中心时顺便过来聊聊天。她告诉我说："我正在清理我的公寓，我要卖掉我的公寓——我要搬进一所老人院住——我想让你收存这些书。"

"我很难过你不得不去老人院，艾德琳。这是些什么呀？'

"这是一本关于亚瑟·柯南·道尔父亲的书。我已经保留它很多年了，当我收拾东西时偶然发现了这本书，我一直在想：我知道我要把这本书给谁。我以为你肯定会喜欢这本书，安。"

我热爱这本书。这本书详细介绍了亚瑟·柯南·道尔 (Arthur Conan Doyle) 父亲的艺术绘画作品。这些艺术绘画作品这正是不久以后，即将从伦敦被专程送过来的同一批艺术绘画作品的书面故事。这本书的名字叫《道尔日记——最后一部伟大的亚瑟·柯南·道尔之谜》，作者是迈克尔·贝克 Michael Baker。这是查尔斯·阿尔塔蒙特·道尔 (Charles

Altamont Doyle）从1889年以后的日记和素描本的完整翻版。当他被监禁——他说他是被监禁——在苏格兰皇家蒙特罗斯疯人院里，接受监禁时，他所做的这本日记和素描手迹本。有趣的是，这本日记在查尔斯去世后就失踪了（在邓弗里斯的另一家精神病院里）。在1955年新森林地区有一户主，在自己的房屋里拍卖各种旧图书，有大量书籍之中，夹着这本日记——可能是在柯南·道尔从明斯特德的比格内尔故居搬走的时候留下的——直到1977年，它才被发现。当时主人的一位搞艺术的朋友建议将此带到伦敦的一家画廊，让他们鉴赏。他们很快就意识到了这一发现的真正价值，并且帮助确认这是查尔斯·阿尔塔蒙特·道尔（Charles Altamont Doyle）的真实手迹。亚瑟是一位才华横溢、卓有建树的艺术家，并且把这些珍贵的手迹，与亚瑟可柯南 道尔的兄弟和父亲一样，获得同样被尊重的地位。

与此同时，言归正传，我正在埋头苦干想方设法为《亚瑟·柯南·道尔的体验》——我要出的节目——做最好的准备。我现在真的有了一个可以提供给众人分享他经历的机会——第一次与世人见面的亚瑟·柯南·道尔父亲的艺术作品展示。我还能提供些什么呢？小提琴。我会请求乐器制造商史蒂夫·伯内特借给我们那些特制的提琴，就是在我的艺术节节目表演中，展示为柯南·道尔爵士活动中心诞生一周年音乐会上，所使用过的四重奏乐器。当我联系到他的时候，他说"不行"，因为那些为四重奏演奏用的小提琴，已经被来自日本的音乐家提前预约借用了，日本音乐家要来爱丁堡参加艺术节演出，就会届时借用这些小提琴。所以，我的这个打算看起来是无法兑现了。然而，就在日本音乐家首场演出前两天，一名表演者突然生病了，他们的演出就这样不得不被取消了。乐器制作商打来电话通知了我们，这些小提琴最终还是可以来到亚瑟 柯南 道尔爵士活动中心，参加我们的演讲与展示节目，为我的演出做好了最佳的准备。

但是，更有趣的事儿还在后面呢。在我第一次对公众讲演出的前一天，乐器制作商史蒂夫把为柯南·道尔四重奏演出而制作的乐器带到了我们活动中心，并将要把那四把提琴摆放在展示台上供人们欣赏。我在讲台上坐在他的旁边，为第二天实际表演做彩排预演准备，我一边浏览着我的幻灯片以尽可能地熟悉它们。乐器制作商史蒂夫在我的旁边，整理、摆放着那些珍贵的小提琴。我放了一张奥斯卡·王尔德 Oscar Wilde的幻灯片，因为我要提到 在1889年亚瑟·柯南·道尔和奥斯卡·王尔德一起跟《利平科特》杂志社的编辑，共进晚餐的事儿。就是

第九章 — 书归正传

这次晚餐之后导致了亚瑟受委托撰写了他的第二部夏洛克·福尔摩斯侦探故事——《福尔摩斯探案集》全集之二，《四个标记》——奥斯卡·王尔德，也在同时接受了委托撰写他的小说《道林·格雷的画像》。我的幻灯片在播放着，当我翻到奥斯卡·王尔德的幻灯片时，乐器制作商史蒂夫说："我认识那个人的孙子。"

"奥斯卡·王尔德的孙子？"

"是的，他委托我为他绘制了一幅画。"史蒂夫告诉我。

实际上，在史蒂夫成为一名乐器制造商之前，就已经是一位艺术界里著名的绘画家了，这简直是令人难以置信的事实。在亚瑟·柯南·道尔和奥斯卡·王尔德之间著名的会面，经过了 100 年以后，史蒂夫竟然得到了奥斯卡·王尔德的孙子的邀请并委托他绘制了一幅画——那就是一幅名叫'达若安的肖像'A Picture of Dorian Gray。现在，他在亚瑟柯南道尔爵士活动中心，摆弄、设置他的小提琴，这些小提琴是他用亚瑟曾经在少儿期间，在这颗大树下玩耍、逗留过的大树。大树被砍伐之后，用来特制的演奏乐器—提琴。这样，这些乐器就可以被视为"亚瑟柯南道尔的体验"节目，众人能够体验之中的一个部分。宇宙太精妙了、同步性实在是令人惊讶，发人深省。史蒂夫为奥斯卡·王尔德的孙子绘制的肖像完成以后，由苏格兰国家美术馆馆长，敬赠给了奥斯卡·王尔德的孙子。苏格兰国家美术馆就在亚瑟 柯南道尔爵士活动中心的附近，现在这副肖像保存在伦敦的奥斯卡·王尔德档案馆中。

这一切难道都只是巧合吗？请你自己来想想看、决定吧——我会告诉你，我的听众。我已经准备好我的演讲台词了。我现在确确实实的有一个经历可以作为节目和演讲来跟大家分享；我会采用边走边聊的方式来讲述这个经历。它不仅反映了亚瑟·柯南·道尔在写作之外的主要兴趣：音乐（特别是小提琴）、艺术（他父亲的家人都是成功、卓越的艺术家）和精神主义者。我们可以在亚瑟柯南道尔爵士中心亲眼目睹这些有真实历史意义的陈列展示品，随着展品，展开遐想、体验他的璀璨人生。事实上，既然成为艺术、音乐和唯精神主义者的教堂与家园，我们活动中心以慈善为主要目的，这也是我们要展示给广大众人的中心目的所在。我带着观众走进我们的图书室，在那里，观众可以看到精神主义者发展的历史性记录，这也是亚瑟 柯南 道尔爵士在去世前想要完成的著作。他们还可以欣赏简·史密斯·斯图尔特 (Jane Smith Stewart) 的画作《和平的黎明》(The Dawn of Peace)，这件艺术品已由精神主义者教会 (Spiritualist Church) 收藏了 100 多年了。

它象征着正义最终能够战胜邪恶，这也是所有的主流宗教正义的象征。从这里，我带他们上楼参观了亚瑟 柯南·道尔四重奏所用的乐器的展示，这些乐器是用他熟悉的树木制作的他喜欢演奏的乐器，所有乐器有由艺术家专门设计的镶嵌了金色徽章的标志，它的缩写是ACD；而后，我再继续带领观众们前往我们的主楼部分。在这里，首次展出了亚瑟·柯南·道尔父亲的珍贵艺术作品。我又带着观众回到了楼下硕大的圆顶天棚下面，向他们解释了墙上的一块牌匾，记录着这座大楼曾经是一所音乐学校，由耶胡迪·梅纽因爵士（Sir Yehudi Menuhin）——又是一个有趣的巧合，他也是另一位世界最著名小提琴演奏家——从而，结束了这次体验之旅。

在我第一次做演讲的前一天晚上，那时已经是凌晨时分了，我仍然坐在我家里的厨房的桌子旁，阅读《亚瑟·柯南·道尔的一生》的书信，试图在我的脑海里尽量保留更多的信息，以防观众中的福尔摩斯探案集粉丝，对我提出的有关柯南·道尔的方面的特殊问题。我担心如果我的准备不够充分，就会让他的粉丝失望。我从我的通灵术研究中已经学会了，柯南·道尔在晚年有过一种顿悟，他将余生奉献给向全英国的人和向全世界推广精神主义论，他向人们传达这样的信息：人死后生命仍然继续存在。我读到了以下内容：

'在宇宙间悲哀与失落的日子里，'他在《回忆与探险》中说道："祥林嫂"的哭声传遍了整个人间大地时，我意识到，我所获得的知识不仅仅是为了我自己的安慰，上帝将我置于一个非常特殊的位置，以便将这个消息能够通过我，来转达给那个更需要它的世界里的人们。"他相信自己是这个领域里的先驱者，他曾经不知疲倦地在举国各地进行演讲和宣传，并且告诉他的经纪人，他所获得的费用将全部捐献给这项事业。他自己一直遵循着："我不会赚神圣事业的钱。"

"探索和研究有关心灵感应方面的问题"，是他早在南海的生活期间，就萌芽的愿望，也是他用了毕生精力、竭尽全力探索的事业，他终于成为对这个问题最具有雄辩力和影响力及代言人之一。他写道："我在生活中每一个阶段得到的经验，都是我逐渐发展成熟的阶梯，我的宗教信仰、书籍，让我能够在公众中得到承认，我微薄的财富，能够使我全心全意地投入到不求回报的工作之中，我的工作就是帮助我传达这个信息，我健壮的体魄足以承受旅途的艰辛，我能在最大的礼

第九章 — 书归正传

堂中,用我宏亮的声音宣讲一个半小时,这一切从根本上来说,都是属于无意识的准备。"[1]

我读了这篇文章以后,也顿感觉醒、开悟了。我绝对认同他的这一观点。我在商业、银行、物业管理和营销方面学到的经验、知识和技能,都是我走到今天的阶梯,我的经验,让我能够在这个活动中心的购买、翻新和管理过程中都能够游刃有余地做到了最好。我的财产并不富庶,但是,我可以为这个活动中心的事业发展,安心地免费地工作。跟亚瑟·柯南·道尔的神灵交流,引导我找到了这个大楼,亚瑟·柯南·道尔的目的就是向广大的公众传达他的信仰。我习惯于公开演讲,也能够有效地吸引听众的注意力;我的星期四小组之所以被神灵选中,是因为小组的成员也全都具有这种特殊能力。现在,我意识到了我自己在世界上最大的艺术节——爱丁堡国际艺术节上,宣讲关于亚瑟·柯南·道尔及其对神灵感应坚信不移的崇高信仰。其实,我不需要长途跋涉、走遍世界各地进行游说,就能做到这一点,因为全世界的人,都会自动来到了爱丁堡。难道这一切都是"无意识的准备"吗?

就在那一刻间,我意识到了,我从离开工作岗位、成立小组、找到活动中心,并建立起它现有的名望与卓越成就。现在,我所做的一切工作都不是我主动要做的,不是我自己创造出来的。我只是遵循着神灵给我的迹象、线索,做神灵告诉我必须要做的事——我是被神灵给利用了。这是神灵早已安排好的议程,我只是按照它的计划行事罢了。

我的节目在爱丁堡国际艺术节期间,做了为期三周的演讲,一共5场,每场门票都全部售罄。我被艺术组评委授予了节目嘉奖的桂冠,这一切足以说明了我的观点。在接下来的5年里,我的讲演仍然是一直深受广大众人欢迎的节目,每年的门票也是都提前就被销售一空。我们活动中心的名字不仅上了在中心的宣传册子和每个艺术节节目单子上的广告之外,从未做过其它的广告。殊不知,当这个信息传达给了与会人员以后,就宛如生了翅膀一样,接连不断地迎来了更多的众人。

本章后记:

令人惊奇的是,所有的元素是如从何起,又是如此顺理成章地结合在一起,组成了这场成功的展览——书籍、图片、实物都在最需要的时刻，被宇宙的力量整合在一起了——这便如愿以偿地获得了对活动中心的宣传效益。有亚瑟柯南道尔父亲的速写本原作，我便能够更详细地与听众谈论他的作品，从阅读中，我可以清楚地看出查尔斯·道尔确实被送进监禁过；他的家人认为他的行为耻辱了本家族的名誉，因而远离并且要忘却他。在晚年，亚瑟·柯南·道尔似乎认识到了他的父亲一定过着一种孤独而悲惨的生活，他有回忆："我的父亲实际上是一位被埋没了的伟大天才……"萧伯纳George Bernard Shaw则宣称这些绘画，在任何国家级美术馆里都应该赢得有它自己的展示空间。我很高兴我们的活动中心能够做到让他的作品得到公众观赏的展示空间。我们不是国家级美术馆，但是，在我们的主要大厅里为这些绘画提供了一个重要的位置，并且是免费向公众展示出，这些绘画本身能够证明它的辉煌璀璨。

请参阅附录5，在新闻报道上的艺术作品照片副本。

10

第十章 — 白鹿酒家

在2013年的十一月份，还发生了另外一起有趣的巧合。这虽然跟活动中心无关，可是与爱丁堡的另一座建筑白鹿酒家（White Hart Inn）有关。白鹿酒家是爱丁堡城里最古老的酒家建筑，几年前，在那里已经有过一次灵媒探寻的活动。

那是一个星期一的早晨，那天早上我正在活动中心的办公桌前专心致志地工作，电话铃响了。是弗朗西斯·瑞安Frances Ryan打来电话，她问我是否看过星期五的《爱丁堡晚报》。我没有看这份报纸的习惯。于是我说："没有，我还没看过——有什么值得知道的消息吗？"

"那是一篇关于白鹿酒家的报道，"她说，"他们拍到了那位红衣女士的照片—你还记得2003年我们和凯·亚当斯Kaye Adams一起做的那次电视采访，同时进行的调查访问，我提到的那位红衣女士幽灵吗？"

弗朗西斯·瑞安（Frances Ryan）是我在爱丁堡的一位朋友，她也是一位很出名和受人尊敬的通灵媒体。我认识她很多年了，我和阿其还有她，我们一起进行了多次调查，主要是在我刚刚加入苏研会SSPR的期间。我在上一本书中已经提到了的阿其（罗瑞），他们是我早期在超自然现象调查队里的伙伴。他当时是苏研会SSPR里的副会长，我加入后，我们常常一起合作共同调查在苏格兰东部地区出现的超自然现象。随着我不断地提升自己的灵感力和通灵媒体的能力，我的时间越来越多地集中在参加各种讲课班和研讨会上，弗朗西斯也被邀请加入了我们队伍，她和阿其做了很多这方面的调查工作；他们也总是让我知道他们案件进展的最新情况，我也总会尽可能地参加他们的研讨工作。我知道她电话里提到的案例。我仍然清楚地记得她当时告诉我，"在一个深夜里，一个红衣女士的幽灵走过了这所酒家的前台酒吧，她穿着一件红色连衣裙。"她接着告诉我，这个女幽灵就是在地下室被谋杀的女子（我想是被勒死的）。在调查过程中，弗朗西斯随后又发现了更多的名人，所以这位"女士"就被忽视了。现在，弗朗西斯声称他们有一张她的照片。所以，我清楚地记得这个案子，还因为它是由英国广播公司（BBC）电视专辑转播过的节目。苏格兰电视台记者兼节目主持人凯·亚当斯 (Kaye Adams) 为这个名为《灵媒侦探》的节目担任讲解，节目还主要介绍了两个常常闹鬼的地方—爱丁堡的白鹿酒家和格拉斯哥的伯坦尼亚 The Britannia 剧院。我对弗朗西斯说："是的，我都记得。"

'我们得要回到那里去，安，你需要给他们打个电话。'她用兴奋的语调在电话里告诉了我。她显然迫切希望我们能够尽快去那里做调查。

'我为什么要给他们打电话呢，弗朗西斯？我并没有真正参与他们那里的调查。我只是站在一边听听罢了。你应该自己给他们打个电话？

'不，不。'她说，'他们不会接听我的电话。你可是阿瑟柯南道尔爵士活动中心的主席，你还有自己的调查部门——他们肯定会听你的。'

弗朗西斯总是非常谦虚——这是没必要的，因为她是一位多才多艺、受人尊敬的通灵媒体——可是，她不是很自信的人。我意识到了这一点，如果她对打电话谈论此案有信心的话，她自己早就这么做了。

"好吧，我给他们打个电话，看看他们怎么说。"

'我们可要尽快赶到那里啊——你和我——我们两人去看看，希望我们能察觉到什么？'她显然很急切地渴望尽快赶到那儿。她接着敦促我说她可以在第二天就来跟我见面，我们就可以一起去那个酒家。

第二天是星期二（2013年11月12日），我和弗朗西斯一起走进了白鹿酒家。我以前曾经多次来过这里——通常是为了喝杯饮料——我也算是了解它丰富多彩的过去。它位于风景如画的爱丁堡城堡附近的草市街上，周边儿上有很多露天的街边咖啡馆、酒吧和各种小门脸的独立商店。由于这个酒家几乎就位于世界著名的爱丁堡城堡的正下方，古老庄严的城堡和城墙高耸的岩石都在它的头顶上面，所有总是

第十章 – 白鹿酒家

吸引很多游人和本地人前来消闲。这所酒家最古老的部分，可以追溯到 1500 年代，其名字来源于苏格兰第一任国王。名字叫大卫的国王、喜好猎杀白鹿（一种雄鹿）。一次骑马出猎，当雄鹿转头面向他冲刺过来时，他被从马背上摔了下来，面临着被雄鹿冲刺致死的危险。瞬刻间，雄鹿的鹿角之间出现了一个燃烧的十字架，然后雄鹿和十字架就顿时消失了。大卫国王认为这是一个奇迹，便下令建造了一座神殿。至今，在荷里路德的宫内，仍然可以看到它的遗址。（Holyrood 是苏格兰古语中"圣十字"的意思。）到了1791 年，据说罗伯特·伯恩斯 (Robert Burns) 拜访他的情人时，在这里居住了一周，并写下了浪漫情歌《Ae Fond Kiss》。仅仅几年后，浪漫主义就变成了 1828 年的阴郁与杀戮，当时臭名昭著的盗尸犯伯克和黑尔就在这个酒家里举办活动，参加那次活动的众多名人过客，并不都是幸运者。正如在 BBC 纪录片中所证明的那样，其中一些人，没有能活着出去。继而，在 2013 年，我们对最近从酒家里传出来的消息又产生了兴趣，特别是在报纸上刊登出来的照片。

我和弗朗西斯来到白鹿酒家时，酒吧经理迈克尔·约翰逊（Michael Johnson）正在吧台上忙碌着，我们随便点了些小吃，就等待他抽空过来，跟我们坐在一起聊聊。他是一个和蔼可亲的新西兰人，尽管那时他肯定被去那里喝酒的人一遍又一遍地问过这同样的一个问题，他还是能够非常友善且耐心地、一遍又一遍地讲述了他的经历。'那张照片，就是在你们现在坐的这张桌子上拍摄到的。他们是一对夫妇，带着他们的女儿，他们一起围坐在这张桌子上。我跟他们聊了一会儿，我们聊了一些关于橄榄球的事情——我是新西兰人。他们是游客，一直在不停地拍照。回到吧台后面继续工作，我突然听到在客人中间有一阵惊讶骚动，当我想要弄清发生了什么的时候，他们都正在仔细看着相机里的照片，似乎他们刚刚拍摄到的照片，引起了大家极大的兴趣。他们也招呼我过去看看。我必须告诉你的是，如果我现在看到那张照片被打印出来，我会发誓说它是一张伪造的照片--是经过修图的照片。但是，事实上，这是确确实实地被拍摄到的照片，我就在这里目睹了他们的拍摄，这意味着它绝对是真实的。我是不相信鬼神的，这就是为什么我通常都会说这是假的。但是，这次我确信这里发生了鬼的幽灵出没的事情。这里有很多关于在职员工和前任员工看到或听到过鬼的故事，我以前并没有在意这一点——我一直认为这是无稽之谈——可是现在，我开始琢磨这个问题了。'

看着我们面前的这位先生，从一个十分坚定的、有自我主张的、理性主义者转变为由于亲眼目睹、亲身经历过的事件，现在不那么确定的超现实主义者，这确实是一件很有趣的事情——他自己也承认，他曾是一位坚定的怀疑论者。

我把他的评论全部做了记录记了下来，作为我们的证言，然后问他我们是否可以再次来这个酒家的吧台，进行一次灵感调查。他解释给我们说，由于报纸上的文章引起了本地人的极大兴趣，他们的生意受到了直接的影响，目前酒家遇到了各种问题和要求来酒吧进行捉鬼之类的骚扰，以至于酒家的总部对此也不得不下达指令规定，为了不打扰他们正常顾客的光临，不影响他们的正常业务，任何此类请求要来酒家做调查的单位，都必须得到总部的授权批准，方可来酒家做现场调查。

我解释说，我们不是凑热闹的，我们是一个有经验有能力、做认真详细调查的团队。他建议我应该将我们的要求写成电子书面的报告，提交给他们的总部。总部做出决定批准以后，才能够将调查的工作开展下去；他给了我他们总部的联系方式，我答应按照他要求的照办。

我花了几个月的时间通过电子邮件和电话，最终获得他们总部的批准允许我们去现场做调研工作，条件是我们的调研工作必须在酒吧关门下班以后，我们才可以进入到白鹿酒家，做现场调查。我们的计划是于2014年4月19日星期六酒家闭店后开始我们的工作。阿其·罗瑞(Archie Lawrie)现任亚瑟·柯南·道尔爵士活动中心 (Sir Arthur Conan Doyle Center)调查部门的负责人，他那天晚上无法到达现场，我们与另一位专业人员联系好，即爱丁堡幽灵狩猎协会（EGHS）的职员，戴维·戴根（David Deighan）他和我们活动中心的伊万·欧文（Ewan Irvine）同时参加我们的联合调查小组的行列。

他们总部之所以要限制调查人员前去调查的规定，是由于在很大程度上不打扰他们的顾客，不影响他们的正常生意。我也向他们总部做了保证，我们保证会在所有人离开酒吧后，再安装各种设备、进行我们的现场拍摄，并且保证会在第二天早上，酒家开门的时间之前，我们全部都离开那里。酒吧经理迈克尔也同意这一点。我们的团队成员，约定好了在晚上10.30分准时在酒吧见面，这样我就可以给大家买一杯饮料—喝饮料—这样我们团队成员可以提前就位，也给酒吧做出了微薄的贡献。酒吧原定晚上11点关门，爱丁堡幽灵狩猎协会EGHS的队员在酒家关门之前也来到了，跟我们一起准备待发。可

第十章 — 白鹿酒家

是，那天晚上这个酒吧却热闹非凡——里面挤满了兴高采烈的人，大家一边喝酒一边说笑，玩得特别开心。那是爱丁堡的橄榄球赛事正旺的周末。因此，当酒家接近打烊的时间了，我径直走到吧台，跟其他想要点饮料的顾客一样。其实，我真的很想和经理再谈谈。迈克尔看到我走近吧台，就走过来跟我说话。"我怕十一点没办法关门，"他说，"这里人太多了，现在无法关门。这是我们酒家赚钱的黄金时刻。"

"那么，什么时候呢？"我追问道。

"只有等等看了—等人们自动回家，吧台平静下来。"

我从吧台走回到我们的团队队员那里，告诉他们我们只有耐心等待酒家清静下来以后，才能开始工作。听到这个消息，他们有些沮丧，但考虑到这个安排是大家等了好久的周密计划，大家一致同意等下去。这样我们大家都静下心来，等待快乐的饮酒客人心满意足之后，陆续离开酒吧回家了，酒家也就自然地慢慢安静下来了。晚上11点到晚上11点30分之间，酒吧里的人数几乎是没有多大的变化。我看了一眼站在吧台后面的迈克尔，他只是微微摇摇头，好像在说："不行，还要等等啊。"时间很快就临近午夜12点钟了，我们的团队成员开始变得有些焦躁不安，等得烦躁了。此时，酒吧里的人，也开始逐步减少了许多，可还是没有关门的迹象。我在每个团队成员之间走来走去，试图给他们鼓励，让他们保持良好的积极性。其实，当我们看着在酒吧里的时间在无意中消失去了，团队中的一些人也想要回家了。我来到大卫和伊万的身边。我们一起站在了那扇墙壁的一边—就是那张大名昭著的照片拍摄到了那个幽灵的那张桌子的旁边—我们背对着窗户，看着吧台，看着逐渐散去的人群和停留在酒吧里的顾客越来越少了，仍然有些顾客没有表现出想要即刻离去的迹象。大卫沮丧地拿起挂在脖子上的相机，开始随意地玩弄手里的相机，并且随意对着吧台前的情景拍照。"他没法阻止我们拍照。"他一边说，一边迅速地走动，根本没有注意看已经拍照到了什么，他只是对着吧台的方向，不停地按动着快门进行拍摄。然后他将相机镜头转向地面，让取景器朝上，随意地翻阅着刚刚拍摄的照片。"快来看看那个，"他非常兴奋地对我说，我正好就站在他的旁边。即刻，我朝取景器里看了一眼。我看到了，就是那个幽灵红衣女子的影像！我只看了一眼，立刻就知道他已经拍摄到了一些异常的东西。

"再拍摄一张——快点——再拍摄一张。"

我的话音未落，他不停地按下相机的拍摄的按钮，我听到了他手里的相机快速的发出咔哒咔哒的拍摄响声，他朝最后一个镜头的方向重复拍摄了多次。我们三个人再次仔细查看了这些刚刚抢拍的照片——伊万也看着取景器——可是，只有一张照片捕捉到了那个穿红衣人形的影像。有这一张就足够了。这证实了那个游客，在早些时候也同样拍摄到的同一幽灵的照片。两张图片都显示了一个相同形状的红色人形的影像，似乎正在穿过酒吧。通过对比随后拍摄的多张照片（这些照片是在第一张照片的几秒钟内拍摄的），有助于证明这种现象并不像镜子的反射、灯光的阴影或路过的汽车的反射那样在酒吧中随处可见。因为这些现象很容易被快速连续地重新拍摄捕获到影像，其实，事实并非如此。你会注意到，我并不是说我们用相机捕捉到了鬼魂，因为我知道这些影像仍然可能会有一些物质性的解释。正如大卫·戴根（David Deighan）所说，据我所知，调查人员还没有能够从相隔了五个月拍摄得到的两个不同案例中,拍摄出来的相同的异常现象的照片。以下是David在2014年做的声明：

'《爱丁堡晚报》在2013年11月发表了一篇关于爱丁堡历史悠久的草市街上的白鹿酒家的文章，醒目标题为"相机拍到了白鹿酒家的鬼魂了吗？"。在其历史上，这所酒家曾接待过Burke和Hare这样的名人。

几周前，阿瑟柯南道尔爵士活动中心的心灵研究与调查小组与爱丁堡幽灵狩猎协会的成员一起，组成调查团队，在酒家进行了一次私人调查。

心灵研究与调查部门由阿其(Archie Lawrie)领导，他是现任爱丁堡心灵研究协会的主席和苏格兰心灵研究协会的副主席。

这项调查有两位著名的通灵媒体参加，还要一些是研究超自然活动科学方面的调查人员。所有参加调查的人员，都在调查超自然、异常现象方面拥有丰富的经验与知识。

去年，当一位游客随意拍摄到了一张照片出现在《晚间新闻》上时，人们对这个酒家的兴趣达到了顶峰。照片显示出了一个幽灵般的身影，我们还从来都没有想象过能看见到如此这般的现象，在我们自己的调查中，也是使用相机拍摄照片时，我们在完全相同的地点捕捉到了几乎是相同的图像。

尽管当时吧台前仍然有些人，工作人员也在四处走动，闭路电视录像显示，拍摄照片时，并没有任何人经过摄像机。

第十章 – 白鹿酒家

附上爱丁堡幽灵狩猎协会成员拍摄的照片,我们不知道在两次完全不同的调查中是否出现过类似一样的异常情景。'

— 大卫戴根DAVID DEIGHAN 爱丁堡幽灵狩猎协会
EDINBURGH GHOST HUNTING SOCIETY

复制的照片在附录 6 中可以看到——这需要您自己做决定了。

11

第十一章 — MCEWAN'S牌啤酒最好

八月里的第一届爱丁堡国际艺术节的喧嚣和兴奋很快就过去了，我们活动中心即做了艺术表演的场地，也上演了我的独角戏，八月以后中心的各项活动又都恢复了正常。秋季里，所有的课程都重新开始了，九月份也预定了通灵媒体的研讨会和演示工作室。艺术节结束了，我松了一口气，很高兴活动中心里，挤满了新的客人，他们都是由于来这里观看爱丁堡艺术节上演的各种节目，才知道我们这个活动中心的。我很高兴听到当地的爱丁堡居民第一次找到了我们的场地，他们原本并不知道我们在这儿。所以，我想我的计划正在起效用。我也知道，如果我们能在此基础上再接再励，为公众开展更多的其它方面的主流活动，就必须有新的推进方案。

九月底的时候，我母亲要我陪她去图书馆看看。我好奇地问：'您为什么要去哪儿呢？'

'我就是想要去那里看看，我总想去那儿看看——现在正好是个好机会。'

'您说的好机会是什么意思呢？'

'我是趁着爱丁堡对外开放日这个好机会—就是它对外开放免费入场的机会。'母亲说着，还递给我一个小宣传册子，"我要去参加爱丁堡开放日里面安排的活动——它向公众开放，而且全是免费的活动。"

妙极了！我又有一个免费宣传活动中心的渠道了。这又是我们做免费宣传我们活动中心的一个好机会，这种免费的小册子在爱丁堡各地免费分发给家家户户，以鼓励公众参观具有历史意义和建筑意义的保护级建筑物。这也正是我们想要的：吸引更多的爱丁堡公众进入到我们的大楼里来参与活动。我们的大楼设计独特、建筑精美，坐落在世界遗产保护区域之内。可是，我对它的历史几乎是一知半解（除了它曾经是一家便宜的客店）。但是，这并不很重要；我确信这所大楼的建筑价值肯定会对公众有较强的吸引力。我马上就意识到了我的下一个任务——就是为我们的大楼加入爱丁堡建筑对外开放日的行列，提交申请报告。我知道这要到明年就是2014年才会实现。没关系，我需要时间来了解申请报告中，所需要的各种条件是什么，以便申请报告出手就赢。

申请报告中询问我们请客人来了以后，为客人提供怎样的体验——又是这个词——'体验'。然后，列出了一个可以多项选择的表格，要求就我们大楼的情况给出答案。例如：一边讲解，一边指导着客人参观、观看、聆听专业人士的讲解、用各种展示板介绍大楼里的情况、介绍该建筑的历史性信息、关于建筑物在历史上的意义、知识性宣传单，打印的介绍材料、讲解图和讲解文字手册、视听展示室、咖啡厅/茶点等。我全都勾上了对号。其实，我们大楼里并不是全部什么都有。可是，我想如果我说我们能够提供要求的各个方面，这就有最大的可能性批准我们的申请报告。其实，我也没对被批准抱有太大的希望，我知道任何与通灵有关的活动，通常都会受到负面的媒体报道，我还是想一定要尽最大努力、争取最好的机会。我也考虑了如果我们的报告获得批准，我们将需要在稍后的一些日子里，做出怎样的计划方案。那将是几个月以后的工作了。

当我们最终获得批准并被接纳为2014年爱丁堡开放日的单位之一时，我们感到很惊讶。因为我在这个计划中，已经列出了我们将要给提供的所有来宾服务的方面，还要与客人互动，为客人提供体验和经历的机会。现在，拿到了批准文件了，我必须要脚下生风，再穿上带有风轮车的鞋，才能赶得上这个很快就要到来、并且肯定是繁忙的接待工作！我对这座建筑的建筑或历史，实在是一知半解。我必须马上学习准备，否则就无法给客人提供'获得经验'的机会。我随即就从这所大楼的建筑设计方面开始准备资料，相信这将是参观者最感兴趣的一个组成部分。我搜索了苏格兰历史建筑资料网站，我查到的消息是：

第十一章 — McEwan's牌啤酒最好

这是一栋宏伟的维多利亚式联排别墅大楼，被列为B类的国家保护建筑。它由科茨庄园The Walker Trustees of The Coates Estate 于 1881 年聘请建筑商 John Watherston & Sons 进行施工建造。建筑设计师是乔治吉尔罗伊George Gilroy。

这座大型豪宅的正面设有弧形凸窗，与罗马多立克式门廊、侧窗和矩形扇窗融恰组合为一体。

在切斯特大街上，有独立的 5 个港湾式样隔间，二楼房间有独立的阳台（保护阳台的铁栏杆已经被拆除）。

带栏杆的法式屋顶是于 1886 年重新被加高的，形成大楼的第五层楼，以提供额外的仆人做为宿舍使用。

大楼整体设计师是由乔治吉尔罗伊，他为此大楼设计了宏伟壮观的玻璃穹顶，任何人走进大楼，进入大厅都可以看到拱形玻璃天井。

— 资料来源：苏格兰历史环境管理局。HTTPS://PORTAL.HISTORICENVIRONMENT.SCOT/DESIGNATION/LB51340

这些资料足以让我学习和制作介绍有关这座建筑的宣传册子了。我又走访了苏格兰财产所有权契约管理局，这里有所有苏格兰财产的所有权、契约的详细信息记录。这类似于英格兰的土地登记处。苏格兰财产登记处位于爱丁堡王子街东部，就在惠灵顿公爵硕大的青铜雕骑马像的正后面，该雕像坐北向南，在南北桥附近。注册大厦是一座富丽堂皇的优美建筑，它的内部装饰用了许多美丽的意大利大理石。它位居于东城区人行道和繁忙街道的高坡上。我到那儿以后，要求记录保管员帮助我查找帕默森广场 第25 号的地契和任何有关的详细资料。我想知道这所大楼的原始主人是谁，我要了解从它初建的那天起一直到了今天的发展历史。我告诉保管员我想为爱丁堡保护建筑对外开放日做准备申报的信息资料，我希望能够对参观的客人讲述这座建筑的历史与发展的情况，才特地找到这里，请求协助查询资料。她随即就给我上了一堂关于帕默森广场的讲解课，还告诉我说，这座大楼是以英国首相的名字帕默森勋爵来命名的，并且给我打印出很多关于他的信息介绍，这些信息的确是很有趣，可是我不需要。她又重新搜索查找了我要求的资料，并打印了一份有关这所建筑所属人的更换名单记录，因为这些年来，它已经多次更改了所属的主人。她简单地看了一眼她打印出来的资料内容，然后把副本递给了我——显然她对此并不像对以首相命名的帕默森广场和那位首相一样有兴趣。我对她的帮助表示了感谢。然后，把她给我的打印资料拿到一张桌子上，仔细查看确认这些资料确实是我所需要找到的东西。这些记录都是按日期顺序排列的，最近的日期位于顶部。我迅速翻到了记录的起始页，我想知道谁是这个大楼的第一任主人，我阅读到大楼是由威廉·麦克尤恩William McEwan 啤酒制造商，居住在水源桥的大啤酒商人建造的。阅读到此我越发感兴趣了，因为在大楼对外开放日，我已经能够胸有成竹、十分肯定地能给来访客人一些他们非常感兴趣的介绍内容了，那就是这位著名的啤酒酿造商人。是他亲自出资建造了这座独具特色的宏伟大楼——他的啤酒从那时起直至今天，都是苏格兰人最喜欢喝的啤酒饮料，在苏格兰几乎是家喻户晓，没人不知道这个品牌的啤酒，即麦克尤恩McEwan啤酒。它是众多种啤酒中最值得花钱买的产品[这句话是来自他们在1970年啤酒促销时，宣传广告牌上的内容]。我即刻收起文件，尽快回到了家里，随后就上网搜索，想尽快了解到有关爱丁堡这家专门生产啤酒的工厂的信息。我拿着这叠文件坐在电脑桌前，在搜索栏中输入"William McEwan"，然后以通常的格式弹出维基百科。我没准备能够看到他个人资料页面右上角还附有一张图片并且注有说明：这是1902年《名利场》杂志上的一幅草图，画的是一位留着长胡子的老人，穿着礼服外套、马甲，戴着黑色的高顶帽子。我当时又惊又喜几乎都惊呆了，我实在不敢相信，在网上查到的这个人跟我在大楼里的楼梯走道上遇到过的是同一位男子。我本能地推开了电脑，惊呼喊道："我见到过你——你就是出现在楼梯上的那个人呀。"

我惊讶得目瞪口呆——简直是令人愉快的目瞪口呆——现在一切都澄清了。他就是这座大楼的主人，大楼就是他的房子，大楼是他亲自出资建造的。后来，我还发现这是他拥有的第一栋房子，他在大楼的设计和装修方面都发挥了重要的作用，这也就是大楼能够如此宏伟的缘由。难怪当我和丈夫，鼓动手要在他的卧室里建一个用宜家组装产品拼合的简易厨房时，他出现了！

另一个明显的揭示也是我要继续核查的情况，就是威廉·麦克尤恩当时在爱丁堡的社会生活与活动，他与亚瑟·柯南·道尔的情况有着惊人的相似之处。

麦克尤恩是一个白手起家的啤酒商，在爱丁堡创立了自己品牌的啤

第十一章 – McEwan's 牌啤酒最好

酒厂，并且创建了麦克尤恩啤酒出口公司（McEwan's Export），该啤酒出口到世界各地，品味十分受各地众人的欢迎，需求量与销售量都很高。随即他变得异常的富有。在那个年代里，他还是一位著名的慈善家，他收藏的绘画在苏格兰国家美术馆展出，并且他还捐赠资金为爱丁堡大学毕业典礼建造了麦克尤恩典礼大厅，至今仍然是用他的名字命名的学生毕业典礼大厅。1897年，大厅开放时，麦克尤恩被授予了爱丁堡大学的荣誉博士学位，并荣获了自由城市爱丁堡的荣誉奖章。麦克尤恩担任爱丁堡副中尉连续30年之久，1907年，他被英国皇家任命为国王爱德华七世的枢密院参赞，他拒绝了皇家颁发给他的爵位，表示"我宁愿在自己旗下做统帅，也不愿成为别人旗下的小卒"。他是格莱斯顿自由党的成员之一，从1886年起，他担任爱丁堡中部选区的议员。1900年，因为身体健康状况不佳，他宣布退休。

柯南·道尔也是一个白手起家，靠自己努力变得富有的名人，他为此感到十分自豪。有趣的是，他也想拒绝皇家授予他的头衔，但是，他母亲最终说服了他，他才接受了皇家授予他的荣誉名衔。他母亲告诉他说，如果他不接受皇家御授的爵位名衔，那将是对国王的不尊敬、侮辱。[1902年6月爱德华七世国王授予亚瑟柯南道尔成为爵士] 还有一个巧合，就是福尔摩斯这个虚拟人物的原型，也是亚瑟·柯南道尔的灵感来源者是约瑟夫·贝尔。约瑟夫·贝尔跟威廉·麦克尤恩，是生活在同一个时期里，他们都做过爱丁堡城市的市政管理重要职位，他就居住在威廉·麦克尤恩的宏伟大楼附近的公寓，即梅尔维尔新街2号公寓（现为日本大使馆）。因此，我认为这两个人是非常熟悉的朋友并非没有道理。他们确实在同一个年代里一起为爱丁堡城市的进步做了各项公益活动。

巧合的是，亚瑟·柯南·道尔也被任命为萨里郡Surrey副中尉，那个时候，他就居住在英格兰的萨里（Surrey）郡。

掌握了这些珍贵的信息，我就开始整理所收集的资料做成笔记，以帮助我给大楼对外开放日来此参观活动中心的人们做解说。就在我这样做准备的时候，我脑子习惯性地提示我要注意搜索一个问题。我决定（或者也许是其他人把这个想法放在我的脑子里）让我的主题设定为：根本就没有巧合这回事，部分灵感来自于亚瑟·柯南·道尔和威廉·麦克尤恩之间的有相似之处。我又被他们之间的另一个相似之处所吸引；他们都曾经积极参加过市政议会席位的竞选活动。我在上一年为爱丁堡国际艺术节争取演出场地时，对此有过非常简短的研究和了解。但是，我并没有花太多时间研究，我还记得柯南·道尔参加过竞选，可是没能成功；我现在读到威廉·麦克尤恩是一个非常成功的政治议员，在没有任何人反对他连任的情况下，他再次当选了市政议员，连任第二届爱丁堡城市政府议员。他还赢得了禁酒协会的支持——这对于本身是一个酿酒商的他来说，能够做到这一点，实在是相当不错的了。那么他们之间的联系在哪里呢？我脑子里的问题现在正以更大的热情引导、推动着我继续查阅寻找答案。巧合究竟在哪里？我再次翻阅了一遍我的笔记，重新读了麦克尤恩作为爱丁堡中部议员的那段文章。随后，我立刻就觉悟到了这个要点——爱丁堡中部——这个词汇几乎从我的眼前跳出来，它仿佛用迷幻的色彩突出显示给我，提示注意。我的大脑驱动了我的记忆力，我让大脑在记忆库中飞速转动寻求答案，努力回忆起我对柯南道尔竞选议会的了解。我在爱丁堡国际艺术节演讲中，有使用过这些知识，我记得我告诉过观众他曾两次竞选市政的议会议员，一次是在苏格兰边境的霍伊克，另一次是在爱丁堡。爱丁堡——难道是竞选爱丁堡中区的议员吗？有可能和麦克尤恩同时竞选同一个市政议员的位置？这是我脑海里的问题，同时我的逻辑思维占了上风并且告诉我——这不大可能。我继续查找答案。大多数的网站提供的简短信息与我在艺术节上提供的信息是相同的。我在哪里可以找到他参加竞选爱丁堡议员的信息？又是竞选哪个区议员的详细信息呢？我突然想起了《他的书信生涯》这本书，我是从这本书里找到了我给艺术节做讲演，所需要材料和大部分的相关知识与信息的，这些信息都是基于他本人写给他母亲的亲笔信。关于竞选市政议会议员的事，他肯定写信给他母亲，但是他会不会提到他是在竞选哪个选区的议员呢？我快速翻阅了这本书，试图找到合适的时间范围点。就在一封他写给他母亲的信中，他有提到他在竞选期间下榻的是爱丁堡酒店；奇怪的是，这家酒店的名称是禁酒酒店，我立即注意到这是对麦克尤恩在禁酒运动中表示支持与认可的选择。这封信证实他竞选的区域的确实是爱丁堡中部选区。当威廉·麦克尤恩 (William McEwan) 于1900年宣布退出政坛时，亚瑟竞选期间这个位置已经是空的了。因此，我为爱丁堡对外开放日所做的细节介绍准备中，为每个巧合都准备了一个很好的解释。那个年代，亚瑟·柯南·道尔曾试图竞选威廉·麦克尤恩空出的市政议会议员的政治席位；现在，威廉·麦克尤恩空出的家（位于爱丁堡中部选区）已经成为亚瑟·柯南·道尔爵士的活

第十一章 — McEwan's牌啤酒最好

动中心了。可是当我们购买这栋宏伟的建筑大楼时，我们大家对此却都是一无所知。

我现在已经做好参加2014年9月周末的爱丁堡对外开放日的各项准备工作了。但是，会有人来活动中心大楼参观吗？能有人对威廉·麦克尤恩的家感兴趣吗？毕竟，这里不是啤酒厂，这儿只是他曾经住的房子。

在那个周末的两天里，我们接待了1000多名来这儿访问的客人。我是唯一的一个负责给访客做引领、做解说的人。在福尔摩斯茶室里，有我的丈夫音和吉姆做帮手，他们将来访的客人们聚集在大厅里，排队等待下一次在大楼内走访参观。我一次能够带着大约20个人走访与观看大楼的内部装饰，我带着客人边走边聊，指出大楼所有的显着特征，介绍我在准备迎接对外开放日过程中，了解到的各种历史性巧合。我还给他们留下了一个需要他们参观以后，深入思考的问题。我告诉他们，我们大楼外的墙上挂着柯南道尔的照片，人们——尤其是游客——总会跑进来问"这是柯南道尔的房子吗？"

当我不得不说"不是亚瑟的家"时，我可以看到他们脸上的失望。在失望中，他们会继续问："他来过这儿吗？"我还是要不得不再次说"他没来过"。柯南·道尔和麦克尤恩都是自由党（尽管在那时，该党已经分裂并成为自由统一主义者协会和格莱斯顿自由党。因为，他们的前任总理威廉·格莱斯顿支持爱尔兰人要求的地方自治政策；亚瑟 柯南·道尔支持联邦，而麦克尤恩则支持自由党）。我们知道麦克尤恩和柯南·道尔一样，参与了当时伟大的政治活动和文学圈，而福尔摩斯的灵感，则来源于约瑟夫·贝尔，他也曾跟他们一起在爱丁堡市政管理中担任副过重要职务。他们与麦克尤恩确实见过面。而且，我正在寻找支持我的这一点观点的证据。开放日里，我告诉来我们这里的访客，我所知道的是，即使亚瑟本人不在这所大楼里，他的精神肯定是在这所大楼中。

我们这里对外开放日的活动是我们活动中心举办过各种活动中最成功的活动之一。虽然。这次活动没有给活动中心带来任何经济收入，但是，通过这样的活动，我们的活动中心确实在很大程度上说，为活动中心提高了知名度，尤其是对爱丁堡当地居民来说，它的知名度有了大幅提高。正如参加我的国际艺术节的人递给我的一张名片，上面显示他来自美国的亚利桑那大学，是福尔摩斯的粉丝，也是哈利·胡迪尼Harry Houdini专题讲师。还有另外一次，我记得那是对外开放的活动中，在大楼里，我遇到了一位绅士，他递给我他的名片并对我说："也许，我们可以找机会谈谈。"我看着他的名片上面写着：约翰·马丁，苏格兰啤酒档案协会主席 - 促进苏格兰啤酒工业发展的历史。我立即想到的是，如果我的知识在哪个方面弄错了，也许他会纠正我，或者我在某种程度上对威廉·麦克尤恩的理解不正确，他的历史档案会帮助我提高我的认知水平。当我鼓起勇气给约翰打电话时，他对我们的工作非常赞赏，他还建议在亚瑟柯南道尔爵士活动中心里举行他们协会的下一届全体会员大会，他要向他的会员介绍这里的情况。我的这一目标最终也得以实现了，从而将我们活动中心的影响力和知名度扩大到另一群潜在的新客户之中。

爱丁堡对外开放日活动结束以后，我们接到了科伯恩协会（Cockburn Association）的电话，该协会负责人是这次对外开放日活动的组织者，他告诉我说，我们的活动中心是爱丁堡对外开放日地图上，最受访客欢迎的目的地之一，并鼓励我们明年继续举办这样的活动。我更有信心做好明年的对外开放日的工作了。他们还告诉我说：明年开放日的主题应该是食物和饮料。正如他们所说的那样，我在啤酒档案协会主席约翰的帮助下，我联系到了麦克尤恩啤酒公司（现在是 Wells and Young 集团的一部分），我询问他们是否愿意参加 2015 年爱丁堡对外开放日的活动，或许还可以推广他们的啤酒品牌，这样也宣传了这种啤酒的创始人和创始人的原始居住的大楼。他们愿意提供赞助、通过赠送免费的啤酒，来增加举办有史以来最为成功的活动之一。

Wells and Young 集团公司允许我们在我们的宣传材料中，使用他们所有的 McEwan's 啤酒标志，他们提供了各种图形和多年来 McEwan's 啤酒的所有电视广告、视频资料，我们当然很高兴能够在活动中心展示这些宣传资料，为更多的来访游客找回在他们那个年代里保存的一些快乐的回忆。在第二年里，约翰就成了我们活动中心的常客，他帮助我在位于格拉斯哥大学的苏格兰酿酒档案馆中搜索到了有关威廉·麦克尤恩的信息，他还告诉我说，2016 年是威廉·麦克尤恩建立大楼的 160 周年。1856 年他建立的啤酒厂和麦克尤恩啤酒公司 (McEwan Beer Co)，至今，为了隆重庆祝了这个年纪念日，今天的集团公司准备了隆重的庆祝活动。在亚瑟柯南道尔活动中心里也有庆祝活动，同时还给来宾品尝了集团公司最新推出了的一款新口味的啤酒。因此，从"开放日"活动中，我们双方都取得了一些非常良好的成

第十一章 — *McEwan's牌啤酒最好*

绩，对麦克尤恩的研究也有了新的进展。因为，我们的一位志愿者埃莉诺·多切蒂（Eleanor Docherty），她跟进了约翰·马丁（John Martin）提供的信息，这些信息后来被添加在我们为来访客人制作的指南手册里。多谢埃莉诺的整理与编辑工作。但是，我仍然继续寻找、不肯放弃的是麦克尤恩和柯南道尔相遇过的某种证据——希望是在帕默森广场 第25号大楼里——因为这里是现在的亚瑟柯南道尔爵士活动中心。可是，我没有证据他们在此相遇过，尽管我还在寻觅这个证据。

注：麦克尤恩、亚瑟柯南道尔爵士 和约瑟夫·贝尔之间的某种联系，有可能会进一步得到证实。巴里·菲茨杰拉德Barry Fitzgerald对此有一个设想，即他们完全有可能在同一个年代里，同时参与了'黄金黎明'赫尔墨斯教团The Hermetic Order of the Golden Dawn，以及这个教团在爱丁堡圣殿的活动地址里搞得活动。可是，爱丁堡圣殿的地理位置在哪儿，至今仍然还是个谜。现在，我还没有拿到证据来支持这个猜想。

更多信息请参见附录7

12

第十二章 — 漩涡

我在前面的章节里提到了我、我的丈夫音和其他许多人是如何在这座建筑大楼里体验到了它的特殊能量场、能量波之存在。这些情况是从帮助我们做装修的工人和多年来参观过我们这座建筑大楼的各种访客的反馈中得到。我有一个疑问：为什么能在这所大楼里出现这些情况呢？为什么问题又都是发生在此时呢？为什么要引领着我们在过去的5年里，找到了这座建筑大楼呢？这座建筑已经被废弃了多年——为什么我们不能早点被引领到这里呢？在那段时间里，大楼里的能量有没有同样的不稳定情况的发生吗？我意识到，当建筑物有一段时间没人居住或是静悄悄地无人打扰了一段时间以后，突然对该建筑物进行一些 人为的修改 或是在我们的案例中，为建筑做了重大的整修工程时，这些外部发生的变化就造成了内部发生变化的条件，继而引起了各种心理现象的发生。在这种条件下，是否有可能在条件合适的情况下，我们能够体验更多的异常的物理现象发生呢？其实，这是亚瑟·柯南·道尔向我们星期四冥想小组做出了的承诺，就是当我们找到了新大楼时，更多的物理现象继而会在此发生。所有，我们这座大楼当然是一座活跃的有物理现象发生的建筑物。这与其所在的地理位置有关？与地形有关？还是与整个的建筑架构有关？我了解有关地理走向与地脉的关系。并且，在过去有过一些使用钟摆导向仪寻找地理能源的经验，在这个方面，戈登是一位专家。跟我们小组中的其他人一样，每当我们第一次走进大楼的前门时，都能意识到这所大楼里的能量与其它地方不一样。也正是戈登，他拿出了他的钟摆导向仪，还导出了我们小组静思冥想时使用的房间——以及他自己的房间——我知道这座建筑坐落在强大的地脉线上。事实上，我们开始使用这所大楼时，我就意识到了这所建筑物中的不同能量，以及建筑物中各个部分的能量，也是各有不同——地下室、楼梯和上层的卧室的能量都有所不同，这就是最明显的例子了。但是，我也意识到了一些其它的事情，一些完全不同的事情。

当我坐在主楼的楼梯底部的接待处和入口大厅巨大的拱形圆顶天井下时，我会感受到一种奇特的能量。这种感觉不像是一个精神能量的存在，而只是一种旋转形状的能量的漩涡。感觉就像一股能量波，宛如螺旋一样地往上升起，一直上升到穹顶。不知何故，无形的能量波动的气场似乎模仿了楼梯的形状一般，或者是楼梯也属于能量波动上升的一个组成部分。有时，这种能量旋转得更快，而且非常明显地让人有感觉；有时，能量会旋转得更快、更突出。你可以走进它，也可以走出它。你走上楼梯开口就能够感觉到它的存在。我还觉得当大楼里，有许多人的时候，尤其是在楼梯上有很多人，能量就被这许多的人流给稀释了许多。每当建筑物安静时，能量似乎很强大，而且流动得可能更快。我的印象是，这种能量从楼梯底部盘旋上升——甚至可能从楼梯的下方，乃至能量是从地心发出——向上流动直接就到达穹顶，通过穹顶再继续向上延伸，直至天空和更远的什么地方。我想知道这是否与那天晚恰巧看到的军团士兵在楼梯上下往返正步阅兵有关。难道这是个通往另外一个世界的某种门道吗？我不知道还有谁曾经也感受到过如此这种能量场。当然，没有人向我提起过这件事。其实，这没什么好担心的，它就在那里，事实上，我很喜欢坐在大楼的接待处，欣赏和体验这种能量波的存在。

偶尔有人会走到接待处，本来是带着问题想要提问的，可是当他们站在接待处旁边时，他们会突然感到头晕或有眩晕的情况发生，然后告诉我，他们有一种眩晕的感觉。在这些情况下，我会建议他们坐下来，我知道让他们在螺旋能量场之外就坐休息，就能够恢复他们的眩晕感觉。在2015年发生的两件事，都让我证实了这一点。首先，一位朋友邀请我去见第一次来爱丁堡游玩的德国夫妇，他们想参观爱丁堡城堡和其它旅游景点。我在他们的酒店里见到了他们，就把他们带去亚瑟柯南道尔活动中心的茶室里喝了杯咖啡，这样他们在去爱丁堡城

第十二章 – 漩涡

堡之前，参观了我们的建筑大楼。当他们走向接待处并站在拱形圆顶天井之下时，那位女士不大会说英语，她带着浓重的德国口音，我能听懂的唯一一句话是："……漩涡……"我立刻明白了她的意思是说这个地方的能量场好似漩涡一般。我已经习惯了这种能量场的存在，她的话被翻译成英文，也证实了这一点。

其次，也是在这一年里，苏格兰心灵调查研究讨论协会 (SSPR) 主席耐克·凯由 (Nick Kyle) 打电话给我，告诉我说他们安排的小组会议演讲者突然有急事不能到场，为了不取消安排的会议，他问我是否愿意帮忙做一次代替此人的演讲。我欣然答应了。（巧合的是，被取消的演讲者是罗杰·斯特劳恩Roger Straughan。）

如果他们要我讲述有关亚瑟·柯南·道尔的情况是一件很容易的事儿了，我在爱丁堡国际艺术节上，已经做过多次这样的演讲了。我知道他的小组不是一个普遍的兴趣小组，他们都是对神灵有着多年的研究、也调查过各种超自然现象的专家小组；此时他们已经在亚瑟柯南道尔活动中心进行了调查和守夜。我虽然还没有从他们那里得到什么确切的结果——这是一项仍然在进行中的调查工作。我仔细斟酌着，我还能告诉他们一些有关这座建筑的那些信息呢，如何讲才能够抓住他们的兴趣，同时，我又不想泄露任何有关已经让音和我感到十分惊讶的事件与信息。

[遵守苏格兰心灵调查研究讨论协会 SSPR 的协议是非常重要的前提，以确保参加调查的人员事先不了解该场所里，曾经发生的情况。苏调研会SSPR 在这所大楼里进行调查和守夜的时候，他们要求我不要出现在大楼内，现在最重要的是不要泄露任何可能由他们的独立调查和独立得出的有关大楼内发生的内容，我必须坚守他们协会的协议。]

那么，我能给他们做哪个方面的讲演呢？我知道——我会告诉他们关于漩涡的事情——这不会涉及到他们的调查内容。

回到家里以后，我就坐在电脑桌前，开始准备我的讲演稿子，为我将在 苏调研会SSPR 上发表的演讲制作 幻灯片。我已经有了一些关于亚瑟·柯南·道尔的幻灯片，我会用上一些关于他的情况和他的精神信仰的幻灯片。我要讲的主要内容会放在有关漩涡能量场的情况，这个内容需要我有实际的证据来证实，才有说服力。我知道如果我不能提供经验证据，那么它根本就不值得一提。忽然，我脑海中有一个小声音对我说："你有一张照片，可以证明漩涡能量场的存在。"我根本没在意这个声音，还以为是无稽之谈，想将其忽略。然后我又听到了这个声音再次重复给我，"你有一张照片可以证明漩涡能量场的存在。"我沉思了一会儿，可是，我再次忽略了这个声音。我以为我没有任何漩涡的照片；我怎么能有漩涡的照片呢。我继续整理和编排我的演示文稿和幻灯片，试图忽略来自灵感提醒的声音。但是，这个声音又重复了一遍，"你有一张照片可以证明漩涡能量场的存在。"终于，我停下了正在做的事情，开始对这个不断重复提示的声音，产生了反感，因为我认为我没有任何这样的照片，也不知道其他人有过类似的照片，其他人根本就不知道这个漩涡能量场的存在。蹊跷的是我连续三次听到了这个声音在提示我。所以，我停下了手头的事情，认真思考了一会儿。如果灵感提示是正确的，有这样一张照片的存在，那这张照片会在哪里呢？多年来，我在这座大楼里拍摄了许多照片，主要都是用做宣传和小册子，那会儿，我认真仔细思考我拍摄过的照片，以确保我拍摄的照片，都能够反应出活动中心的宏伟与辉煌。如果漩涡能量场是在我拍摄的照片之中，我肯定会看到过这张照片的。我又重新查看了一遍，可是，仍然什么也没有找到。我又想了想——除了漩涡之外，我还能在哪里拍到楼梯的照片呢？我已经把笔记本电脑上所有的照片都查看过了。哪里还能有照片？不会保存在我的手机上，因为手机上的照片，我已经即时下载到电脑上了。然后，我想起了我的旧手机和旧笔记本电脑。那是在最早我们刚刚购买了这栋大楼时，音和我被委托负责整修工作，我在大楼内部四处拍摄了许多照片，包括所有各个房间的照片，用以提醒我们自己每个房间里需要做些什么工作，为此，我制定了计划。继而就开始了整体装修计划和安排，我没有再仔细认真地看那些早期拍摄的照片。

我把旧笔记本电脑找出来，查看了我在放弃旧手机以前，所下载的旧手机上的照片。我这才发现了我下载的这些照片还从未被打开看过；它的日期是2011年3月2日。所以，四年后我才打开看到这些照片。我认真地一张一张查看，在当时拍摄的这座建筑大楼的照片之中，有各种各样的照片。其中真的有一张就是能量波像螺旋一样旋转的漩涡的照片，我简直不敢相信这是真的！

我把这张可以证明漩涡能量场的照片打印出来，同时我也把另外一张照片，就是楼梯走到没有漩涡能量场转动的照片也打印出来，让大家自己能够看到这鲜明的对比、也让大家自己来判断和进行比较。

我给苏调研会做完讲演以后，我将这份照片发送给了一位专业摄影师，请他给我他对这张照片的专家意见。他问我："你是怎么做的，才

第十二章 – 漩涡

拍摄到如此的效果？"我告诉他说：我什么也没做，我只是随意拍了一张楼梯的照片，结果竟然是这样的。这位专业摄影师告诉我，一般摄影机在正常情况下，很难拍摄出这样图像的照片。

下面第一张照片是我们大楼的楼梯（翻新后拍摄），从三楼向下望去可以看到一楼。下一张照片也是我们大楼的楼梯，从一楼往上看是拱形天井。漩涡是直接从我的手机拍摄并下载到我的笔记本电脑上的原始照片，这是对原始照片的复制。

我们的大楼的楼梯（翻新后拍摄的）从三楼往下看一楼

我们的大楼楼梯，是从底层仰望拱形天井

第十二章 — 漩涡

漩涡

这是直接从我的手机里拍摄并下载到我的笔记本电脑上的原始照片，此为原始照片的复制品。

作为一名心灵感应调研员，我知道有很多所谓的心灵现象的假照片，并且使用现代电子摄影技术造假的手段，以假乱真。让我来解释一下，如果有人想伪造这样的照片（不使用计算机图形学色痕迹技术），只是将相机置于低速快门的工作速度，并试图在主轴上旋转相机，从而获得旋转样子的图像。然而，如果要是这样做的话，生成的照片图像，将显示照片的外侧边缘比图像的中心更模糊不清楚的效果，这仅仅是因为旋转的外侧（圆周）将比中心部分旋转的速度更快。在上图中，我希望您能看到图片的中心旋转速度比旋转的圆周快，在这一点上，我们就可以通过查看图片左上方的雕刻木制楣梁的状况来证明，右边/中心，两者全都落在了焦点上，这就表明了在漩涡中心旋转时，拍摄的相机一直是保持在稳定的状态下，得到了这样的效果。

我一直认为，这种能量的来源，要么起源于大楼地下的地理位置，要么被大楼地理位置和建筑结构所强化，从而产生了这种自然能量场，可以被无形的外力（无论是人类的、精神方面的还是未知的其它能量）所利用，继而，能够用于影响和促成以下任一目的生成：积极或消极的目的。我还觉得另一个迹象就是，我们大楼附近的圣玛丽大教堂是爱丁堡最庄严与宏伟的宗教建筑之一，其尖顶也是当地绝对最高的一处，跟我们的建筑大楼，位于同一块的土地之上。它也曾经是科茨庄园的一个部分。（传统宗教的教堂、礼拜堂和其它精神宗教建筑物，通常都是位于两条地脉交叉的聚焦点上的地理位置之上。因此也是地球能量波动增加的聚合点上）。此外，正如科学与医学网络项目总监戴维·洛里默（David Lorimer）最近访问时所指出的那样，在这些大型建筑物上都有避雷导体，它们遭受雷击的频率比我们想象的要高，这些高压电荷会被传送与排放到地面上－我们两家的建筑位于同一地面上——所以，它们的作用几乎就像蓄电池一样了。

最近，我一直在跟一个超自然现象调查小组里的成员，巴里·菲茨杰拉德Barry Fitzgerald和史蒂夫·梅拉Steve Mera联络。史蒂夫·梅若（Steve Mera）是一位调查研究员、作家、讲师、发言人、执行制片人和广播、电视节目的主持人。跟巴里（我在第7章中有介绍过他）一样，史蒂夫 梅若花了30多年的时间，努力从事调查、研究和分析众多超自然的现象主题，包括地球之谜、超心理学研究、超自然现象、隐秘生物、古代遗址和不明飞行物等，包还括了无法解释的天气中的大气现象，他研究的领域甚广且透彻。不巧的是，史蒂夫还没有能够亲自来我们活动中心体验一下我们大楼里的能量场。他对爱丁堡帕默

第十二章 – 漩涡

森广场 25 号，我们这座大楼内的奇特能量场的情况研究，他是这样说的：

"我现在能就亚瑟柯南道尔活动中心情况谈论的意见，就是它的地理位置在绿色引力波区域中，这是标准的规范，不是什么奇怪的现象。因为亚瑟柯南道尔活动中心确实位于 100nT 左右的正极磁场的区域之内。

当谈到整个建筑物有异常现象出现时，同时大楼受到了异常情况的干扰，凭借多年来我的经验，我注意到了一些有趣的发现。首先，一些建筑物有能力自己启动自己本身的磁电能量场；这就是人们常说的情况，电磁场与超自然现象的出现有密切关联。这可以通过大楼本身的构造和/或设计，以及建造过程中，出现的与自然架构不平衡，继而产生异常现象。例如，这种设计可以是在始建过程中，建筑物架构中用了大型的金属材料，这些金属在进入到天然或人造的地下水道以及建筑附近的地面时，种植下了今天出现异常现象的种子。随着时间的推移，流水接触金属后，成年累月积累久了以后，就会产生少量电荷，这些电荷会在建筑物的特定位置积聚并产生急性电磁场。

这个理论通常可以通过建筑平面图来识别，并且某些奇异现象的扰动似乎不仅发生在建筑物的某些区域内，而且与所谓的"正比例现象"密切相关。DPP 可以通过两种方式来识别，一种是建筑物中，人们能够看到的异常现象，它会在特定的烦恼周期里出现，看到的现象之频率和严重程度，与这个周期有着直接关系。例如，奇异现象繁多、高频率、严重性事件发生，都可以与这所建筑的架构有着直接联系，就像 DPP 也可以通过高电磁场的特征来识别一样。下图演示了操作的关系。

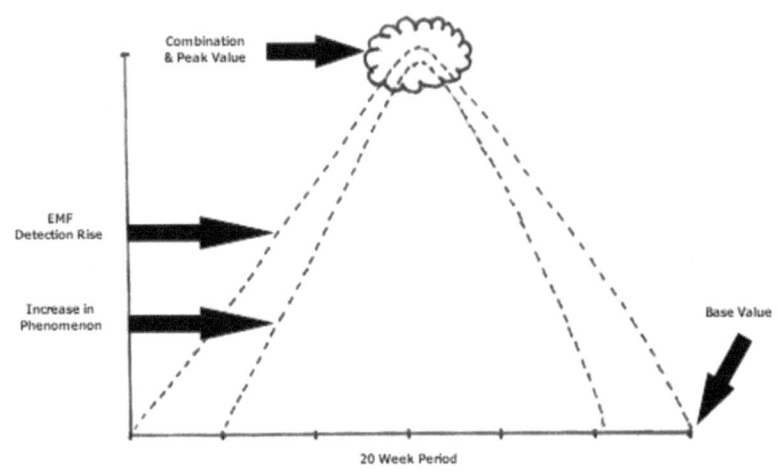

请注意：这也适用于增加异常现象频繁出现的周期

我现在还不知道这座建筑物的结构和设计，也许它的情况可能并非如此。使用花岗岩石材料建造的建筑物，也会有电磁场波动的现象存在。随着时间的推移，路面交通车辆通过时的震荡等，都会产生微振动，甚至能够导致花岗岩石材料内部的微晶体结构摩擦碰撞混合在一起造成迭加的效果，就会产生微电荷，这种现象会持续较长的一段时间，有被人看到这种现象，并且报告了异常现象发生的地点，在过了一段时间以后，可能会累积沉淀或慢慢消散。

在消除了生成的电磁场假设之后，给我们留下了某种形式的可能的高级智能类型的异常现象出现的困扰，它们可以时有时无地与环境中的任何物体进行互动。从理论上讲，这种异常现象，确实需要某种能量的输入，即为该现象本身能够收集和利用其自身的能量，产生异常现象的出现。要想确定这是什么能源，应该是很困难的一个课题。在这个领域的研究需要有对周围环境和周边的情况进行更长期的探索和研究。尤其是对那些被认为是高度严谨又突然间出现互动的现象。在大多数的此类超自然行为事件中，从理论上讲，这些情况是由来已久的现象了，甚至可以追溯到远古时期的一些古建筑物的内部，都有这样的情况发生。这种现象可能会休眠很长一段时间后，偶尔再会从自

第十二章 — 漩涡

然地下磁场（例如地下河，当然还有各种地下的地脉线）的活动影响下，再次在自然界里采集能量，重复发生互动现象。

可以肯定的是，亚瑟 柯南 道尔 活动中心的建筑不仅靠近地下的地脉中轴线上，而且附近还有一座重要的大教堂。大教堂通常都建有巨大的尖塔和插入地下的重型导电棒一样的建筑设施，以便用来分散来自天上的电流冲击，如暴雨时的雷击，产生大量的电能。此时，在建筑物内部，如果有人看到了并且即时报告其异常的经历，以及任何异常的现象，都可能是多种因素共同作用的结果。最后，并非是最不重要的一点，就是'祈求理论'。这通常包括使用过的魔法实际操作的实践和其它类似邪教的会员所做的实践，或者是他们进行的祈求。如果以前在此处发生过此类的活动，它们通常都是隐藏在大楼的地下暗室里，明显地远离紫外线的照射干扰与污染。这当然需要对建筑物底层或任何地下设施进行进一步的探查与研究。

请注意，给建筑物大楼进行装修与改造，可能会导致这所建筑原有环境的突然发生变化，有时会导致所谓的"反冲现象"。从而唤醒了以前曾经是实在的物质现象，让其重新获得了新的生命的机会。在对具有长期电磁场、能量变化历史的旧建筑，进行重大改造时，应该始终都保持着谨慎小心的态度。

— 史蒂夫·梅若STEVE MERA 超自然现象专家

再回到本章开头时，提出的问题；我们是因为这座大楼的固有的电磁能量场而被引导，才找到了这座建筑的吗？或者是因为它靠近了圣 玛丽大教堂，它就像一个为地球充电的电池？是因为电磁场的吸引力和地下地脉线的原因吗？还是巴里·菲茨杰拉德在地下室感受到的强烈电磁场能量的冲击，导致了他的指南针发生了10度的偏移，让他感到迷失了方向？或者是史蒂夫的'祈求理论'。因为威廉·麦克尤恩和其他人，很可能都涉足参与了在地下室进行的神秘的宗教活动，而地下室本身可能确实隐藏着一条可能通往'金色黎明'阿门拉神庙所在地的秘密隧道？或者，当我们开始装修大楼时，音和我是否引发了'反弹现象'？

正如史蒂夫和巴里都一直赞同的那样，这是一个有待进一步调查的领域。我自己的感觉是，这个地方普遍都存在着强大的自然能量磁场，而这些能量源自于地底下。这些地球能量似乎在这座毗邻的大教堂，就在我们使用的大楼的角落上，也许这个建筑地底下是交叉或融合的（并且它们很可能因其接近而作为避雷针而不断充电）。建筑物的建筑结构，特别是大楼的楼梯道上（几乎是占据了整个建筑体积的一半）似乎充当了这种力量的一种漏斗，将气流集中在楼梯的螺旋式样的走道之内，并将其向上牵引，一直蜿蜒上升到拱形的圆顶天井，再向外伸延进入到自然界里的大气层及更远的什么地方。我能感觉到这个"漩涡"里的能量波有时比其它时候旋转得更迅速和强烈，而且，这可能确实是音的罗马士兵和其它实际物质可以通过的一个门户。

我还有一种感觉，大楼楼道中的这种能量，很可能被我们以及那些我们肉眼看不到的物质实体所利用。并且，我们和它们都可以在没有意思到的情况下，利用它来生成某种积极或消极的心理上的影响反应。这很可能就是我们被引导到这所大楼的缘由——显现出肉眼看不到的非物质的力量，以便让我们从中学习和/或帮助将其转变为积极的力量。这也可能是为什么这所建筑物的先前主人，被引导到这个特定的位置上，并设计与建造了这种特殊类型的建筑物的缘由。他们是为了实现将其用于他们的某种特殊目的，他们可能就是'金色黎明'的成员，或者只是在这里有过进行实验通灵或魔法的实施操作、祈祷的行为会导致唤醒曾经在远古时代就存在的某种意识性东西。正如史蒂夫所说，这些东西一直处于休眠状态，直到收集、采获到足够的能量，从量变到了质变时刻，即恰到好处的磁场能量聚成，我们的到来正好成为了触发这种力量的催化剂，故以出现了异常现象。

我同意这个方面是需要进一步调查的领域。

注：请参阅附录 8 中的进一步调查与介绍。

13

第十三章 — 哪里有邪恶

到了2015年时,该活动中心已经成为提供培训通灵媒体和心灵、灵感发展的卓越活动基地。我们拥有来自英国和世界各国的同行业内最优秀的通灵媒体在此地做演示和媒体工作,也有来自科学界和学术领域的专业人士加入了在活动中心的演讲队伍,给来此的客人留下了深刻并且是满意的印象。我们活动中心的声誉在国际上,已经享有盛誉并受到广泛的尊重,这体现在我们的学生经常是从遥远的国家,特地来到此活动中心参加这里组织的课程、讲座。

托尼·斯托克韦尔Tony Stockwell是一位很受欢迎、并且是定期来访的通灵媒介和导师。托尼此前曾在英国和美国的电视节目中上,做过自己主持的通灵媒体专题节目。他是最初的"英国最佳灵媒"节目巡回演讲的人(主要在2005年、2006年和2007年期间)在伦敦娱乐城、曼彻斯特阿波罗剧院和卡迪夫圣大卫音乐厅等场所,他都进行过表演。托尼经常在美国、西班牙、荷兰、德国和澳大利亚以及意大利、法国、丹麦和瑞典做灵媒问答演讲工作,自从我们开门以来,他就来亚瑟柯南道尔爵士活动中心跟我们在一起做通灵媒体方面各种演示工作。

每年的七月份,托尼都会来活动中心——他会在周五的晚上进行通灵演示(通灵表演),并在周六和周日举办通灵媒体能力发展的周末研讨指导班。自2012年以来,他一直都遵循着这种定期访问活动中心的模式。事实上，在 2013 年和 2014 年，他与著名的美国通灵媒体 吉姆斯James Van Praagh 一起进行了同台联合通灵媒体的表演。到了2015年，他又开始自己单独做通灵媒体演示和表演的工作。他像往常一样，总是在周五的午饭时间里到达爱丁堡，我会从机场把他接到活动中心来。我们到了活动中心，就安排他在公寓里休息安顿一下。到了晚上，我们为他的表演做好了各种准备，人们很早就会来到这里，以便能够获得一个最好的座位，聆听和观看他的示范表演。

我总是要承担做节目主持人的工作。我的工作主要是欢迎观众的到来，解释安全通道在哪儿和如何在有万一情况下怎样安全离开大楼，然后，我会用一个笑话或一个小故事让大家都投入到现场中来，随后，我就会把通灵媒体介绍给大家，并解释清楚他要做些什么演示工作。我通常会告诉观众，如果通灵媒介想要与他们交谈，就是要给他们传送来自神灵界里，要给某个人的信息。这个时候，他们只需要回答"对"或"不对"或"不知道"，就行了。因为这样做可以帮助观众中的其他人，了解这个通灵媒体所说的是对还是错。也许他们看不到默默点头，就是表示的赞同。他们不应该向通灵媒体提供比这更多的任何信息了；他的工作就是向大家提供他从神灵世界里得到信息。这个行业的口头禅是——不要让通灵媒体从你嘴里获得信息。完成这些解释以后，我会开始带来大家一起鼓掌欢迎通灵媒体走上来，站在到讲台上。而后，我会安静地坐在讲台左侧，我仍然在观众的视线范围内，我也能够看到大家的反应，这样我就可以在回去做总结时，把我观察到的情况反馈给通灵媒体。我也会提示给通灵媒体应该注意哪位观众，因为观众中很可能有人举手接受信息，但是没有被通灵媒体看到那个人的互动反应，那会儿，我就会提示给他。

因此，在观众热烈鼓掌欢迎托尼上台之后，我坐在讲台的一角，安静地坐着观看他的演讲和表演。一切都很顺利，观众对他从精神世界传递来的信息，以及他表现的友好态度，都十分满意，他传递的故事和情节内容都非常敏感。我看到他向观众迈出一步，仿佛只是为了传达他的下一条信息。这时，他一动不动地停了下来，慢慢低下头，直到他直视着他自己的鞋子。他就这样站着，看似永恒凝固一般的样子，但是实际上大概只有三十秒种左右。在这较长的一段时间里，观众都在沉默地等着他，想知道究竟是发生了什么。我看到观众们都在盯着他看，然后又看向我，再又看向托尼，他继续沉默地站在那里一动不动，好似突然间成了冰冻的人。我也想要知道到底发生了什么

第十三章 – 哪里有邪恶

事。就在那一刻，我坐在那里目不转睛地盯着他看时，我意识到有一种沉重的、黑暗的能量不知何故似乎从托尼站的地方穿过了地板向我的方向涌来。当它涌向了我、并包围和拥抱了我的时候，它是那么的可怕、野兽般凶狠、和令人厌恶，以及强烈反对它的感觉，猛然袭击过来。我顿时就感受到了这股负极能量的存在，我想这也难怪他会凝固不动了，就在这时，他缓缓地抬起了头，又慢慢地开始讲话了。

"我身边有一个人，他杀死过人——事实上，他可能杀了不止一个人。"托尼停顿了一下，然后说，"这里有人去警察局报告了这起杀人案的事件。事件发生在布拉德福德Bradford工业区的一座塔楼里……"当我听着他说这话的时候，我想知道这是否也是我在感受到那股负极能量给我的冲击，我所听到和接收到的内容跟他说的一样。但是，我不能够确定；对我来说，这种感觉非常险恶。托尼继续说道'他还性虐伤害过儿童——他是一个恋童癖。'当他发表了最后的声明时，观众们集体都发出了倒吸一口冷气的呼吸声，他很快又接着说道，'他已经向警方举报了一些事情，讲了具体的罪行，但是，没有任何进展，没有进一步的调查，所以，他也从未为他自己的罪行付出代价。'

托尼的声音刚刚打住，整个会场哑然无声得连掉落一根针的声音都没有了；观众们没有发出任何回应之声，他们屏住呼吸等待着接下来会发生怎样的事情。按照常理是当通灵媒体的人发出信息以后，在场的人中，会有人自动对上号以后，把手举起来，以表示他们认出了是谁在灵魂界里沟通的，通常都是举手人的已故家庭的成员。

托尼，没人会主动答复这个问题，我心里想，即使有人知道是自己的家人在沟通，也不太可能在这种公开的场合里，举手说'哦，是的，他是我的家人，我的亲属是个死去的恋童癖。'这是根本不可能的。我相信托尼肯定是对的，因为我也能感受到了这种能量，而且那是很卑鄙的行为。可是，没有人会在公开场合上声称自己是恋童癖者的亲人。正当我以为托尼把自己逼到撞上南墙上时，托尼直接指着坐在大厅中央的一位女士说：'我想是这位坐在中央座位上的女士——这个男人与你有直接的联系。'顿时间，所有的观众都转过头来，把目光一起投向托尼伸出的手臂指向的那个女人，观众们都要想知识这个女人会说什么。

'是的，那个人是我的父亲，是我向警方举报了我的父亲。'

这根本不是任何人所期望听到的答复。全场观众都被这个最新的揭示给震惊和吸引住了，他们当然想要知道更多有关这类的丑闻。托尼不愧是专业通灵媒体，他轻描淡写地提供了点点滴滴的细节，说在一个农场的谷仓里，一个女人从谷仓的窗户里坠落到地面上—很可能是被推出窗户而坠落的，这很可能是他的受害者之一。他很快又说："现在，我们是在公开场合，我不会在这里透露更多的细节，如果你愿意的话，可以稍后单独再跟我聊聊。"然后，他继续进行其他方面的演示。这的确是一场精彩的表演，当晚的亮点就是揭穿了那个从精神领域里来的恋童癖者的秘密隐私。

我邀请观众再次为托尼的精彩表演鼓掌，以掌声感谢托尼的真实示范与表演。然后，他和我都离开了讲台，下楼到我们的接待区，托尼站在那里签名，并允许一些观众与他合影。。我看着那位有勇气承认这则消息的女人慢慢地走下了楼梯，她是一位穿着打扮非常考究的女士，大概有60多岁了。我看到她走向了托尼，交谈了几句话，然后她就离开了，而托尼继续被粉丝围观谈论。我们的接待室里人员众多很拥挤，吉姆和乔治穿过人群，来跟我打招呼说：

"你知道那是谁吗？"吉姆问我说。

'我确实认出了她。她曾经为了某事来过我们的活动中心，可是，我不记得是为什么来的。"

"这就是撰写了莫伊拉·安德森案件一书的那位女作家。我不知道那本书叫什么名字，但是，那本书是关于她父亲的。"吉姆告诉我。我熟悉莫伊拉·安德森案。案件是涉及了一名11岁的女孩。在1957年，她在格拉斯哥郊区科特布里奇镇，为祖母去商店买东西时失踪的。至今还是未找到她的踪迹。虽然她在我出生之前就失踪了，但是，那张黑白颗粒状的老照片，在随后的几年里经常出现在报纸上；每当有人失踪时，莫伊拉的脸都会出现在最近失踪的人照片的旁边。所以，这个案子很容易被记住，因为她与当时一位流行的苏格兰歌手同名——没有关系。

'据说那是她的父亲从天堂里前来与她交流，'我说，'凶手和恋童癖者。'

'我无法想象她会想和他沟通。'吉姆说。

我们三个人就那天晚上得到的确凿的证据和发生的情况又继续讨论了一会儿。随后，他们也像我一样都离开了活动中心回家了。当我回到家时，我告诉音当晚发生的事，以及戏剧性的揭露了那起悬案。我也告诉音我认出了那个女人，但不知道她是谁，也不知道她为什么来到活动中心。我知道她做到了她要做的事情。在那天晚上早些时候，

第十三章 — 哪里有邪恶

音跟往常一样帮助我准备好晚上的活动，音在门口收取了观众的入场票，并帮助每个人都在自己的座位上入座，然后才将晚上的工作任务交给我，他才回家，因为他要在第二天早上再来到活动中心工作。当我描述给音那个女人的情况时，音说'我知道她是谁。我不知道她的名字，她是常常来找莉兹·海Liz Hay的那个女子。她是莉兹的客户之一。

莉兹是亚瑟柯南道尔爵士活动中心的治疗师之一，她在我们的大楼里租用了一间治疗室，她常在治疗室里见她的客人。

'莉兹也来参加了晚上的活动，'我说，"但是，他们没有坐在一起。"

"就是这个人，"音说，"他们都来晚了。我跟他们打招呼了，也许是他们来晚了——到那时他们可能已经找不到坐在一起的位置了，所以他们没有坐在一起。"

我说不准音说的这个人是否就是我说的这个人。因为我们工作的时间不一致。音是认识白天来这里参加活动的人，而我则更熟悉晚上来参加活动中心里组织活动的人，这也并不重要。我想告诉音的是那天晚上发生的事情，所以我告诉音说吉姆似乎知道她是谁，然后我们就都休息了，直到一周以后，我从活动中心回到了家里，那肯定是星期五，因为我们那天晚上和周末都是休息日（在托尼·斯托克韦尔来访时，我们周末没休息），在我的厨房桌子上，有一本书待我阅读。那就是由桑德拉·布朗Sandra Brown写的《哪里有邪恶Where There is Evil》一书。显然，在这一周内，音（可能是从吉姆那里）得知了这本书和它的作者，并特意从亚马逊网上专门为我买回来了，这是音送给我的一份礼物。我看了一眼这本书，厌恶感油然而生。我可不愿意接触到这类事情，更不用提让我拿起来阅读了。

"我给你买了那本书。"音说。

"我知道，音，可是我不想读它。"我立即感觉到了音的失望，特别是他做出努力才为我找到了这本书。"我实在不愿意阅读这本书。我真的很抱歉，但是，我不想读它。"

我不知道为什么我会对此有如此强烈得反感；也许是因为那天晚上在讲演出时，我感受到的那种罪恶的气围对我的影响，也许是因为书的标题。无论是什么原因，我都不想与这本书里的内容有任何关系。另一个原因是，我每周都会为我患有胰腺癌的姨妈做祈祷治疗。她当时的病情已是到了癌症晚期，我们都知道是无法治愈了。但是，她在去世前她曾经告诉过我，她没有任何痛苦的折磨，她认为祈祷治愈是对她有帮助的，对此她很感激。正巧的是，她的名字就是叫桑德拉·布朗Sandra Brown。

音把这本书收了起来直到几个月后，我们像往常一样去墨西哥度假时，我才再次看到了这本书。我和音一起在泳池边的躺椅上，享受着轻松的假日休闲与阳光沐浴，这时他说："我给你把这本书带来了。"说着他就把《哪里有邪恶》递给了我。

"我不想读这本书，音——特别是在咱们的假期里，我只想放松的时候。"上次产生的那种强烈的厌恶感虽然淡化了，也许是因为托尼·斯托克韦尔讲演的那个晚上，我所感到的那种可怕经历过去很长久了。或许是因为我的姨也于几个月前去世了。在这宝贵的假期里，我只是不想读这样主题的书。

"你就只看看第一章。"他说"如果你不喜欢它，就不要再继续读下去了。"显然，音知道他为什么要这样劝说我，因为我在读完第一章后，就被书中的内容给迷住了，而且无法放下它了。这本书的内容确实是非常吸引人，虽然我自己不是母亲，但是，我发现我自己有一种强烈地感觉，希望所有的父母或孩子的监护人，都应该把此书视为必读之作。这是关于一名女性寻求令人难以置信事实真相的真实故事。作者经过大量充分细致的研究，将恋童癖的罪恶行事实暴露无遗。当我躺在阳光沐浴的躺椅上，仔细思考着我刚刚发现的有关恋童癖在整个人口中所占的比例信息时（通常是男性），我隐约意识到了，在几英尺外，有人对他们的孩子正在大喊大叫。我放下了书本，想看看发生了什么事情，我看到一个三四岁左右的小女孩，脱下了泳衣，随意地在她自己的头上舞动着自己的泳衣，在游泳池边上裸体晃来晃去，她看上去很开心地蹦蹦跳跳地舞蹈玩耍。她的父亲正在大声敦促她，把游泳衣重新穿好。我发现自己正在脑海里做了一个快速的计算，在这样一个综合性的大型假日酒店里与娱乐场里，大约能有750个房间左右，假设我刚刚读到的那些统计恋童癖的数据也适用于在这儿的话，在我们中间的人之中，肯定就有恋童癖者的存在，也有可能恋童癖就活动在这个游泳池的周围。想到此，我差点站起来，亲自给那个小女孩重新穿上她的泳衣。

作家桑德拉·布朗(Sandra Brown)于2005年荣获"苏格兰女性年度奖"称号，并于2006年荣获 英国皇家授予的英皇勋章，这两项荣誉奖都是对她当之无愧的表彰。她是一位很了不起的女性，我对她的书能给予五体投地的赞扬。更让我感兴趣的是，她在寻找答案时使用了通

第十三章 — 哪里有邪恶

灵媒介来协助她的工作。她在书中，详细地描述了她与一位通灵媒体的沟通合作，在2016年初，她还找到了我，为的是要询问另一位通灵媒体的情况。

"你认为托尼·斯托克韦尔可能会帮忙来寻找莫伊拉的尸体吗？"她怀疑是她父亲虐待和谋杀了的那个女孩的尸体。

"你想让我问问他吗？"我说。

"你肯这样做吗？'桑德拉问道,'你想他会说什么？"

"好，我可以问问他。我很了解他。如果我们能在他来这儿以前就安排好，那就会让事情变得好办一些。如果我亲自开车带他过去，他可能会比坐在一位陌生人的车子里更舒服一些。我相信他会帮忙的。这事就交给我吧。"

我给托尼发了一封电子邮件，概述了桑德拉的要求。那会儿，他正在美国工作，他回家后，马上给我打来了电话。我记得他说：'哦，当然我会帮忙。这是一项做慈悲事业的使命，安。'但是，托尼还是要求我跟当地的警察署核对一下，争得当地的警察署同意他参与这个案件的调查工作。以下是 Sandra 在 2016 年 3 月，发给我的就这个问题的电子邮件回复的摘录：

嗨，安

我与警察署负责莫伊拉案件的探警联系以后，探警对在托尼来爱丁堡时，参与并帮助我们一起去科特布里奇附近的那个有可能是出事的地点进行实地考察核对，表示了没有任何问题。并且，探警也非常欢迎您和您提到的那个人一起来。

我说过那会是在七月份，这应该会是一段安静的时间，不会对法医专家正在进行的工作有任何干扰：他们正在将土壤变化和数码相机拍摄的照片与国防部在1957年拍摄的航空照片进行比较。

他很想见到托尼，因为他知道托尼最近在悉尼见到了死者莫伊拉的妹妹珍妮特·哈特。还因为托尼去年七月在托尼来活动中心讲演时，有提到的那个在谷仓附近的事件，警察署已经在九月里，确定了这个谷仓是与恋童癖团伙作案有直接的联系...

非常感谢您能有兴趣并主动提出帮助安排这次活动，这可能是对搞清楚此案情，推进案情侦察的进展，所采取的重要步骤......！

感谢

桑德拉(Sandra Brown)

桑德拉的电子邮件中透露了一些有趣的信息。首先，托尼在悉尼讲演时，他结识到了莫伊拉的妹妹，我并不知道这一点。我推测桑德拉一定是在托尼去澳大利亚的前一年告诉了她的妹妹有关托尼要去那里做通灵媒体讲演的消息。并且，当托尼在澳大利亚时她也有再次跟进了此事。其次，也许更重要的是，2015 年 7 月托尼在中心讲演时提到的谷仓，桑德拉告诉我们，谷仓实际上在 9 月——就在几个月后——被探警查获与恋童癖团伙在那里作案有关。这些听起来好像都正在取得真正的进展，我期待着以某种方式参与调查，哪怕只是作为给他们开车的司机。

　　当我向桑德拉确认托尼会在七月份再次来我们活动中心时，她告诉我她很期待托尼的到来。因为她非常希望能够见到托尼·斯托克韦尔。她说她本来应该有机会见过他一次，但是，那次的安排没有成功、没能够相见。

　　"那是什么时候？"我问她。

　　"那是在 2006 年，托尼正在为他的电视节目做实地拍摄，他被称为'通灵神探师'或类似的称呼的节目。当时是在鼓励人们将与犯罪有关的物品发送到他做的节目中。他就可以从这些与犯罪有关的物品中，通过与神灵世界的沟通，得到有关犯罪事件的情况。是由制片人在收到了这些物品以后，转交给托尼的，在镜头开始拍摄之前，托尼对案件是一无所知，那会儿，他正在格拉斯哥做节目的现场直播拍摄。我把一个小玻璃瓶转给了他——或者说是有关犯罪案件剩下的东西，因为它有点支离破碎——托尼却从中获得到了一些非常重要的信息。我仍然保留着那次节目的录像带，并将其文字记录发送给了警方，因为托尼说他确信一名牙医有参与到犯罪的活动之中，那是氯元素的来源之处，以用来麻痹受害者的药物。那就是我转给托尼的瓶子里装有的东西。我本来应该在那次的节目之后见到他，但是，他们的演出时间很紧，他没有时间见我了。我记得那时他就要结婚了，所以我想他必须要赶飞机回去。所以，我从来还没有见过他。"

　　"警方对视频中的内容有什么看法呢？"我问道。

　　"没什么特别可注意的，就是那样了；他们没有跟踪线索，因为这些都与他们手里的情报无关，所以这些年来他们都忽略了那次得到的线索。他们现在知道了，确实是有一名牙医也参与了那次的犯罪活动，这就是为什么 探警DCI 帕特·卡梅伦也渴望能够见到托尼。他现在负责调查此案，也是警察署悬案部门的领导人，该案是他主要负责的

第十三章 – 哪里有邪恶

一部分。"

"太棒了。我不知道这些情况。我认为托尼也不会知道,这是托尼十年前通灵心理测量与分析[1]的延续。"当我正在听到了这个新的消息时,我突然想到了,那个瓶子是从哪里来的?如果警方认为没有牙医参与犯罪,并认为这些信息根本与犯罪案件无关的话,桑德拉又是从哪里得到了那个装有氯元素物质的小瓶子呢?我的问题的答案简直令人难以置信。

桑德拉在寻找案件的真相和寻找莫伊拉尸体的过程中,她曾经多次都陷入调查的死胡同里;她坚强的毅力是相当了不起。有一次,她决定去找一位通灵媒体帮助她的工作。除此之外,通灵媒体实际上还画出了一个地点的草图,并告诉桑德拉,她得到了这个作案的现场信息,那是在一条小河附近,小河的上面还有一座挺奇怪形状的小桥,就是在那个地方与莫伊拉的尸体相连。有了这些信息以后,桑德拉再次回来找到了那个通灵媒体,并且带着这位通灵媒体一起开车前往这个叫卡特桥的地方。在开车的途中,灵媒告诉桑德拉,"我们会在我们要去地方看到一些重要的标识:一个大的、黄色太阳光般的海报。这就是一个标记。这是我们会发现的线索……"。从这个车道上,媒体能够非常肯定地确定了这座桥的位置。可是它却是在一个紧紧关闭着大门的私家的土地上,他们必须得到许可才能进入。

获得许可后,通灵媒体再次被带到了这里。但是,这一次她能够与桑德拉和这块土地的主人一起在现场上来回走走。当他们眺望这座形状奇特的小桥时,下方正好贴着一张十分显目的黄色塑料质地的大海报。就这样他们一起找到了这个特定的"标记"。可是,通灵媒体仍然对此感到迷惑不解。

因为,她看到的情景并不像她脑海里得到的情景相同。"地沟在哪里?"通灵媒体问那个地主。地主证实了那里确实曾经有过一条地沟。但是,它在很多年前就被填平了。因为要拓宽公路,在其邻近修建了车道。她觉得他们需要在那条沟里寻找与莫伊拉尸体残骸,现在那个地沟已经是在四米深的地底下了。请记住,这起事件——如果它确实与犯罪案件有关的话——应该是发生在大约50年前,也就是这位通灵媒体本人在出生之前就发生的事件了。

义无反顾、毫不畏惧的桑德拉设法要获得一份在这个地区(发现黄色"标记"的地方)进行挖掘的许可,最终她得到了这个许可。在大型挖掘机和司机的协助下,她和她的丈夫、罗尼和另外几个朋友亲自到现场，看着挖掘机从小河岸边挖出一铲又一铲的泥土，并将泥土都倾倒在一块大防水布上，以便他们仔细地进行筛分。两个朋友拿着铁锹，他们没有错过任何一件可疑东西。罗尼是一名土木工程师，这对挖掘的工作有很大的帮助，因为使用挖掘机，可以挖得很深，小河的堤岸也几乎被河水冲破了新挖出的洞。

这位通灵媒体当时并没有亲自在挖掘现场，而是回到了自己在爱丁堡的家中，但是，她打电话给挖掘的人，告诉他们她已经知道了，他们即将就能够找到一些东西。突然，一个用铁锹筛选的人喊道，他们发现了一些东西。

"问他是不是个瓶子，"灵媒在电话的另外那头告诉桑德拉。

桑德拉大声重复给那个挖掘的人，拿着铁锹的男人站直了身子，手里拿着一个黑色的物体，回答道。"是的，他刚刚回答说这是一个瓶子。"

"问他这个瓶子看起来像不像一个威士忌酒的小型样品酒瓶，"灵媒兴奋地说。"一个绿色的玻璃瓶，瓶颈断了？"

那个挖掘的男子用抹布把刚刚挖出的瓶子认真地擦干净了，桑德拉重复了她的问题，他大声地回答说"是的！"然后描述了他挖掘出来的物品，她惊讶万分，差点把手里的手机摔掉到地上。

"它很小，就像威士忌酒样品的酒瓶，而且绝对是绿色的玻璃。"

"你找到了！它与莫伊拉有关。它里面有氯元素。"通灵媒体松了口气。

"那些男人第一次掩埋她的尸体时就把它也扔掉了。"

桑德拉小心翼翼地将铁锹铲碎了的玻璃碎片全部收集起来，装进一个有密封拉锁的塑料袋子里，然后送到了通灵神探师的电视节目制作人那里，让托尼对这个实物进行心理探测。

当我听完这个详细的解释以后，我觉得这真是一个令人难以置信的事儿。我习惯于跟随神灵给出的迹象和信号，即使我不知道为什么或者是它引领我去哪里——亚瑟柯南道尔爵士活动中心的落成就证明了这一点——但我不敢肯定我是否有勇气安排大型挖掘机在私家土地的小河边上挖一个大洞，指望能够找到50年前埋下的东西。桑德拉·布朗实在是一位真正了不起的女性，她一直是在逆境中坚持不懈地寻找莫伊拉·安德森的尸体，并为她仅存的家人寻求和平与正义。她的坚韧、勇气和不肯放弃的毅力就是一个很好的例子。我毫无保留地向她表示我的敬佩。

第十三章 – 哪里有邪恶

他说,"昨晚我正在演播室给学生讲课,我告诉我的学生我们正在执行这一项神灵给予的慈悲使命,安。其中一个女学生说,'当你看到了鹿,你就知道你们要寻找的地方就是在此了。'"

听到这句话,我不得不收敛起自己对此话不值相信的微笑。托尼在伦敦的工作室里,给学生讲课,那里的学生大多是南方人。他们会认为,当托尼来到苏格兰时,他的周围将会被威士忌、格子呢的服装、石南花和鹿群包围着——更不用说奇怪的苏格兰特产食品了。我们要去的卡特桥就位于苏格兰的主要城市格拉斯哥的郊区,距离连接苏格兰中央地带的 M8 高速公路仅一英里左右。那儿不是苏格兰高地,不会有野鹿群自由奔跑。如果他们企求看到一头鹿,我想他们会是非常失望的。最好还是不要打消他们的企求,所以我就什么也没说。

我告诉桑德拉说,我们可能会在下午 5 点钟的时候,托尼工作室演示工作结束,我们就立即离开活动中心。我本来打算由我来开车,但是她自愿来接我们一起去。而后,她还好心地提出了带我们大家一起去吃晚饭。

到达卡特桥这个地方以后,我们直接就去了警察局,接来了警官帕特·卡梅伦(化名),他是一位 40 多岁、看上去非常健美的男人,他也很健谈、平易近人。他坐在汽车的驾驶员旁边,就是前排乘客座位上,托尼和我以及他的一名学生卡尔·西弗(Carl Seaver)坐在车的后面座位上。警官帕特带着一个写字板和一个蓝色的文件夹中,并表示他不会向我们透露任何信息。他告诉我们他的文件中有五个有可能是作案现场的位置,他会给开车的桑德拉一个接一个地指出来,以便我们可以从中核查,看看可以从哪个位置上找到我们需要的确切目的地。他还告诉我们,即使我们能够在他指出以前,如果我们有预感哪个位置更确切接近作案地点,这也会对侦察工作有所帮助。

此时已是下午 6.30 分 左右,那是一个阳光灿烂的夏日傍晚,当我们前往第一个地点时,阳光正好划破了明亮的蓝色天空。在帕特的指示下,桑德拉把车停在了卡特桥的一所房子的外面,这里本来是一个政府管理的住宅房产区。他转向我们,指着一栋房子说:"那是她祖母的房子。"然后满怀期待地看着我们每个人,希望我们给他一个肯定的反应。可是,托尼和我两个人都面面相觑,我耸了耸肩,托尼摇了摇头。在这里,我们没有得到任何的线索。

"好吧,"他说,"我们继续向前行驶,"同时,继续为桑德拉指引她开车,前往下一个需要探查的地点之方向。不一会儿,我们开车穿过一个小镇时，桑德拉和帕特在车前排位置上，不停地在聊天，他们两人的精神都很好，她也回到了这个她曾经很熟悉的地方。又过了一会儿，我们开车就要离开这个城镇，汽车行驶在前往乡村的道路上时，他指示桑德拉离开主车道，沿着麦田之间的窄小的乡间土路上行驶。麦田中成熟了的金黄色麦穗在微风吹拂下轻轻地摇曳着。麦田在金色的阳光下显得格外静谧。这是一个多么辉煌与美丽的环境啊。我想知道我们到底在这大片麦田的中央要做什么，而桑德拉和帕特在前面，继续着他们热烈的交谈。托尼向我示意，他暗示着希望他们在车的前排交谈的声音低一点。对我来说，我并没有介意他们的谈话声音，只想不去打扰他们，也不被他们的交谈而打扰。我很高兴忽略这些喋喋不休的声音对话。在这个美好的夏日傍晚，汽车继续沿着田野的乡间小路上颠簸不停，继续行驶，我认为在这个地方没有多大的实际意义，但是，车两边的风景足以让人心旷神怡。这里似乎不太可能有尸体掩埋在地下，所以，我决定坐在汽车的后座位上，尽情地欣赏这郊外田野中的美丽风光，安静地等待着我们的汽车到达下一个地点。他们两人在前面的交谈仍然继续喋喋不休，汽车在田野的一个尽头拐了个弯，沿着一个小斜土坡，开进了一片树林之中。当我们接近倾斜的土坡底部时，我突然被一股油然而生的大祸降临一般压倒性的、完全无法自助的感觉给击中了，这种恐惧如此剧烈且明显，我还以为我忽然生病了，我被这种突如其来的能量场给紧紧抓住了。我说不出话来，我根本无法说话了。我喉咙里好像被一股悲愤的情感给塞住了，令我无法用语言来表达。我只能震惊地睁大了眼睛，望着托尼，他所能回复给我的只是慢慢地点了点头，然后他低下了头，他将他的双手放在了他的腿上，无法用任何语言来表达他的感情。我知道他也是同样地被这种特殊能量所征服了。当我最终设法找回自己的讲话能力，并急促地让桑德拉停下车时，我意识到我们实际上已经穿过了这股特殊能量场了，我们已经驶出了那个掩埋尸体的地方。顿时，我的感觉好些了。帕特和桑德拉回过头来，他们看着托尼和我，他们想知道刚刚发生了什么事，以及为什么我突然打断了他们热烈的交谈。

我看着托尼，看看他是否也有反应，他说，"尸体就掩埋在我们刚刚开车路过的地方。"

"是的，"我说，"我们要再往回走，到那个拐角处。"于是，我们两个人跳下车去，开始沿着刚刚行驶过的小路往回走。由于它只是一条单向的行驶车道，所以汽车没法转弯调头往回开车，车只有继续向前

第十三章 – 哪里有邪恶

行驶，等找到一个可以转弯调转车头的空间位置，才能够调转车头，在这条窄小的乡间道上开回来与我们会合。那会儿，托尼和我已经回到了小道上的拐角处，再次感受到了那种在汽车里出人意料地感受到的那种特殊能量场。但是，我们现在已经准备好了，这次我能够用语言表达我的感受。这种强烈的恐惧让我知道自己几乎快要被憋死一般的感觉，可是，又是那样的完全无能为力，恐惧、悲愤欲绝是唯一可以形容当时被害者的感觉。

当我向托尼转达所有这些感受时，他点头表示同意，然后补充说道，'但是，她没有死在这里——她的尸体不在这里。'

这让我感到惊讶，因为我确实感觉她好像快要憋死了，托尼注意到我疑惑的表情，说："她在这里受到虐待，但是她没有被杀害。"

我接受了这个解释——他在这方面的知识和经验比我丰富得多——但是，我感觉自己被附近的树林给吸引，我想她的尸体是被掩埋在树林里了。我只是想跟着自己的直觉走，直到我站在一条河边，我清楚地感觉到在那个地方有什么东西被扔进了这条河里。可是，当然没有看到任何迹象。

我们回到了车里，再次穿过了这股特殊的能量场地，然后行驶到了另一边。我以前还从未经历过类似的事情：坐在一辆行驶颠簸的车里，竟然能够感觉如此强烈的特殊能量场，那瞬间几乎让我窒息，直到车被开到另一边，行驶出了那个特殊的地块儿。试想一下，如果事情发生在50多年后，残留的能量仍然存在于露天的环境中。那么，当时的这种情绪肯定是非常强烈的。

我们继续开车前往到了下一个地点，他们两个人在车前面交谈的声音变得轻微了，可是他们没停止交谈。我认为帕特和桑德拉下意识地决定他们在交谈中最好要留意我们两个人的反应。但是，我认为帕特希望接下来的三个地点应该有结果，可是都被证明，没有多大的意义。甚至连谷仓——事实上他带我们去了的那两个地方——也都没有引起我们的注意。此时已是晚上9点左右钟了，太阳开始落山了。帕特指示桑德拉开车送我们返回卡特桥。因为我们那会儿仍在乡村的小土路上。我仍在思考着，在我们刚刚到过的第二个地点上遇到的那种特殊能量，我还想如果我自己在这会儿以后，能否再找回到那条小路，我想再次尝试一下那种感觉，希望能够得到感知，并弄明白在那里究竟发生了什么。与此同时，我们正沿着一条两边都有栽种了树篱的车道上行驶。我们正以相当快的速度行驶时，突然，托尼和我在车后座互相对视了一眼，我再次对着前面开车的司机大喊要停下车来。骤然间，汽车刹车停了下来。由于骤然刹车，使我们在座位上都受到了震动，直到汽车停稳下来。"我要去那边看看，你不这样认为吗？"托尼对我说。

"是的，我们刚刚经过的那片树篱子里有一个缺口。"

然后，我们两个人又下了车，沿着刚才车开过来的路，往回走去，就像上次一样的情况，帕特和桑德拉仍然留在车里。就当托尼和我沿着这条路，继续往回走时，我听到了我们的汽车挂入倒档，桑德拉已经开着倒车，把车到在了我们所在的地方。我们走到了树篱的缝隙处，再走到了草地边上，我们认真地仔细观察。在靠近树篱的田野之外，还有一座小小的山丘，这座小山丘上，有一个带谷仓的农场。我们俩人静静地站在那里，凝神看了一会儿，我轻声说："我们必须到那个地方去。"然后，我就开始用目光寻找通往农场谷仓的道路。但是，这条小道根本就不起眼。我又转向帕特·卡梅伦，他现在和桑德拉一起也都下了车，就站在我们的身边了。"我们必须到那去——我们怎样才能进入到那个农场里呢？"我问他。

"你不行——至少今晚不行。"

"现在还不算太晚——我认为那条小道一定是在这条路的尽头，再向左转就到了。"

"我不能在没有事先通知庄园主的情况下，就跟几个平民一起走进庄园主的农场。我们必须提前写信并请求许可，得到了庄园主的批准以后，才可以进入庄园。"他这样告诉我说。

"如果我们现在开车过去，解释一下情况并询问他们，他们肯定会很乐意提供帮助吧？"我建议说。

"是的。——除非他们也有参与了这个案件。"他这样一说，宛如一声炸雷，把我拉回到了现实。我没想过这一点。我如此专注于这个特殊的能量场地的吸引，而我的大脑分析整个情况的部分暂时关闭了，竟然没有想到警官预感的方面。这当然是非常重要的一个方面，我们需要使用智慧来处理这个案件。

突然，托尼一边指着一边大声喊道。"看，那是只鹿。"一只孤独的野鹿从我们面前的玉米地里，钻了出来，鹿连蹦带跳地跳过了田野。跃入到了田地的另一边的灌木丛中。"当你看到鹿的时候，你就知道你已经找对了地方了。"

第十三章 – 哪里有邪恶

注解 Notes

那天晚上，我们驶入农场边上的能量场时，我在车里感受到的那种剧烈性的感觉，始终都从未离开过我的身心；它是如此的强烈，以至于我觉得有必要再次回到那里，希望找到更多的实际证据来帮助桑德拉完成她的愿望。我经常与托尼联系，也有问他是否愿意明年再次回到那里去。我是很想再次访问那个特定的地点。他也同意了，在他再次来到亚瑟·柯南·道尔爵士活动中心时，我们就可以这样做。所以，我问桑德拉是否也愿意这样做；她也一样同意了。她非常高兴地答应能再次开车送我们去那里。

这次车里只有我们三个人，桑德拉开车带我们去看了她热衷于让我们能够看到的其它一些地方。可是，我总要耐心地等着，直到她开车带我到了我感兴趣要去和要看到的地方。托尼和我这次已经做好了准备，我们确实在同一个地方感受到了跟上次同一样的感觉。桑德拉再次开车穿过这个地方，调转汽车方向，然后我们第二次开车穿过这个地方，我们又在那个位置上等了一会儿。但是，当汽车停在那里时，我们没有得到任何进一步的感觉。离开了那个地方，我们的车子又向小山上开去，当我们离开时，我突然闻到了一股奇怪的气味。我不得不仔细斟酌一下，这种气味是从外面进入到车内的，还是在车内发出来的味道。这时我才意识到那是一种通灵的味道。"我能闻到一种奇怪的气味，"我说，"我可以在嘴里尝得到它的味道——这是一种化学品的气味。"

桑德拉把车停在了小山的顶上。"这是氯气味道。"我突然意识到我正在经历着什么，令我惊讶的是桑德拉惊呼道："我也能闻到了这种气味。"

我记得她说那气味几乎充满了整个车子。

这只是进一步的例子，说明了这种能量有多么的强大，以及多年前对那个小女孩造成的巨大恐惧的程度。为了确保此处提供的事实准确并提供进一步的证据，我再次与桑德拉·布朗交谈（2023 年），她已再次检查并修改了这些内容的准确性。桑德拉目前正在撰写《哪里有邪恶》的续集，这本书的续集书名为《没有更好的秘密》，我知道这将是我们所有参与此案的人和任何一位对儿童有兴趣的人都应该阅读的一本"必读"好书。

不幸的是，莫伊拉·安德森的尸体从未被找到，我深知桑德拉·布朗的决心，她永远也不会放弃，她仍然在寻求这个答案。

托尼·斯托克韦尔Tony Stockwell的证词

在我接触和协助处理过的众多案件中，莫伊拉·安德森案件，是让我非常伤心的一起案件——我经常想起她。从电视剧拍摄期间，我收到的玻璃碎片的早期心理测探开始，我就发现了一些关于她的让我感兴趣的事情，尽管我从未听说过莫伊拉·安德森。

然后在2015年，当我例行访问亚瑟·柯南·道尔爵士活动中心时，安坐在我的演讲会上旁听时，我意识到了一个男人——一个来自精神世界的杀人犯和恋童癖者，他想要与在场观众中的一个女士进行交流——后来我发现，这就是他的女儿桑德拉·布朗。

几周后，安打电话给我，问我是否愿意帮助寻找这个小女孩的尸体被埋藏在哪里了。我很愉快地接受了。我和安一起获得的经历是非常深刻的。那次，我们都坐在桑德拉驾驶的汽车后座上，前面坐的是一位警探。我们坐在车里，就像开车撞进了充满活力的磁场网笼罩着的能量场里一样！当其他人在同一时刻以同样的方式做出同样的反应时，这就是一种真实无疑的确认；当我看到安也有同样感受到了强烈的由被害者发出的情绪能量时，我们两个人的经历与感受是一样的悲愤与震惊，我们的反应雷同。这证实了我自己的经历。

我仍在努力并希望能在这个案子上提供帮助，也希望它得到解决，然而，与桑德拉·布朗所做的工作相比，我所做的实在是显得微不足道——我非常尊重她。我已经向莫伊拉·安德森做出了承诺，如果上帝愿意，有一天我们会找到她尸体被埋藏的位置。

— 灵媒 托尼·斯托克韦尔TONY STOCKWELL, MEDIUM

14

第十四章 — 小组

2015 年 11 月，我的星期四冥想小组正要去马耳他。自 2011 年亚瑟·柯南道尔爵士活动中心开门以来，我们就一直按部就班地在亚瑟·柯南道尔爵士中心顶层楼的一个房间里集体静思冥想。在这个不太大的房间里，我们感到了家庭的温馨。我们知道再也不会像以前一样未经事先通知、没有得到我们允许，就如在神智社的大楼里发生的那样，有人会随时破门而入。现在，我们小组在大楼的最顶层楼的房间里，静思冥想非常安静。我们有这个房间的钥匙，也知道即使我们不用这个房间，这个房间里的能量也不会受到其它方面的干扰。吉米的妻子艾瓦琳和前面提到的乔治都加入了我们的这个小组，所以尽管高登不幸去世了，我和特蕊莎、吉欧，加在一起仍然是六个人的小组。

　　无论是作为朋友还是作为我们小组里的宝贵成员，失去高登确实是个损失，我们都时不时地感觉到了他的精神仍然存在，特别是在有人需要意念疗愈的时候，因为意念疗愈在他生前一直都是他的特长。事实上，有时他的精神也能够让我们大家感觉到了他就在我们的周围。

　　高登离世之前，经历了一段漫长而痛苦的口腔癌治疗。当他 2010 年发现有问题时，他的病情已经开始恶化了，尽管采取了各种治疗，让他得到了一些安慰，但是已经到了患病的晚期。高登于 2013 年 3 月 25 日去世。在他被转送到临终关怀医院时，他只能躺在床上休息了。我在那个期间都是定期去探望他，每次都会问他是否需要什么东西我可以带给他，或者是我能够为他做些什么。他永远最标准的答复就是"你能来看我就是我的唯一需要"。有一天，我到了以后就再次问他，是否我可以为他做点什么事情。"拖鞋……"他举起无力的手，漫无目的地指着。我即刻就跳了起来，在他的床边地板上，到处寻找他的拖鞋。这是一间很大的房间，房间里有一个凸出的阳光窗子，上面还有长窗帘。我认真地把窗帘布拉开，仔细地在下面寻找着他要的拖鞋——还是没有找到。终于，我发现了他的一只鞋子——我想应该是一双鞋子的啊——奇怪的是只有一只。我继续用目光到处搜寻和扫视着这个大房间里地板上的任何东西，想知道他的拖鞋还能在哪里呢，也许在浴室里吧。我打开套间的门，但是，那里面什么也没有。我想知道能不能是有人把它们收进了衣柜或橱柜里，但是，我又都找遍了，还是一无所获。继而，高登用微弱而颤抖的声音问我道："你在找什么呢？"

"我在找你的拖鞋呀。"我告诉他说。

他挥动着颤抖的手臂指着他的脚说："我的脚上穿着的啊，我想要你为我脱鞋啊。"

即刻，我们两个人都大笑了起来，因为我意识到了我还没等到他把一句话说完，就开始行动了。高登的意思是要我把他的鞋子脱掉，因为他想把脚放回到被子里面去，可是我却在整个房间里，到处寻找他的拖鞋。为此误解，我们两个人大笑个不止。我只找到了一只鞋子，实际上也是一只，另外一只在他的脚上。我开玩笑说，它太大了，应该挂在一根桅杆上，更容易找到，如果还是找不到另外的一只，它一定是沿着克莱德河漂跑了。几年后，当一位通灵媒体在平台上演示时，这位灵媒告诉我说，"我这里有一个人，他是你的朋友"。他的名字叫高登。

这位媒体继续说，高登要转告给我说他想念我，因为在他临终时。我给了他很多的关爱，而且他一直都在关注我所做的事情。虽然这位灵媒说的这些很可能都是真的，分析来自灵媒的信息总是非常重要的环节。我心里想，我有一个叫高登的朋友去世了，这是众所周知的事情。我又在想，如果这真的是高登转发给我的信息，他一定会知道我的想法。就是高登他一定会给我一个证据，让我来确认那真的是他在神灵的世界里来跟我沟通了。

就在那时，媒体大声地喊道："高登！他举起了一只鞋子——就一只鞋子——而且是一个硕大的鞋子！"

第十四章 – 小组

奇怪的是，高登患病的第一个迹象是在小组原定一起前往西班牙之前发现的。那将是我们第一次作为一个团体出行为期一周的精神静修，以更加团结和集中精力的方式坐在一起冥想。2015年，我们即将前往马耳他，这些集体出行的计划，总是在小组里的冥想静思时得到的信息（通常是我自己）而促成的。我们的小组成员也总是毫不犹豫地遵循我们得到的信息，并前往神灵引导我们所前往的目的地，我为小组全体成员的齐心协力、心愿一致而自豪。我们通常会在冥想时，被神灵告知我们要在特定的地点寻找某些特定的东西或接收到特定的信息，然后，我们就会作为一个团队集体出行。这一次，我又收到了信息，告知我们小组一起去马耳他，在那里，我们一起静坐冥想。这次，吉米收到的信息是看到一匹白马，神灵引领我们，当我们在那里看到了这匹白马时，就知道是我们应该到的地方了。此类信息通常是在我们出行之前，由神灵提供的，作为一种我们出行的路标，帮助我们在到达那里时，能够准确地确认我们到了神灵引领我们应该到达的地方

我们飞往马耳他，到达以后就入住了酒店。选择了最大的卧室作为我们集体冥想静思使用的房间，每天大家都会坐在一起冥想两次。现代旅游酒店里的能源并不很存净，我们还是能够利用当地的能源进行冥想，并且得到成功。一天晚上很晚了，特蕊莎和我决定再次坐在一起冥想，因为我两个人入住在同一个房间里，我们一起冥想静思很融洽。在我们冥想期间，我收到了一个给我们小组的信息，同时还示意了要我们小组人员一起去马耳他参观的某些地方，我们完全按照神灵的旨意去了那里参观了，尤其是马耳他的首都瓦莱塔。我们计划租了一辆车，可以带我们小组全体人员去更远的地方，但是，乘坐巴士前往瓦莱塔即容易又方便，我们就决定乘坐汽车去那里。我们到达以后就下了汽车，随后就发现在汽车站前面排着长长的马车，等待着载着游客游览这座首都城市。我太专注于寻找前一天晚上，得到的预言里的我们要去的地点，以至于忽视了吉米之前提到的'白马'标识，直到他说："看看所有的这些马之中，有没有一匹白色的马。"

在马车队伍中没有白色的马匹，他显然很失望，我们决定步行走到这座古老的首都中心里面看看。正当我们走向通往城墙的大门时，一辆马车迎面停了下来，把一位显然是决定了在这里下车的游客送走。显然这里并不是终点站。此时，吉米大声地惊呼："这是一匹白马——它来找我们了！"

"既然如此，我们就该上车了，吉米，"我接着说。我意识到他已经找到了他的"标记号"，因为白马驾辕的车子，已经停在了我们的旁边，并且是我们大家都看到的唯一一匹白色的马驾辕的旅游马车。我们一个接着一个地上了马车，车老板儿似乎很高兴，他已经又拉到了新的客人，无需返回终点站重新等待轮到他的马车拉活儿。正当我以为这不是一个特别明显的标志时，马车开始向终点站方向奔跑，我告诉司机在市区附近我们要下车，不需要再回到终点站了。当他把马叫停了下来时，我们都跳下了马车。我们即刻就发现了，矗立在我们前面的就是我们要去的博物馆的正门，就是从冥想静思中得到的神灵信息中提供的我们应该要访问的地方。

在马耳他的访问是有收获的，回国以后，在马耳他取得的成就仍然激励和鼓舞着我，尽管现在已经是12月了，我还是说服了小组的成员一起在若丝琳做一次冥想静思的活动。那里是苏格兰僻静的山谷区域，我称它为'天然大教堂'的地方——教堂就坐落在繁茂碧绿的树林中的一片空地上。我从孩提时代起，就一直觉得这是一个十分神秘并且奇妙的地方，我希望小组成员也能有这种奇妙的感受。我始终坚信，若丝琳的奇妙能量源自于这高山的峡谷之中。当我们小组的人员手挽着手、静静地站成一个圈儿，并将我们自身的能量与周围的能量调谐为一致的时候，我意识到了亚瑟 柯南道尔爵士 正在靠近我。当他出现时，我感觉到了他让我知道了他是同意我的这种观点的。因为他在生前也曾来过这里，他知道这个山谷区域中的特殊能量场的情况。我很高兴得到了他的消息，也有感受到了他对我们小组的支持和安慰。接着，我就像往常一样，希望和寻找对这一最新消息的确认——亚瑟柯南 道尔爵士真的有曾经访问过这座坐落在山谷中的若丝琳教堂吗？我在网上进行了搜索，没有发现任何提及这个问题的答案。我有一本布赖恩·W·皮尤（Brian W. Pugh）写的书，《亚瑟·柯南·道尔爵士的生平年表》，这是一本很值得阅读的参考书，当我查阅这本书时，它也没有提到任何有关亚瑟柯南道尔与若丝琳教堂的情况。我很奇怪，我希望在这个领域里来寻求对其确认，可是没有达到目的。几周后，在《爱丁堡晚报》上刊登了一篇文章。这是一篇关于爱丁堡皇家植物园的文章，在文章中写着：从记录中得到"作为医学学位的一部分，柯南·道尔在皇家植物园的花园里参加了蔬菜组织学和实用生物学的暑期课程。"文章最后还指出，"我们发现当时的学生被带到若丝琳和佩尼库克等地区去采集各种植物的样本。"终于，我得到了确认--亚瑟 柯南道尔

第十四章 — 小组

确实有在生前到过这个峡谷里的大教堂。我很高兴得到了这个确认，我打电话告诉了我的小组成员，告诉他们，我已经得到了我要的确认—有关亚瑟柯南道尔的最新消息。该文章转载于附录10。

第二年，也就是2016年的3月份，我们小组又去了葡萄牙访问。这是由于吉欧在小组冥想中收到的信息。然后，她就开始寻找旅行社并组织我们前往阿尔布费拉的旅行。在那里，我们小组在我们要访问的目的地、也就是接近一个港口的地方租了一栋小组集体使用为期一周的别墅。这里的环境更适合我们小组里的一群人集体静坐冥想。因为这是一栋只有我们自己使用的私人别墅，租用期间里不会受到任何外来人的打扰。我们不知道神灵为什么引领我们小组去那里。只是知道如果我们这样做的话，我们会找到答案的。我们相信神灵的引领，神灵会让我们小组'得到一些收获的'。同样，我们每天都集体静坐冥想两次。除此以外，我们也有时间去看一些风景—在每天两次的静坐冥想之余。有一天，我们早上起来集体静坐冥想以后，大家决定步行进城逛逛。我们一起走过了海港城墙，又沿着古老坚固的老城墙长廊一直走到了陆地的另外一头。然后，我们向着老城区的方向继续朝前走。

我们全组的人，个个都是高高兴兴地走着；大家还买了蛋卷冰淇淋，在阳光下沿着老城墙漫步，同时享用着甜甜的冰淇淋。那天的晚些时候，我们又在别墅里集体围坐一圈进行冥想静思。这时，我意识到了来自神灵世界的某人，让我明白他就是当天早晨，一直在陪伴我们小组成员一起散步的神灵。他是一个和尚，身穿着一件简单的长长的棕色袈裟，腰间系着一根绳子，脚上穿着一双十分破旧的皮凉鞋。他让我知道，我们一起走过的路线，就是他曾经在许多年前，经常走的路线的一部分。我可以看到他向澎湃的大海走去，他似乎在和大海说话。他向大海举起了他的双臂，仿佛在祝福漫游在海里的鱼儿——我认为这是最奇怪的事情。我看得出来：他是葡萄牙人，他似乎也去过其它的国家，特别是他去过了意大利，还有法国，那是因为他参加某种朝圣或传教活动。我觉得他在精神上已经回家了。他是一位十分虔诚的宗教人士。当我们小组集体冥想结束以后，大家围坐一起，互相讨论和反馈情况时，我向他们概述了我得到的这些情况。并告诉他们，我知道这个人要去祈祷，而我们当天早些时候走过的那部分路径，就是他的常规路线。他和其他僧侣会去教堂或某种礼拜场所做礼拜。吉欧立即跳了起来，拿起她的电脑笔记本查看着说："好吧，让我们看看他要去哪里？"

她正在她的电脑笔记本上查看谷歌的导向地图，追踪我们那天早上进城的路线途经。"啊，地图上标出了一座教堂，就在我们今天早上走过的那个小山的山顶上。"

　　"让我看看，"我一边说，一边走向她查看的电子地图。"不对，不是这儿。他是沿着这里走的。"我非常肯定地说。因为，我能够指出他走的路线。我这样做的时候，我就能够分辨出来，"他要去的教堂或寺庙本来就在这里"，我用手指指出了电脑地图上的那个位置。

　　"那不是教堂，安。那是一座博物馆。"吉欧专心致志地正在看着地图上的图形图标和字样。

　　"啊，那就是他要去的地方，在那里的那栋建筑。"我用手指指着地图上的位置。

　　"那么，我们明天再去那儿看看吧。"吉欧对大家说道。

　　这就是我们第二天要做的事情。第二天早上，吉欧用她的电脑笔记本带领着我们大家，一起走向了我指定的那个地点，直到我们来到了地图上标出的那个博物馆的位置上。那是 Museu de Arte Sacra——一所宗教艺术博物馆。我很失望。我确信我肯定会找到某种修道院或是一座教堂，就是那位僧侣曾经常常去那里祈祷的地方，而不是博物馆。我绕着大楼走到了博物馆后面，做进一步的调查。我确信我是找对了这个地方的。博物馆的后面非常的脏乱，墙上还有一些喷漆和乱涂鸦画。但是，在墙上的高处有一个显著的圣安东尼的彩绘瓷砖图标。这张彩绘瓷砖图看起来很重要，所以我们拍了一张照片，由于这个博物馆没开门，我们就继续往前走，进了城。直到我们回到了我们租用的别墅里，吉欧连上了互联网以后，她看着网上的解释，大声念出来给大家听：

　　阿尔布费拉老城区的宗教艺术博物馆位于经过修复的 18 世纪圣塞巴斯蒂安教堂内，这里曾经是一个祈祷殿堂。这座修道院最初建于 16 世纪，并在 18 世纪上半叶经历过了一次重要的整体建筑上的新筑造。

　　"啊，既然这样，那它肯定毕竟是一个祈祷的场所了？"我很高兴至少我得到的一些信息都是正确的。

　　"还有更多的情况。"吉欧仍然在她的笔记本上查询，她正在网站上和释义之间做着切换，并且，她大声读出她查找到的这些消息。"帕多瓦的圣安东尼是一位出生于里斯本的葡萄牙天主教神父，也是方济会修道士。他被称为向大海里的鱼儿传教的圣安东尼。"

　　"你一定是在开玩笑吧？"

第十四章 – 小组

"不，这里有一张他穿着棕色袈裟的照片，就像你说的一模一样的照片。他站立在海边，张开双臂，对着大海里的鱼儿说话。维基百科还说：安东尼'向鱼传教'的故事，起源于他曾去那里传教的里米尼。据说，当那里的异教徒蔑视他时，安东尼去了海岸边上。在大海边上，他开始在水边传教，直到看到一大群鱼儿，一起都聚集在他的面前。听他的传教讲义。镇上的人们，也纷纷涌来观看这一奇迹。之后，安东尼指责他们，海里的鱼儿比教会的异教徒更容易接受他的信息，此时人们都被他的诚意所感动，于是都去聆听他的传教了。"

"好吧，"我若有所思地说。"既然如此，我们得到的信息确实是准确的。但是，我的感觉更像是我们找到了线索，并且是来追踪查询，而不是直接就联系到了圣安东尼本人。我认为我感觉到的那个僧侣是这个地区的当地人，他向我示出了他常常走的那条路，他常常去的那个地方做祈祷。他还有引导我去看到了那幅圣安东尼的圣像，作为给我们的这些信息的路标。那么，在这些知识的基础上，这对我们来说又存在着哪种意义呢？

"这里还说，在这个地方有祈求圣安东尼帮助找回丢失了的物品的传统。这格外传统可以追溯到他生前所在的博洛尼亚发生的一件事。根据这个故事，安东尼有一本对他来说很重要的书籍。因为，其中有包括他用于给他的学生的做教学时，所做的教学笔记和评论。基本上，是由于在他的学生中，有一名学生要么是拿错了它，要么就是故意地偷走了它。但是，圣安东尼用不停祈祷的方式，让它重新返回来了。所以，也许是关于*你的书*，安。或者是关于要找回的哪件东西。也许就是关于我们小组接下来应该去哪里或是应该做些什么？"吉欧这样推测着，并且这样告诉了大家。

"或者可能是关于*你的学生*，安？"特蕊莎也在帮忙猜测。

"你的意思是告诉我，我们千里迢迢来到地来到了葡萄牙，是为了寻求圣安东尼的神灵来帮助我们找到一些东西——而我们自己却不知道那是什么东西？"

"看起来确实是这样。"特蕊莎这样地说。

"至少他们为我们选择了这样一个很好的地方——比马耳他那个地方好多了。"乔治半开玩笑地说，他对精神领域里展现出来的鼓励表示赞赏。

六个月以后，即 2016 年 11 月份，吉欧和她的丈夫大卫决定返回这个地区度假。他们在那次的假期里，吉欧也受到了一位来自精神世界僧侣的指导，这位神灵世界的僧侣再次影响她，引导她遵循他的指引沿着某条小路走下去。他们沿着这条路一直走下去，最终来到了一座圣殿和一座被称为'被遗忘了的圣人'的圣文森特雕像。这个称呼恰到好处地形容了这个圣人，因为似乎没有人知道或了解这位圣人。这是我们当地的僧侣吗？他是六个月前第一次与我们联系并带领我们找到圣安东尼圣像的那位吗？他肯定就是本地人了。因为，他就出生在阿尔布费拉，所以他是本地人。

这位僧侣常常在我们小组冥想时伴随着我们。我的感觉是，因为他是当地人，他很了解这个地区的情况。所以，他可以很容易地引导我们前往他曾经祈祷的隐修寺。还因为他知道圣安东尼的圣像就在那里，圣像是可以用来向人们传达信息的重要标识，它能够引领着我们找寻某物或找到我们需要的东西。当我反思、认真斟酌了这个想法时，我意识到，在我们寻找现在的亚瑟·柯南·道尔爵士中心大楼的五年里，我的小组一直都完全专注于这个目标——找到这座大楼。当我们找到了它，并在大楼顶层楼上有了我们的冥想空间以后，我们一直都专注于我们自己与神灵的工作 -- 我们现在是否需要找到其它的东西？如果是这样，那又会是什么呢？直到今年的年底，我才又恍然大悟得到了我的这个问题的答案。

15
第十五章 — 众人入—亚瑟出

2016 年是亚瑟·柯南 道尔爵士活动中心 开业五周年的纪念日。活动中心成立于 2011 年 10 月，也正是亚瑟·柯南道尔 (Arthur Conan Doyle) 指示给我和我的星期四小组通过冥想找到了的这座大楼。他警告我们小组说他无法进一步地推进我们小组灵性的发展，直到我们找到了这所大楼。我们还被告知，我们需要有一个自己的冥想静思使用的房间，让小组人员冥想时不再受到任何打扰。只有当我们找到了这个地方的时候，我们才能体验到更多的物理显现的现象。我认真地反思了这一点，还仔细地思考了在过去的五年来，这里所发生的所有奇怪的自发的现象时，我意识到这不是我们小组中任何人所期望的。这种现象通常总是发生在整个大楼之中，而不只是在我们冥想使用的小房间内，其他人也经历过这种奇异的情况——许多人都毫无戒心——参观这座大楼的游客对此类现象却是一无所知。我想知道这是否是神灵精心策划的，以便为其中的一些事件，能够提供经历者的独立见证。音和我就经历了最戏剧性的事件，音被一种莫名其妙的力量给扔出去的事件，已经不是一次了，确切地讲，音被扔出去的事件发生过两次。这样做的目的，只是为了证明这股能量有多么强大吗？其他人参与只是为了提供目击者的做证吗？我现在可以肯定的是，有一种力量或某种物质正在控制和指挥着这些情况的发生以及其行动。那就是有一个更高维度的权威——一个似乎总是在策划着至高智慧的高维度掌控类——而我们只是在不停地追随罢了。我所能够做的只是遵循高维意识给出的标志、符号或其指示。这一切都非常清楚地表明了我应该遵循的就是一条特定的道路。我知道如果我按照这个指定的路线这么做了，它就会把我带到下一个路标上。

当我这样做时，无论是爱丁堡艺术节展，还是爱丁堡对外开放日的活动，一切似乎都已经顺利完成。我知道如果我跟随其引领，事情总是会顺风顺水地前行无阻。我也知道，如果我偏离了高维意识的总体规划，我总是会绕得圈圈走弯路，走过很长的一段路，最终还是要到达我本来应该到达的地方。这种现象，还表现在其他人也受到这种更高维度智慧神灵的操纵。事实上，我开始意识到了，我之所以遇到了一些人，要么是为了证明他们是来帮助我实现我需要按照神灵指引应该到达的目的地；要么是我为了向他们提供他们需要从我这里得到的帮助。或者更多的是为了提供我所需要的特定技能或服务。前者的一个例子就是在一天晚上，玛蕊下班后来看望我。我在中心负责接待工作，大部分的课程都在各个房间里安排好了正在进行之中。所以当玛蕊到了的时候，接待处非常安静。她告诉我说，由于她的工作太繁重了，她不得不退出星期四小组的活动。由于她工作的地点搬迁了，现在她上班的路程就更远了，她每天离开家的时间也就更长了。所以，她很不情愿地退出了星期四小组的活动。我当时想要尝试着帮助她解决这个困境时，我就建议说，每个星期四小组活动完了以后，我可以开车送她回家。她还是忍痛做出了这个退出星期四小组的决定。就恰巧在这个节骨眼上，我和玛蕊两个人都坐在接待处时，一位年轻的女士走进来说:"这栋建筑很漂亮。"她抬起头来举目望见我们大楼楼梯上方的拱形圆顶天井时，她又说:"我就是想为你唱一支歌，可以吗？"她还没等我给个回答——我和玛蕊都对这个陌生人感到莫名其妙、不知所措——她已经开始用你能想象得到的、跟天使一般的歌喉，引吭高歌，唱了起来。她一边歌唱，一边抬起头，望着大楼得穿顶上点缀的小星星，她婉转动听的歌声似乎使得楼梯周围的围墙变成了回音壁，让她优美的歌声悠扬回荡，仿佛有不止只是她这么一个细小的声音在歌唱。当时的情景实在是太棒了。她唱完以后，只是说了一句:"你们正好在这儿听到了——是唱给你们听的，"然后，她又悄然走出了大门。

我记得玛蕊迷惑不解地说:"这种事儿常发生吗？"

"总是这样。"我回答道。虽然这是第一次有人真的走进来，就献上

第十五章 — 众人入 – 亚瑟出

一首歌给我们听。但是，我经历了很多次都是人们不知不觉地被吸引到大楼里来了，就连他们自己也常常不明白他们为什么要进到这座大楼里来的。但是，那个青年女子的确与众不同。她似乎很清楚她自己为什么要进入到大楼里来，并且，在她完成了她自己心目中的使命以后，就又悄然消失在门外了。当时，我只是把这种情况归结为奇怪现象的又一个实例。它似乎吸引了人们进入到大楼中来，当我仔细反思时，我认为这位女士是神灵派来的使者，她是为了传达神灵对玛蕊为星期四小组做出的贡献表示赞赏与感谢的显示，女子宛如天使一般的歌声，要比我能说的任何话语都更有意义得多。

还有一次，那是在活动中心刚刚启动的日子里，我一直在煞费苦心地考虑如何让公众能够知道我们大楼的名字，并且知道我们活动中心的宗旨。我明白做公关活动需要大笔资金，我们活动中心却无力承担如此庞大的宣传费用。恰巧，一位女士走了进来。那个晚上，当我再次独自坐在接待处的桌子前，思考如何做宣传工作时，那个女士用非常直截了当的方式询问我，这个大楼到底是干什么用的。她看上去纯粹就是一个女商人，一个非常专业和自信的女商业强人。我向她解释了我们是一个精神主义者的活动中心，并且提供给众人一种针对思想、身体和精神整体合一的天道自然法。她打断了我的话，一针见血地说道："精神世界的问题在于它的形象被宣传工具给人们误导了。"然后那位女士拿起了一个我们的小册子，还指着其中一位通灵媒体的照片说，"看看那个——那张图片概括了公众对唯精神主义者的看法——他们都在凝视着太空，远离了仙女。如果你想吸引普通大众，你需要通过展示图片来吸引他们，让通灵媒体呈现为人们能够与之产生共鸣的普通人。"

我很好奇她怎么会知道我的目标是要吸引广大的公众。她几乎就好像读懂了我的思维想法，"听起来你在这个领域有一定的知识？"我对她说。

"我是一名公关顾问，我服务的公司就在你们大楼的拐角处。我正在去火车站的路上，经过这里时，有件事督促着我，使得我感觉到我必须进到这个大楼里来。"当她说话时，我即刻从神灵那里得到了启示——如果我有需要的话——她就在我需要的时候出现在我的面前。

我随机向她发出了挑战。"你显然对此感觉很强烈——如果你是在附近工作，也许你可以帮助我们？"她接着解释给我说，她是个体经营者，需要用自己的时间来赚钱。她每天从格拉斯哥坐火车过来上班，去我们大楼附近的一家公司工作。她答应在她方便时，会帮助我们审查一些材料，并给我们在一些需要改进的地方提供必要的指导。她确实也这么做了。每次遇到这样的事情，我都会默默在心底里对神灵说声谢谢。

带着小狗的男人

我想要讲的另一个例子是我们活动中心迎接第一个圣诞节的时候，在盛大的开幕典礼之后，所有的热烈情绪都平静了下来，在圣诞节前夕一切都很安静。我相信自己会受到许多的考验——这是众多考验中的第一个。

距离圣诞节只剩下几天了；活动中心里的大部分活动也都已经告一段落了。瑜伽课停课放假了，教堂的活动也停了下来，直到新年以后再聚会了。就连在大楼里租用公寓做艺术工作室的常驻艺术家们，也都忙于圣诞节不再来工作室了。我尽可能长时间地把大楼的大门敞开着，希望能够鼓励人们进来看看。有一天的上午，接近午饭的时间了，一位高大魁梧的男人走进大楼里来，在他的身后，他牵着一只小狗，他还随身带着一个手提包。我想他有可能是找西区里沿街上的哪家酒店吧，他走到接待处前问我："你是这个地方负责的女人吗？"

"是的，我是——我能帮你什么忙吗？"

"那么你就是我要找的女人。"他这样说，这让我感到有点担心，因为只有我独自一个人在这个整个的大楼里。

他又说："有人告诉我，你可以帮我解释一下事情。"

"好吧，"我犹豫地说，"你要我给你解释什么？"

"我先给你看看我手机上的东西，行吗？"

他问道，然后，向我展示了他手机上的图片和视频。这段视频给我留下了很深刻的印象。视频内容很不寻常，有跳动不停的球形体的明亮光点。视频似乎是从室外开始拍摄的，并且是在夜空下拍摄的，球体的轨迹飞进了一个似乎是谷仓的地方，并在里面盘旋不定。我向他简要而平静地解释了有关于球形体光亮点点儿的两种不同解释：一种是人们认为它们是神灵、精神实体；另一种是人们认为它们是数码相机拍摄到的尘埃颗粒。我还建议说：如果他对这些事情真的感兴趣，他可以参加我们这里举办的专题讲座课程，或者是格拉斯哥的研讨会的讲座课，我还给了他那个研讨会的联系方式。

第十五章 — 众人入-亚瑟出

"我称它们为灵光,它们是真实存在的。因为它们可以跟我说话,我也对他们说话。是他们让我来这里找你的——这就是我来这儿的缘由。"

我那会儿很担心地问他道:"你为什么会来这儿呢?"

接下来,他告诉我的事情,让我感到十分的惊讶和不安。他告诉我说他是苏格兰东北部安格斯地区的一名农牧场上的工人。他实际上是一名焊接工人,在农场里做过一些焊接工作。通常日子里,帮助牧场的主人饲养牲畜。他告诉我说,农牧场里有马匹、农牧场的主人经常虐待这些马匹,导致使得好几匹马都无法生存,被伤害致死了。农牧场主还命令他用拖拉机铲挖一个大坑,把马的尸体埋起来,这样就不会被发现农牧场主人的残酷行径。他讲给我这些情况,让他的生活变得非常不安,他是非常喜欢与马一起工作和爱护马匹的人。他还告诉我,在此之前,他已经越来越注意到了,在夜晚的空中,经常出现的某些光亮球球儿,由于他就住在农牧场的一个由马厩里,马厩只有一个敞开的大门,他经常躺在草堆上在夜空里抬头仰望天空。就是这样,他发现他所看到的灵光球球儿,会从天而降,并蹦蹦跳跳地向他而来,最终它们直接进入马厩。于是,他就用手机拍摄了这段录像。就是他在视频中给我看的内容。他还告诉我说,他最初很是害怕,但是,后来发现他们可以与他用意念来交流——他在脑海中与它们交流——而且他可以得到它们的答复。

"它们对你说了什么?"我问他道。

他告诉我说,他在这个农牧场上非常不开心,因为牧场主对动物太残酷了,而他却真的对那些动物有着十分亲近的感情;他觉得他也可以和那些动物们说话。可是,他不知道该怎么做才能摆脱困境,因为这是他的唯一的工作、也是他唯一的生活收入来源和他的家。他孤独无援、无家可归。"所以,我就问这神圣的跳动的灵光,我该怎么办,他们告诉我,我需要离开牧场,去爱丁堡。找到他们在我脑海中向我展示的那座大楼的负责人——那就是你。"他一口气讲完他的故事。接着他又说:"它们向我展示了你所在的大楼在哪里,我知道我必须在爱丁堡的第一个火车站上(干草市场火车站)下车才能找到你这里。而不是在爱丁堡的终点站(韦弗利火车站)下车。"

"你是想告诉我,你已经收拾好了所有你的东西,离开了你的工作和家,坐火车来到这里的吗?"我这样问他。

"唉,我也没啥要收拾的,"他说,"只是我的一只包和阿奇狗狗。"

他用手指着那只耐心坐在他的脚下望着他的小狗，仿佛在听他讲述的每一句话——就跟我听他讲述时一个样子。

我对他刚刚讲给我的情况十分震惊和担忧。虽然我可以愉快地跟他讨论他所看到的灵光球体，但是，我无法想象我应该如何帮助他怎样才能找得到一个他的家和工作。"我不知道我能做些什么来帮助你，"我担忧地说。

"我需要找到一份工作，"他说，"我想能够跟马在一起的什么工作，我爱马。"

我向他解释说，这里是爱丁堡的西区，附近既没有农场，也没有马匹。但是，他确实需要的是一个过夜的地方，这应该是他第一项应该解决的任务。我建议他先去一家在附近的旅馆，应该先安排好今晚的住宿，然后再做其它方面的事情。由于他现在是无家可归，我告诉他首先应该亟待解决的问题。我说一旦我们知道他能够有个地方先入住下来，我们就可以进一步聊聊其它的事情。他说他会回来告诉我，他的情况是怎么样了。说完，他就大步流星地走出了门去。

我觉得自己对这个男人负有某种责任，他收拾好自己的全部财产，登上了开往爱丁堡的火车，来到了一个他以前从未去过的地方。我知道他正在经历着神灵世界的引导，就像我一样正在追随神灵世界的引领。我无法想象的是他为什么要来我这里。而他真正需要的是一个住宿的地方和一份在养马场里的工作。那么，为什么神灵会派他来到我这里呢？我安慰自己，社会服务机构会为他找到一个住宿的地方。如果没有的话，爱丁堡有很多便宜的小型旅馆，他也是可以在那里找到一个简单的床位。他会没事的。

那天晚上晚些时候，他又走进了这所大楼的大门。

"你找到住的地方了吗？"

"没有。我去过了你所说的所有的地方，有几个地方都可以为我提供床位。但是，他们不接受我的狗狗阿奇——他们都有禁止带狗入宿的政策——我是绝对不会离开它的。我不能自己住在一张温暖的床上，就把它留在寒冷的外面。有一个地方的人告诉说，我可以把它交给猫狗之家来过夜。但是，我不要这么做。"

"你会怎么做呢？"我问他。

"我会找到个地方的。"

那天晚上剩下的时间里，他就坐在我们接待处和我聊天。我从茶室里给他端来茶和一些吃的东西，也给了他的小狗狗阿奇，弄了一些东

第十五章 — 众人入-亚瑟出

西吃。随着夜色深深的降临了，我觉得很难启齿告诉他必须要离开这里。因为我确实很担心他的情况，我有考虑让他留在活动中心，可是我意识到了这不是我自己可以做主张，随便接受外人住宿的大楼，我不能主动向我不认识的人提供这个选择。我知道如果发生任何事情的话，我们的大楼保险都会失效，后来我意识到，我不能将大楼的所有权交给一个陌生人。

那天晚上，音来接我回家，那个人，我现在叫他比尔（化名）和他的小狗阿奇。就不得不走出了大楼的大门。我锁上了大楼，就跟着音上车回家了。我们的汽车沿着帕默斯顿广场行驶，在那里，我看到了比尔和他的狗狗准备躺在大教堂外面的人行道上的街头公园的长椅上。我们开车经过那里时，我让音停下车来，以便我们可以接他们。

"你要他们怎么做啊？"音问道。

"我本来打算让他留在活动中心过夜的，但是，我想我最好不要那样做。但是，我们可以把他们带回咱们的家里。"

"你觉得最好不要让他留在活动中心过夜，现在，他们来我们家，也就也没有关系了，是吗？"音惊讶地问我。"我们根本不知道他是谁。他有可能在欺骗你。他也有可能是个罪犯——你什么也不知道。爱丁堡有很多地方，是可以供他住宿的。他是自愿来到爱丁堡这里的。这是他的选择。"

当我丈夫音说完了这些话时，我们已经驶过了那个男人和他的狗所在的街头公园，穿过了红绿灯，正在开往我们回家的路上了。我为比尔的情况感到内疚和担心。现在已经是十二月份了，天气已经骤然下降到冬天的零下气温，当晚很可能会低于冰点。我开始怀疑我是否正在接受神灵的考验——这些具体摆在我面前需要我做出决定的情况——而且快到圣诞节了，我应该怎样做，又能做些什么呢？我默默地请求神灵的帮助。

那天晚上，当我很不情愿地要求比尔离开大楼时，我还向他强调说，他应该第二天早上就回到这里来。并告诉他说，我会在上午 9 点钟时，就把大楼的大门打开了。第二天。当他走进大楼的大门时，我真的很高兴，也在心底里稍微松了口气。我给他倒了一些热咖啡，还拿给他一些吃的东西。我们又坐在茶室里聊天。他开始向我展示他手机上的更多其它的照片。这次是他的艺术创作的作品照片。在这些照片钟，不仅有他自己绘画的各种马匹的图像，还利他用焊接技术制作了的金属雕塑——真有点像福尔柯克的凯尔派的作品——照片上的艺术品真的太棒了。我再次跟他强调说，他确实需要找个温暖的地方住下来。十二月份的冬季露宿在爱丁堡的街道上，实在不是个好主意。他告诉我说，前一天的晚上，他们又去找到了一家商店避风的门口处住宿过夜的。因为大教堂外面的长椅子上，实在太冷了，尽管狗狗阿奇依偎在他的身边给他温暖，可还是太冷了。我通过互联网，仔细搜索了许多选择，又打了几个电话，询问他们是否有空位，并是否可以接受狗狗一起过夜。比尔这次又离开了大楼，希望他们能够有一个入住的机会。虽然我没有告诉他，可是我已经暗自决定了，如果他再次回到我们这里来，没有找到他宏伟狗狗住的地方，我会打电话给大楼的其它受托人，告诉他们有人要住在这栋大楼里。事实证明，我的这个想法是没有必要的，因为神灵安排的比我想要的还要好。

那天迟些的时候，我接到了一位年轻女士的电话，她说她和她的朋友想给各自的对方买一个听通灵媒介讲述的私人预定，作为送给各自对方的圣诞礼物。她想知道我们是否可以让他们俩在圣诞节之前那天，一起来活动中心接受通灵媒体的接待。圣诞节假期都十分繁忙，他们想在圣诞节前能够来这里，完成他们的心愿。他们认为圣诞节后，会很难找到时间一起来参加这样的活动。由于我们活动中心那会儿非常安静，我说那天下午我就可以与他们见面。

在我的客人来之前，我通常是不会和他们说什么的。我在活动中心工作中，严格地遵守着这些工作规章制度，以确保我们的任何媒介都不会事先获得有关其客人的任何个人的信息。由于那会儿是我独自一人在活动中心，只有我接了客人的电话。从与客人简短的电话交谈中，我听得出来，是几个要好的同事，他们决定在圣诞假期前找个开心的项目玩一玩。就像是伙伴们一起去酒吧或卡拉OK玩玩一样。我通常是不喜欢接受这样随便不郑重的节目。我觉得与神灵的交流比那玩玩的想法可更是值得尊重的事情。然而，当那两位女士到达这里时，她们是很郑重和尊重我们的预定约会的。我的初步印象是她们都需要从与通灵媒体约定的沟通中得到一些有意义的东西。于是，我带着第一个人走进了我们的图书室里，与她做私下的交谈。同时，请另一位女士在接待处坐下稍微等候。我记不得这次提供给客人的任何信息详情了。但是，当她们互相交换了位置，我带着第二个人进入到图书室里进行私下交谈时，我立即看到了马匹和似乎是一个圆圈环形的东西，还有围着栅栏的跑道上，有一位骑在马背上的骑手在草地上奔驰。

第十五章 — 众人入-亚瑟出

你与马和教授骑马的课程有关吗?"我问道。

"对。"她说,"我自己有一个小牧场,我们在那里养马,我开设教残疾儿童骑马的课程——很准确地讲。"她说。

"好吧,那么,我们坐下来,谈谈这件事。因为我觉得你来这里是有原因的。如果我是对的话,那么一切都会各就各位了。如果我不对的话,你可以忽略我的话,"我这样告诉她说。

"你清楚,我知道会发生这样的事情。其实呀,我自己并不想来私下请神灵与我沟通。是我的朋友,她一定想要做这样的事情——她还需要一个人陪同——所以呢,我就说:我也一起去吧。只是为了陪伴她。但是,我知道我来这里是有原因的。"

我们的沟通结束时,我问她是否正在寻找一名看护马匹的负责人——为她工作的驯马人。令人惊讶的是,她告诉我,有人刚刚辞掉了在她手下的这份工作,因为那个人是去了国外了。而她正在为缺少了这个驯马的人,而暂时陷入了困境。

"很难找到愿意做这项工作的人——这是一项很辛苦、劳累的工作——而且我只是支付给基本的工资。所以,真的需要是一位热爱马匹的人,才能做到吃苦耐劳,心甘情愿地接受这份工作。"她这样告诉我说。我认为她是几乎重复了比尔早些时候,他告诉给我的话。

好吧,我想到这儿了。"我认识一个正在寻找这样工作的人,他非常喜欢马。他还是一名焊接工,他能制作这些令人惊叹的马像雕塑。但是,目前他需要找个地方,能够提供他的住宿。我让他去爱丁堡找一家简单的旅馆过夜——你在哪里住呢?"我问她道。

"我住在西洛锡的县城里。"她说,"我有一辆旧的大篷车——他可以暂时住在那里——而且,我还有一个工作室,他可以在工作室里制作雕刻,那将会是非常有趣的事儿。"

我还有一个问题要向她提出来,"他还有一只小狗?"

"没关系——我的孩子们都会喜欢小狗狗的。"

"这是我的联系方式——让他给我打电话吧。"当她与正在接待处等待她的朋友再会时,我能感觉到她内心升起的,满满成就感和有所收获的感觉。她们一起愉快地走出了大楼,她们看上去和在感觉上都好像似如沐春风一样洒脱,满载着满意和有成就感离开了大楼。也许他们确实都有这样满满的收获感觉吧。我再次反思,对这些事情的发生,我从内心里深感惊讶。然后,似乎一切就都又井然有序了。我几乎没有在他们之间做什么,只不过是起了让他们对接上了的作用。

159

我给比尔发了短信，告知他详细的情况，然后就留给了他自己去联络和安排了。圣诞节假期的日子里，我很想知道他在哪里、在做什么。然后，又是新年假日，再过了几周以后，他像往常一样大步流星地来到了我们活动中心的大楼里，他的狗小阿奇一直乖乖地在他身边跟随着他。比尔穿着一件新的冬季夹克棉衣，他的举止言行看上去有了新的自豪感和目标感。他得到了这份工作，他和阿奇一起搬进了大篷车里住了。现在，他又有了工作室，可以欣赏和制作他自己的艺术品。他还告诉我，他们计划在那里办个展览，希望出售他的一些艺术作品。后来，当他再次来看我时，他告诉我，他已经接受了皇家苏格兰高地牧业展览委员会的委托，为他们的展品制作一件雕塑像。这实在是令人欣喜与安慰的消息。

Prof. Gary Schwartz 格锐教授

自从亚瑟·柯南道尔活动中心开门以来，我就非常清楚地意识到了，在这里要做的事情会如'水到渠成'一样地自然顺利。我不必太费心苦心也会达到目的；我只需要对神灵发出的信号保持高度的警惕，并努力遵循神灵出示给我的标志，做到用心完成就可以了。我第一次遇到苏格兰酒业酿造档案馆的主席约翰·马丁 John Martin 是在我们的第一次"大楼对外开放日"活动中，他前来参加活动，在我们活动的观众席上做观众的。现在，他已经将他的手下部门带入到了我们的活动中心，一起搞活动和做宣传工作。这样他也获得了机会来介绍麦克尤恩公司的啤酒，这样一来，他们在下次的对外开放日的时候，就与我们联手一起搞活动，他们提供给来我们活动中心的人，免费品尝他们最新推出品牌的啤酒；所有这些活动都促进了公众对我们活动中心的认识和了解，也增强了我们活动中心在广大众人心目中的地位和名誉，我们活动中心在爱丁堡额主流社会活动中的声誉和社会位置不断提高。

亚利桑那大学的研究员鲍勃·斯泰克 Bob Stek 也是我在爱丁堡艺术节讲演会上，从听我演讲的观众席上认识的人。当他提到他与格锐教授在同一所大学一起工作时，我就知道鲍勃是被神灵引导来到了我的面前，他是有特定原因和目的而来的，这些事情迟早都会必然发生。过后不久，我为某事与格锐联系。第二年，鲍勃再次来到了我们活动中心，与我一起推出了他的演讲节目。他的演讲内容是关于哈利·胡迪尼 Harry Houdini 以及他与亚瑟·柯南·道尔的关系。鲍勃在随后的几年

第十五章 – 众人入–亚瑟出

中，陆续不断地来我们活动中心访问，并从美国参加我们活动中心主办的在线上的各种讲座。就是他向我介绍了格锐·施瓦茨Gary Schwartz教授的。格锐是亚利桑那大学心理学、医学、神经病学、精神病学和外科手术学的教授，也是研究高级意识活动实验室的主任。格锐在这个研究领域里发表了500多篇科学论文，其中包括6篇文章发表在《科学》杂志上，他还与其他人共同合作编辑了这个领域研究的16本书籍，其中的12部是他自己出版的著作。他是这个领域里最著名、最有成就的人士之一，他是灵魂电话Soul Phone[1]——继托马斯·爱迪生尝试发明电话之后，尝试发明与神灵界里的人通话附入实践。我很高兴地说，他现在也是亚瑟柯南道尔爵士中心的演讲者，他还慷慨地为本书撰写了前言。

还有其他一些例子，人们被吸引到大楼里来。这些事实令人惊讶，有一例是跟书籍有关。这件事儿发生在2015年，当时有多家报纸、杂志都联系了我，征求我的意见。是因为发现了一个亚瑟柯南道尔创作的、从没发表过的又一部故事–鲜为人知的福尔摩斯侦探故事。迄今为止没人知道它的存在。这是阿瑟·柯南·道尔的短篇小说之一，有人在苏格兰边境塞尔柯克居住的某人的阁楼里发现的。作品由亚瑟柯南道尔写于1904年，直到现在才被发现。这是由一位退休人士发现的，他说这部小说大概在他的阁楼里已经被忘却有50年了。这本书的名字被称为《福尔摩斯大侦探：找出边境伯格斯县城，并导出Brig集市》。其背景是由于在1902年的雨季里，大雨倾盆而下，塞尔柯克的桥梁在特大的洪水中被冲毁。两年后，这个城镇上的居民自发地组织起来，举办了一次集市，目的是筹集资金来更换被洪水冲毁了的桥梁。亚瑟·柯南·道尔慷慨解囊，还开设自己的义卖会，并贡献了这篇短篇小说。我当时告诉报纸和杂志社的人，亚瑟·柯南·道尔很喜欢在苏格兰边境小城上居住，他还在1906年的时候，参加了当地的议会席位竞选活动，可惜的是与他在爱丁堡参加竞选议会席位一样的结果，他落选了没能成功。有关这个题目的新闻报道和照片，请参阅附录10.

牧师 斯图尔特 拉蒙特 Rev. Stewart Lamont

几个月以后，仲夏季节里的一个下午，一位男士走进了我们活动中心大楼。他是一个着装考究，身材高大，说话很流利，带有优雅的苏格兰西部口音的男子。他告诉我说，他要从安格斯市区的布劳蒂费里，搬来爱丁堡居住。他正在整理、缩小他收藏的书籍数量，为了是减少他搬家的繁琐。他想知道我们是否愿意接收他的部分书籍，把他多年收藏、现在要贡献给活动中心的书，放在这里的图书室里。他还告诉我说，他是苏格兰基督教教会的牧师，现在就要退休了。我想象不出来为什么苏格兰教会的牧师，会选择走进我们的信仰，唯精神主义的教会大楼里来。我很清楚唯心主义、精神主义论的派别似乎在主流宗教中总是能引起敌意，或遭受到排挤，或是被攻击的对象。尽管如此，他还是确确实实地来到了这里。于是，我就问他为什么他不将他的书籍捐赠给苏格兰的教会。他告诉我说，"他们不会想要这些书籍的——这些书籍都是有关于超自然现象的书。"

现在这就非常有意思了，我必须要多问问了。原来，这个男人成年以后，一直对超自然现象非常感兴趣。他曾经是一名专门从事宗教事务的专业广播员和记者。他曾在英国广播公司(BBC)担任广播节目的制作人、制作广播和电视节目的自由职业者，以及《格拉斯哥先驱报》和《星期日泰晤士报》的记者。他本人也是一位作家，出版了多部书书籍，其中包括一本揭露山达基教Scientology的书。最重要的是，他写了这本书，并且还是有根有据地阐明了恩菲尔德闹鬼事件，他还是由此部书籍改编的电视剧"有没有人在呢？"节目的制片人。

我不敢相信竟然如此。恩菲尔德闹鬼剧是世界上对闹鬼活动记录得最具体最全面、最有实际证据的报道之一。站在我面前的这个人，就是那个在其事情发生时，做了全面、具体、详细、真实的报道并拍摄了电视节目的人。正是在这些时刻，你立刻意识到他能够站在我的面前，绝非偶然。

斯图尔特 拉芒特牧师不仅仅是要向我们捐赠他的宝贵书籍，而且，在第二年他就接替了阿琦·罗锐在我们活动中心担任的异常现象调查部的负责人之职务。（罗锐先生由家庭事务与往返路程太频繁而辞职。）于是，我很快就聘请了斯图尔特。他首先是著名的恩菲尔德闹鬼剧的实际情况录制者，然后顺理成章就成为亚瑟柯南道尔爵士中心的受托人了。

欲知斯图尔特被任命的新闻报道，请参阅附录11。

第十五章 — 众人入－亚瑟出

我自己的宗教背景也是苏格兰基督教教会，所以我对斯图尔特的宗教信仰很熟悉。一天下午，我有与斯图尔特进行了一次随意的交谈，我向他讲述了2011年我们在亚瑟柯南道尔活动中心的第一个圣诞节。我向我们的近邻和同一条街上的其它教堂——圣玛丽大教堂和苏格兰基督教教堂——都送去了圣诞贺卡。我告诉他说，有一个人对我的态度是那么难以置信的恶劣，而其他的教会成员，在我向他们伸出友谊之手，并诚恳地介绍自己是这条街上的新住户时，另外的人对待我的态度是我好像根本不存在一样—对我不屑一顾。我告诉他，我的想法也许是太天真了，我们不同的宗教可能会在未来的某个阶段能够达成一个合作该多好，甚至可能参加与分享彼此的宗教讲义或仪式，也许有点像宗教之间的会议，规模较小的某种合作。我的希望是我们能够探索三种不同的信仰之间，已经存在的共同相似之处。

"我能做到，"斯图尔特立即就答应了我。

"哦，我认为不成——即使你希望这样做，我也不认为你应该这样做。因为他们只会变本加厉地更加反对我们。"我恳求地对他这样解释说。

"你就把它留给我来做吧，"他说。

我很担心。因为我早已放弃了对邻近和其它教会相互尊重、共同协作的希望，很高兴能够让大家都顺其自然。我担心斯图尔特如果试图代表我进行在教会之间做工作与其它教会进行友好沟通，也许会损害他个人在教会中的声誉。因为他仍在苏格兰基督教教会里，有担任代补牧师的职务。我向他强调说，我已经放弃了这个模糊不清的想法，这并不是重要事情。他似乎并没有被吓倒退，他没轻易放弃。

第二年（2016年）他来告诉我说，他计划举办一个'晚间问答对话时间'的活动。这个'问答对话时间'就类似于电视上的提问与回答那样的节目。他说，他已经安排了来自苏格兰基督教教会、圣公会和天主教会，各个不同宗教组织都会派来他们自己的代表成员为自己的小组，各个小组同时一起参加这个活动。他将扮演 活动主持人、司仪罗宾戴 Robin Day的角色，他会穿西装革履、戴着黑色的领结等等——尽管这是一个过时的参照资料，我能确切地理解他的意图。

"我请来了苏格兰基督教教会的最高领导人，"他继续接着说，"教会主持人德里克·布朗宁牧师博士；圣玛丽亚大教堂的助理牧师； 还有其它教会的主导牧师和主要教会成员。"

"哇，好大阵容啊，都是重量级别的人物啊，"我接着说，"我必须找一位同样的重量级人物来代表神灵主义者教会。"我想到的应该是大学校长大卫·布鲁顿，也可能是其它部长级别/通灵媒体之一来自苏格兰本地的人，也许是珍妮特·帕克。

但是，斯图尔特说："不，必须是你本人。"

"我，哦不行。我认为不行。斯图尔特，我不能和这些这么重要的人物在一起进行小组讨论。我们需要一个有更多宗教知识和背景的人，可是，我没有这样的资历。"

"这可是你出的主意啊。"他坚持着说，"而且，我已经告诉他们了，你是领导小组的主要成员。"我能看得出来，他们并没有与斯图尔特有任何争论。他已经跟进我曾经提出的建议，并且出色地完成了所有这些组织安排的工作。现在，他已经将其整合在一起了，他已经把生米做成熟饭了，没心情再考虑我的斡旋与回避了。

我从来不认为自己是一个胆怯的人，我也不认为任何真正了解我的人，会把我归纳成这类胆小怕事的人。我从来没有对任何事情如此紧张过。我觉得他们都有自己的经典可以依靠，他们都能够满腹经纶地对答各种问题；我只是根据自己的经验做说明。但是，这个活动却掀起了一场风暴。我们几乎立刻就卖光了所有的门票，并且还有很多人情愿在等待单上等候，以获得一个站票的席位。活动当天的大厅里挤满了观众，很多人只有站立的空间，就连我们活动中心的志愿者、治疗师和其它在活动中心工作的各类人员，都希望能够亲眼看到和亲耳听到这一活动的对答应辩实况。我们很高兴看到付费前来的观众，大多是从来都没有进入到活动中心的新人、新面孔。因此，他们显然是来自其它宗教背景的人群，并且，他们很有兴趣听到这场不同宗教文化的公开辩论；故此，活动从一开始就实现了我最初倡议的主要目标。

我非常感谢所有的不同宗教小组成员都来到我们的大楼里参加了这次活动，也愿意再次向他们表示感谢。因为我理解他们之中的有些人，这样做是冒着对自己宗教信仰的挑战。我坚信大多数主流宗教的宗旨都具有相同的哲学；他们都以某种形式相信人死以后的灵魂是永存的，因此最重要的是探索和达成我们之间的相似之处，而不是我们之间的分歧。

尽管事实证明，最深刻的问题是提给我的小组成员来讨论的——显然也是其它小组成员面对的讨论问题——这仍然是一个广开言路、各

第十五章 — 众人入－亚瑟出

抒己见共同分享的美好夜晚。整个晚会活动，一直都充满了欢声笑语和轶事典故，让整个晚会变得轻松愉快，同时也蕴含着更深层次的意义与使命。斯图尔特扮演的司仪主持角色非常成功。他得到了各界人士的赞扬。正是由于他的充分准备和不懈的努力，将这个重要的活动整合在一起，达到了宗教各界人士一致赞同的目的。斯图尔特在2018年辞去了在亚瑟柯南道尔活动中心受托人的职务，前往法国定居生活了。我诚挚地希望我们在将来的某个时候，能够再次有机会做类似的活动。我祝他一切顺利。

有关'问答对话'时间的更多详情，请参阅附录12。

斯图尔特 拉蒙特 Stewart Lamont

"回顾我作为受托人的经历，我感到遗憾的是，传统宗教与大略地称为'新时代'的宗教之间，仍然存在着如此大的分歧。在亚瑟柯南道尔活动中心里发生的大部分事情，都该属于新时代宗教的问题。

"'旧时代'已经证明了它无法再继续迎合一些新的精神主义者的需求。而这些新的精神主义者已经吸引了过去几代人，很可能是忠实的教会成员中的大部分人。一种对新时代宗教的反应，是视它为'魔鬼'，另一种反应则是，'新时代'的东西，大多数拥护它的人都觉得它有点怪异。当然，很多方面都不是我喜欢或者是符合我品味的茶（或茶叶！）。例如水晶，但是，那些练习使用心灵眼或通灵术的人，正在面对我们所有的人都会面临的问题，就是我们都会面对死亡的问题，就像我们所有的人都会有死亡那样。在我看来，面对死亡，是最重要的问题，而许多人根本就没有时间去认真地考虑它。然而，如果死亡熄灭了我们短暂的生命的蜡烛，而除此之外，再就没有什么其它存在的了，那就没有什么了不起的了。如果那样的话，人生的意义又何在。

在我们举办的那次'问答对话'时间里，我感到很沮丧，因为牧师嘉宾们在谈到死亡之后有生存时，都相当愚蠢。对我来说，这是一个谜。人死后，不会再有手臂和腿，看起来与类人生物相同，甚至有与死前相同一样的性格与特征。但是，当我们获得到了证据时，我们应该相信证据，这就解决了这个问题。

可悲的是，调查小组调查的许多'案例'更多地属于精神疾病领域里的问题，而不是通灵方面的研究。我最喜欢做的受托人工作是在 亚瑟柯南道尔活动中心组织的每个周二举办的会谈活动。这个公开谈论会，为经常光顾这个活动中心的各行各业不同背景的普通人，带来了分享其各种各样的想法和证据的机会。这是它的优势之一，将诚实的询问者聚集在一起，互相分享与学习、进步；而不是一群乌合之众。遗憾的是，亚瑟柯南道尔活动中心并不拥有该中心的所在的房产，希望拥有该房产的唯精神主义者论的教会团体，将继续提倡这种包容性的态度。"

— 牧师：*斯图尔特 拉蒙特STEWART LAMONT* 退休的爱丁堡亚瑟柯南道尔爵士活动中心的受托人

一次奇怪的偶遇，科技学与医学网络项目总监、雷金信托基金会和斯威登堡协会前主席戴维·洛里默 DAVID Lorimer在过去几年里，也曾在亚瑟柯南道尔中心发表过几次演讲。当他也搬到了法国定居时，他联系了我，并询问我们是否愿意接受他想赠送给活动中心的一些书籍，他希望捐赠的书籍能够放在我们活动中心的图书室做资料保存。这些是他曾经收藏的书籍，其主题都是与我们活动中心的宣传宗旨有关，他还捐赠了一系列的苏格兰研讨会 的 SPR 期刊。我们很高兴收到这些书籍和期刊，这些书籍和期刊现在都安全地存放在我们图书室的书柜里。在此，我再次代表活动中心对大卫表示感谢。同时，这些书籍和期刊都是斯图尔特代表我们从大卫那里取到的——我也再次感谢斯图尔特。

2015/2016 年无疑是图书丰收年。另一个例子是曾经在香港做律师的*海德 麦高乐 Hector McLeod* 的证词（请参见第八章），其中没提到的是，当他和他的妻子带着他们的大儿子来找我帮忙时，海德的妻子荣荣毫无准备地就主动提出，愿意将我的第一本书《亚瑟和我》翻译成中文。尽管那会儿我还没有写完它。[那本书于 2021 年出版]，翻译成中文以后的中文版本于2022年在英国出版。

第十五章 – 众人入–亚瑟出

一位女士

那一年还发生了另外一起奇怪现象。一位上了年纪的女士在一个周日的下午走进了我们大楼，那会儿，只有我自己一个人在楼里。由于那天早上是周日，许多人在教堂里做了礼拜仪式，随后也有人参加了治愈工作室的活动，然后所有的人就都离开了教堂。我一个人静静地忙着梳理各种文件，始终坚持着尽可能长时间地让大楼的大门开着，接待更多的来访者，也鼓励更多的回头客人再来我们活动中心。这位女士看起来大概有70多岁或者是80岁出头的样子。她看上去神采奕奕，精神非常好，身体也很轻捷、硬朗 - 肩上挎着一个考究的包包，穿戴高雅大方佩戴珠宝珍珠首饰。她用十分文雅、有高深教养的语调询问我们的咖啡馆是否仍然营业。她说她刚从大教堂出来，想知道是否可以在这儿喝杯茶。出现在我脑海里的是，这位女士大概不知道我们这里是做什么的——特别是因为她刚刚离开了大教堂——她只是想找个地方喝杯茶罢了。本来我是想关上门回家的，但是，这会儿我告诉自己，这就是为什么我们要坚持让大门开着的缘由，欢迎这样的人走进我们的活动中心里来。于是，我带着她进入了我们的茶室，让她在一个靠窗子的茶桌座位上入座。我在柜台的后面为她准备热茶，我们的教堂礼拜活动以后，人们在这里用茶和点心，也有留下了一些蛋糕。我给她拿了一块蛋糕放在精美的瓷盘上，同时端上茶，一起摆放在她的桌子上。我们用这里使用的都是上等的瓷茶杯和碟子，与其相配套的单人使用的小茶壶和蛋糕碟子。她似乎对此我的服务感到由衷的高兴，并问我说，她应该支付多少钱。'没必要付钱了。"我说，我正要关门了，所以欢迎她喝一杯免费的茶和蛋糕。她似乎很热衷于跟我交谈，这让我感到十分的惊讶。她实际上知道我们这里是一个精神中心者的活动中心和教堂，她独自走进这里感到非常舒适和不受任何其它影响。她热情地谈论了她刚刚在圣公会大教堂参加的礼拜仪式。接着就开始回忆起她以前曾经有过的美好时光和经历，并提到她的朋友帕蒂·伯吉斯和罗兰神父。我认识她提及的人，于是就接着说："那是若丝琳礼拜堂的卡农·罗兰·沃尔斯（Canon Roland Walls）对吗？"

"对呀。"她说，她很想知道我是怎样会知道她在说谁。

"他出家了，过着比较艰苦的生活——他们在一个寺院——她是一名修女，还有其他的人，但是，我已经不记得他的名字了。"我又补充说道。

"约翰·哈尔西。"她说,"你怎么认识他们的?"

"那里是我的家乡。我是在若丝琳地区上学长大的。我记得他们以前就住在曼斯路上的那个小屋里。我曾经常常去那儿附近的教会的大礼堂里打羽毛球,每次去打球都会路过那里。那里也是男子少年大队的活动室。我当时还是个小女孩,他也曾经参加过我父母常常参加的在比尔斯顿举办的圣经学习班——我那会儿还以为他是个流浪汉。他那时总是骑着一辆古老陈旧的自行车到处跑。后来,我看到他穿上了一件帆布的袈裟,他用一根旧绳子,系在他的腰上。"

"是的。"她说,"这听起来就是他了——还有她。"

她和我聊的非常投机,简直就是一拍即合。因为我们都知道同一群人——尽管有些奇怪的——还是联系得上。这让我想起了那个时代的人物。在我的记忆中,我记得特别清楚:他光着脚,穿着露脚趾的凉鞋。若丝琳地区是在海拔约 700 英尺以上的海平面上。换句话说,那里的冬季很冷。我记得我小的时候,我们那里总是下大雪,而其它地方,即使下雪也总是相对要少得多,所以,那可不是打赤脚就能过冬的地方。说罢,她就又把我从我的美好的记忆中。重新拉了回来。

"你叫什么名字,"她问我说,"我会再来这儿见你。"

"安·川赫。"我说。

"安……?"她跟好多人一样,发现我的姓不是很容易就能够被记住。

"只要记着我是安,就行了——只要你打听安,他们就都会知道你是要找我了。"

"我会记住的,安。"她说,"因为我的名字也是安。"

"好吧,我也记着你的名字了。"我说。

"你是安(Ann)后面有一个E吗?"她问。

"不,只是简单的一个安。"这是我对这个问题最简洁的回答。

她对我的回答,致以微笑,并且说:"我也是一样。"

后来我才发现,这位女士非常不简单——她可是一位真正的女士。她后来真的就又来过好几次,有一次,她说她不很情愿地要卖掉她在爱丁堡的房子,搬到英格兰去住,她希望能离她的儿子家比较接近的一个地方居住。她还问我,我们活动中心是否想要一些她收藏的书籍作为活动中心图书室的资料。她要送给我们的图书室,她不能把她收藏的全部书籍都带走,因为藏书的数量实在是太多了。

第十五章 — 众人入－亚瑟出

"你不想把你的藏书送给你去做礼拜的大教堂吗？"我问她，"你看我们这里只拿收藏有关唯心论精神主义者的书籍。"

"我的藏书大多都是这个领域的书籍。"她有些激动地说，"这些书可不是大教堂里，能够欣赏的那种书。"

我对此感到非常惊讶。我仍然觉得她并没有完全明白我们的活动中心所做的事情——我可是大错特错了——尽管如此，我还是非常感谢她。她说我可以打电话给她，我们安排去她位于都柏林街上的家里取这些书籍。于是，她就把她的电话号码和她的姓氏——安·克莱德-Ann Clyde.等联系方式给了我。

当我在那个周末给她打去电话时，我在电话里说我希望与安·克莱德通话时，电话里的人说："克莱德夫人现在没空，可以留言给她。"克莱德夫人 - 这是我第一次意识到这位可爱的女士确实就是这样一位高贵的夫人——一位女士。

再后来，我发现了，她嫁给了苏格兰法院的法官克莱德勋爵。1996年，他被英国皇家授予了终身的贵族头衔。他得到了皇家授予的"布里格兰克莱德男爵"的称号。他在一生的职业生涯中，曾经担任过需多职务，包括爱丁堡学院的院长、纳皮尔大学的校长和皇家盲人庇护所的副院长，直至2009年逝世为止。他最出名的，也就是1992年以来，由他主持和负责奥克尼群岛上发生的虐待儿童专案调查委员会的负责人。

稍后，我再次拨通了电话，接电话的是一个熟悉的声音。"嗨，安，克莱德夫人告诉我，她想让你来取走她的藏书。"

"你是洛丽塔吗？"

"是的，是我。"

我认识洛雷塔，她曾经来活动中心参加我们这里的各种活动和研讨会。她是一名专业的护士和助产士。

"你在那儿做什么呢？"

"几年前，当克莱德勋爵入院接受手术治疗时，我在医院里遇到了他。我当时是一名私人护士，负责在私人家里提供术后护理。从那时起，我就一直和克莱德夫人安保持着良好的联系，她非常喜欢神灵方面的东西，所以我们谈论了很多有关这个领域里的事儿。"洛雷塔一口气告诉了我这些情况。

"是这样的啊。我现在明白了。我还以为她的这些书籍可能会捐赠给大教堂的图书室呢，但是，她说不会的。"

"这些书籍不会对大教堂有用途,绝对适合你们的活动中心,安。书籍的数量很多,所以当你来取这些书籍的时候,你可要开车来呀。目前,我们正在一本一本地审查。因为她不愿意跟这些书籍分开,但是,她知道不能把这些书籍都带去英格兰——她儿子那里。"

"好吧,你只要告诉我什么时候可以来取,我就尽快会来的。我不想给她任何压力。对于她来说,现在要离开她的家、她习惯使用的东西去新的地方,这实在是一个敏感的时刻。如果您需要我来取书籍的话,请给我打个电话,如果没有,也一点儿都没关系。我知道她是一位非常友好的女士。"

洛蕾塔赞同我的话。她确实是一位非常友好的女士,洛雷塔正在帮助她做出选择应该随身携带哪些书,哪些书要送到我们的亚瑟柯南道尔爵士活动中心的图书室。几周后,我接到洛雷塔的电话,她现在回到了安的家里,她告诉我说,安赠送给活动中心的这些书籍都已经装箱打理妥善了,就等待取走了。如果我来取这些书籍的时候,最好把车停在停车场里,费克莱德夫人想和我聊聊天之后再把书籍搬运到车上拉走。我同意了她的建议,我也很高兴有与夫人聊天的机会。我心里想她可能想要叮嘱我,妥善使用和保管好她心爱的书籍,做好使用记录,这些书籍将存放在我们的图书室里,以供更多的读者分享。可是,我又错了。

我开车来到了她居住的都柏林街上,把车子停好,就上门按响了门铃。她的管家艾莉森开门,把我让进门来。这是一栋令人羡慕的联排别墅,大约有三层楼。很显然,这是一个非常高雅、舒适的私家住宅。我被管家带进了客厅,克莱德夫人和洛雷塔都坐在成堆的书籍中间,有些书籍已经装进书箱子里了,有更多的书籍仍然散落在地板上。

"这些书籍是给你的,安。"洛雷塔一边对我说,一边用手指着房间里靠近窗户一侧的纸盒箱子。"但是,过来坐一会儿吧。克莱德夫人想和你聊聊天。"

我开口感谢了克莱德夫人慷慨赠送给我们图书室的书,也告诉她说,我回到中心以后,就会用亚瑟·柯南·道尔爵士活动中心的名义,给她发送一份正式的感谢函。于是,我被邀请坐下来,一起聊聊天。克莱德夫人请她的管家艾莉森,给我们大家每人都端来一杯茶,我们闲聊了一会儿。大家谈到了这是一座多么可爱的带有花园的大房子,她

第十五章 – 众人入 – 亚瑟出

实在是恋恋不舍离开这个美好又熟悉的环境。但是，她接下来讲的话，却完全出乎了我的意料。

"我现在 82 岁了，我想留下一份遗产、一些持久的、精神上的东西。我想把我们享用过的希尔，给你们留下做为用于与神灵沟通工作和作为意念治疗和疗愈的所在地使用。

"希尔是什么？"我不解地问道。

这时，安·克莱德夫人转向洛雷塔说："哦，我们得要带安去那里看看——必须让她亲自去那里看看。"接着她又继续说，"那是非常美妙的地方，那里有神妙的能量、鲜花、树木花草——真是如人间天堂一样的静谧完美。"说话时，她的整个面庞都似乎开始放光，显得神采奕奕了。她又继续告诉我说，这是她的家族在金绕斯郡的乡村住宅，建在布里格兰兹的郊野上，原来的家族老宅是在前任的克莱德勋爵去世的时候，不得不卖掉，用来支付其死亡税。而后，他们就在这块空地里又重新盖了一座新庭院 -- 这是希尔庄园。我完全被弄懵了；我以为只是来取一些书籍的。

克莱德夫人又继续接着说道，"洛雷塔告诉我，你曾经做过金融管理工作，所以你知道如何管理资金。是你做了对现在的亚瑟·柯南道尔爵士活动中心建筑的翻新改造和管理的工作，所以你知道如何管理房产。你是白手起家创建了一个爱丁堡的精神主义者活动中心，您又是运营管理这个中心的慈善机构的主席 - 所以您是我遗赠希尔的最合适不过了的人选。

她显然已经做了充分的调查工作，并且全部准备好了，才跟我讲了这些情况的。这可绝对不是她的一时冲动，而做出的决定；这很显然，早在我被她纳入考虑的范围之内之前，她就已经深思熟虑地认真斟酌思寻过了的事情。我对她能够如此这般详细周密透彻地了解我们的情况，深表尊敬和佩服。

奇怪的是，虽然她的慷慨捐赠是个好消息，但并没激起我的多大兴趣。从以前跟她的谈话中，我已经了解到了她有两个儿子，其中一个儿子就是她要搬到与其居住地附近的地方；另一个儿子是在伦敦工作。对于他们的母亲想要放弃郊外家宅花园的愿望，他们会有怎样的感想和反应呢？我也没有表达我的担忧，而是期待能够看到她在郊外的家园。相信那里肯定是一个特别美好的地方。她们带我去看郊外宅院的日期已经确定了，我先去她在爱丁堡的家找她们，然后我跟着她们一起去那里。我到了安的家里，当时安的后背疼痛难忍，无法坐车陪同我一起去那里。她就把钥匙交给了洛雷塔，并且嘱咐我们如何开车找到那里，再如何开启宅院的大门锁头，然后，她就站在她爱丁堡家的门口高兴地挥手，让我们自己去她的郊外宅院了。

那个宅院的确是一个非常僻静的好地方，我终于看到了希尔。我把车开进了他们家园的停车便道上，洛雷塔打开了前门，我们一起走进了房子。这是一栋相当现代式设计与建筑的房子，有十分讲究又漂亮的走廊通道和婉转的楼梯。当我们走进了休息室时，引起我注意的是满目花园的景色和似乎向外延伸到远方田野里的青草绿地；羊群在恬谧的草原上静静地吃草、漫步。这里确实能给人一股回归自然、天人合一了的奇妙感觉。当我刚刚踏入这个地方，我似乎就更渴望将自己融入到外面的花园和草地上。我们走过了大厨房和餐厅，又穿过温室花园。这里真是太神奇了，到处都是点缀着艺术色彩的装饰墙和壁龛，还有一个日式的花园；花园里还有漫游的鲤鱼池塘，池塘上有一坐人工桥。桥的两边上开满了杜鹃花。美丽的杜鹃花为花园增添了无尽的优雅与美丽。我在池塘边上漫步遐想，真的令人心旷神怡。最让我惊喜的是，我还发现了一个汗水小屋[2]，接下来还有一个迷宫。

"这些东西怎么会在这儿呢？"我不解地问洛雷塔。我想知道克莱德夫人怎么能将这样一个私人享用的尚好地方，让给其他人用。这个地方曾试图要建成一个修心养神的疗养胜地，但是被放弃了。现在的这里，一眼看上去杂草丛生，又返回到了原有的大自然的景气之样子了。

"安同意她的朋友罗西，定期来这里疗养，在这里使用萨满族的静修养心的方法做疗愈。也正是她建造了这个汗水小屋。她现在仍然时不时地就来到这里，享用这个美好的空间。"

"这是个好消息，"我说，"这意味着她的愿望，在某种程度上说，已经付诸实施、得以实现了。这也意味着夫人的家人，孩子们已经知道了她要做慈善的意图，或许也知道了她是希望以这种方式，将她的财产遗留给慈善事业使用。那么，这对她的家人来说，也就可能不至于是那么地惊呀吧？"

"是的，我认为应该是这样的。安比其他的人，都更早就跨入了这个深奥的疗愈境界。她在许多年以前就获得了为丧亲家属提供心理咨询的资格证书，她是一名注册的专业心理咨询师。她也热衷于用各种

第十五章 - 众人入-亚瑟出

替代疗法和不同的治疗方式来治愈那些心理上需要帮助、患有抑郁病的人。所以，她的家人、孩子们都很清楚她的意图。"洛雷塔说。

'那个迷宫又是做什么的呢？萨满族的宗教仪式也用得上迷宫吗？"我继续不解地问道。

"不，那是詹姆斯自己动手建造的。"

"真的吗？大法官？克莱德勋爵——他亲自建造了这个？"我万万都没想到，会得这样的答案。

"在一个周末的休息时间里，他就建造起了这个迷宫，我相信是这样的。"洛雷塔说。

"那么，他肯定也是热衷于与神灵沟通方面的事情了？"我追问道。

"是的，如果你看看楼上书架上的那些书籍，你就会明白为什么他们都如此喜欢这方面的事情。这个地方可是他们亲自动手自己建立的"世外桃源"啊。所以，他们都非常喜欢在这里阅读那些关于治疗、顺其自然地疗愈和其它类似如此深奥内容的这类书籍——是的，詹姆斯也是这样做的。"

我向洛雷塔吐露说，我对克莱德勋爵并不是很了解，我很少知道他的情况。只知道他是曾经处理奥克尼群岛虐待儿童丑闻调查案的大法官。我因为曾经在奥克尼群岛上工作过，对这个案件比较知晓。那时候，我还是一名金融企业在那个区域里的地方银行的经理，我负责那里的一个分行的工作，就是位于奥克尼群岛的柯克沃尔。我每年都要去检查和安排那里的工作，每年至少要去上三次或四次。我记得电视台工作人员当时就在那里做现场直播报道，他们报道的内容就是这个最不幸、最令人痛心的案件。我想到就是这样的同一个人，他能够对那个可怕案件的细节做出详细的分析、判断，同时又敏感地处理好各种关系。他的判断力和控制力、以及在抑郁病治愈和与神灵沟通方面的微妙关系的处理。想必是有很大的落差。洛雷塔似乎意识到了我的困惑，就说道："我们这儿坐一会儿体验一下，你看怎么样？"

她的意思是让我们一起坐在这种自然的能量场之中，增加我们的感知与体验，看看会有什么与外界不同的收获，以及我们可能会发现怎样的自我感觉。我们又回到了恬静的温室里，摆了几把舒适的椅子，我们面对着面地坐在了这个美丽又安静的'世外桃源'之中。我对那次体验的记忆首先就是我有意识到了亚瑟·柯南·道尔就在我们的身边。这种感觉对我来说已经是宛如家常便饭一样的自然了，他只是短暂地在我们的面前露面，让我知道他就在我们不远的地方守护着。然后，我又看到了一个男人，他也是出现在距离我很近的地方，让我感受到他的精神旺盛性格温和，他是很真实地出现在我的脑海里，我意识到了，他一定就是詹姆斯，他是让我知道他真正的样子是怎样的一个人，才出现在这里的。他确实是一个很好的人，我坦白说我是喜欢他的。而后。我意识到了另一个人的出现；那是在我的想象中出现了的人，这个人很正式，古板、冷漠。但是，他向我展示出了证据 就是他也是一名大法官。我看到的是一个场景，那是上世纪的玛丽女王和乔治国王，他们似乎都在爱丁堡，站在人行道上，他们的周围有很多人。我不敢确定这一切的情况，跟我们来到希尔这个地方有什么样的关联。我想这一切都不很重要。重要的是这里确实是有不平凡的能量场，这个地方非常适合静坐冥想。

当我们两人都从冥想的状态中返回到现实之中时，洛雷塔似乎有过一种开启了千里眼的能力。因为她也看到了亚瑟·柯南·道尔和詹姆斯·埃文·克莱德勋爵在一起的情景。在她的脑海中，他们正在互相握手。我向洛雷塔描述了我在脑海中看到的另外的一个男人，她说我描述的男人就是安的丈夫詹姆斯·约翰·克莱德勋爵。我告诉她还有一个男人以及老国王和王后，就像是在老的黑白照片，或者是变成了黄色、甚至是棕褐色的照片中的场景时，她确认说："我在爱丁堡安的家里，有看到这样一张老国王和王后访问爱丁堡时的旧照片。"那是在1930年的时代的照片了，接待他们的就是克莱德勋爵（詹姆斯的父亲——前任克莱德勋爵）。

我发现神灵总是用最好的办法帮助我们得到这样准确的确认，我必须承认这张老照片上的故人和前辈的克莱德勋爵的出现，就是最好的证据。洛雷塔热切地希望我能告诉安·克莱德，我在这个特殊的地方，所感受到的一切以及在我脑海里呈现出的一切。当我被洛蕾塔带回爱丁堡时，我没有再直接就去见这位满怀慈爱善心的夫人，我想让洛蕾塔转告给她我们所经历的一切是最明智的。我希望能够静静地等待克莱德夫人是否想进一步推进她慈爱计划的回应。因为我不想在这个问题上给她施加任何压力；如果她想继续实施她的愿望的话，她就会主动地把它付诸于实施了，不必有我的任何影响。在她把这个愿望交给我以前。她必须与她的儿子们讨论好，得到他们的允许和支持。

以下是洛雷塔对这件事情的证词：

第十五章 – 众人入–亚瑟出

"我第一次见到克莱德勋爵和夫人，那是在 2009 年，也就是他被送往默里菲尔德医院接受手术的前一天。我将被聘为他的私人护士，帮助詹姆斯在出院以后，做康复护理工作。他是一位很高尚的绅士，性格非常友善，举止行为之中随处都表现出一种稳重与平静的气度。我当时并不知道他的职位，也不知道他在社会上的地位。

尽管他当时身体不太舒服，我被介绍给他时，他还是坚持要站立起来与我握手。我那会儿很期待与他们一起工作。大约一周以后，我接到了克莱德夫人打来的电话，告诉我说詹姆斯不幸去世了。我当时就问她说，我是否可以拜访她，她欣然同意，于是我们的友谊就由此开始了。

而后，在相处的过程中，我们发现了我们两人对很多深奥的事物都有着共同的兴趣。安对周围环境中存在的能量与其变化非常敏感，几乎在所有事情上，她都会用钟摆导向仪器来引导她做出决定。詹姆斯的灵魂常常都会再回到他们的家里，我能感觉到他就在她的身边。她丧夫这么多年了，每天她都在想念她的丈夫，安喜欢我能够感觉到她丈夫的能量就在她的身边，有时我还能够向她传递他需要转达的信息。

安家里有一个最让人惊叹不已的图书室，那里面收藏着许许多多著名的书籍，由于收藏的书籍太多，书架很高，直达房屋的屋顶，必须使用梯子才能够拿到书架顶层的书籍。尽管她年纪已高，她的身体却非常健康、硬朗。（这是我从希尔回来以后才发现的，我们必须从他们居住的大街上的一头，步行走到另外一头，也就是她的家里，那是靠近一座小山丘的顶部。她总是大步流星地走在我的前面，而我却总是要气喘吁吁地跟着她一路小跑！）

他们家里的图书室里藏有各种书籍；从有关通灵媒体的书籍到心理疗愈、以及介于两者之间的其它方面的书籍。安接受过专业治疗师的培训班培训，在借助治疗工具的帮助下，她可以帮助需要疗愈的孩子们利用玩游戏的方法来识别和克服各种心灵上的创伤。她是一位思想境界非常超前的女性，她常常会对我说，她想知道让她自己做些能够帮助他人和对他人有利的工作。

安非常愿意帮助别人。尽管她有英国皇家授予的头衔，她可是没有傲慢的架子，她能够让别人很快地与她放松地交谈，无拘无束地聊天。我记得在2011年，我去埃塞俄比亚时，她给我买了澳大利亚丛林疗法和紧急救援疗法的书籍，让我在漫长的旅途中学习新的知识，不至于疲劳倦怠。

　　安在谈到她在郊外的庄园和她的'世外桃源'希尔时，总是满心欢喜。在一个夏天的下午，她带着我和她的另外一位朋友罗西（一位崇拜萨满宗教的修行者）一起来到了她的郊外家里。安尤其喜欢这个'世外桃源'。在这里，能够让她感觉离她的丈夫詹姆斯很近，不管是在房子里，还是在花园中，尤其是在大自然的环境中，都能够使她感觉到他丈夫的能力存在。罗西在这栋房子和花园里，跟一群妇女一起享用汗水小屋里的能量，她们一起定期在这里做回归自然的练习和冥想。

　　詹姆斯自己动手用铁板和框架制作了一个拱形尖顶的方向标，上面有方向标的指针（北、南、东、西）。我们三个人站在这个拱形金属框架下，安告诉我们这里的能量非常强大。她确实没有错，这里的能量真的很大。我们有着共同的体验，我们共同感受到的情景包括了从精神世界里得到的哲学理论和文字章节。詹姆斯却没有出现、这次没有得到他的任何沟通信息。这里确实是给人一种心旷神怡般的感受和美好的印象，到过那里之后，我们都非常兴奋不已。

　　安一直表示她很想将'世外桃源'希尔作为一个治愈心灵的休养所，因为那儿的能量非常好。她总是觉得这个空间应该用来治愈和疗伤。我很荣幸地被邀请去参加揭姆和婼丽贝卡在那儿举行的婚礼，我再次有机会欣赏了这个美丽独特的地方。

　　时间快进到了2015年时，安想从她爱丁堡的家搬到英格兰，那里她会住在离自己的家人更近的地方。她问我能否帮助她，把她的多年收藏的书籍找到一个更好地发挥其作用的图书室，她希望她的书籍能去一个好的家，得到好的使用与保管。我建议把她的书籍赠送给亚瑟柯南道尔活动中心。

第十五章 - 众人入 - 亚瑟出

当安·川赫来她的爱丁堡家里取这些书时，安·克莱德已经决定要在她的遗嘱中留下一份遗产，而这份遗产就是'世外桃源'希尔。她想将这个有特殊能量场的场地捐赠给安·川赫（Ann Treherne），将其变成一个心灵疗愈中心。就像她对帕默斯顿广场的建筑所做成的亚瑟柯南道尔活动中心一样的慈善场地。当安·川赫（Ann Treherne）来到这里时，她把这件事告诉了安·川赫（Ann Treherne）。我认为安·川赫（Ann Treherne），很震惊。我之前曾告诉过安·克莱德关于安·川赫（Ann Treherne），建立亚瑟柯南道尔活动中心的事，而且当安·克莱德访问亚瑟柯南道尔活动中心时，她自己亲自见到了安·川赫（Ann Treherne），所以她确信这就是她想做的事——她已经深思熟虑过了，这是她想要的选择。

我和安·克莱德、安·川赫（Ann Treherne），要一起去希尔'世外桃源'看看。那天，克莱德夫人的后背很是不舒服、很痛，她觉得她不能承受坐长途汽车的颠簸。她就把那里的钥匙交给了我和安·川赫（Ann Treherne），然后我们两个人就去了那里。克莱德夫人常常站在她的家门口，心里念着故去的丈夫说："亲爱的，我真的是非常想念我们的希尔这个'世外桃源'啊。"

我和安到了克莱德夫人的郊外家园。我们环顾着这美丽的花园，欣赏所描述过的所有花园中的特征，还有日本花园，和一座水中横跨湖面的小桥，以及各种艺术雕塑像，包括雕塑像铁鹭等等，全部落入在我们的眼帘之中。

我们走进了宽敞的房子里，用了茶点，我们两人坐在一起讨论如何使用这个特殊能量场地作为心灵疗愈与静修空间的最好办法。我们都觉得这里是冥想和静思疗养的最好场所。

我通常在脑海都是空白，但是来到这儿，几乎是立刻，我就在自己的脑海里看到了两位维多利亚时代的绅士，他们在互相握手，并且还微笑着看着我。从活动中心展出的大幅照片中，我立刻就认出了其中一位是亚瑟·柯南·道尔（Arthur Conan Doyle）。我不认识另一位先生，可是，他们对我说："欢迎回家来了。"

他们一起都站在一栋富丽堂皇的大宅院前，后来我才知道那是布里格兰兹，是靠近希尔的克莱德的老宅邸。我还找出答案，那位绅士就是克莱德勋爵的祖父。尽管我似乎凭直觉已经得到了这一方面的知识，在我与克莱德夫人讲述了这个经历的过程中，她拿给我看了一张他的老照片，证实了这一点的确切性。

一开始我确实非常的震惊，因为我还不习惯以这种方式接收神灵发给我的信息，但是，它是如此的清晰和真切。我当时把眼睛大大地睁开，追切地想与安川赫分享刚刚发生的事情，却发现了她和我，在相同的一个时间内，有着非常相似的经历和感受。

返回爱丁堡以后，我向安·克莱德夫人讲述了这次奇妙的经历。她相信我们的经历全部是真的，并认为这就是为什么她希望把希尔，这个'世外桃源'用于冥想静思与疗愈场所的缘由。"

— 洛雷塔·邓恩 (LORETTA DUNN) – 独立的生活保姆

又过了几周，我接到了克莱德夫人打来的电话。她告诉我说，她希望让我见见她的儿子杰米。杰米是她的长子，他要来爱丁堡参加一个橄榄球的比赛。她想让我借此机会去见见他——她已经和杰米讨论了有关她的计划。

按照克莱德夫人的安排，我再次来到了她在爱丁堡的家里，在那里我见到了杰米·克莱德，他是一位很友善的人。我向他表示出希望让他放心，我确信他会关心我来到此地的动机。因为如果我是杰米的话，我也会是一样要关心这个问题。因此，我告诉杰米说，我一直在努力想办法做到，让每个人都想要得到的东西能够如愿以偿、得以兑现。并建议说：我并不需要有对这个地方的拥有主权，就可以把它变成一个疗养与治愈的中心。我并不拥有亚瑟·柯南道尔爵士活动中心的主权，我是向业主定期来支付租金的。我提议在这个'世外桃源'的地方建立疗养治愈中心，以实现类似的目标，从而满足他母亲的愿望，同时他仍然保留着对这所庄园的拥有主权。他听到这个建议以后，紧张的心情放松多了，并问我是否可以拿出一个建议来，以推进这一方案的实施和落实方案的步骤。我们面谈结束时，我们都同意这是一次很好的第一次接触和面谈，我们都希望探索各种选择。我很高兴他对我的这个想法持开放的态度。事实上，他是一位最积极、最仁慈的促进实现他母亲愿望的人。我建议，我们首先考虑如何最好地利用这个特殊的地方，然后再考虑财务状况。我们设计出来一个可行的计划。

我整理了一份关于如何将希尔这个'世外桃源'作为冥想静修所的推广方案，以及粗略的初步性草案。我想出了希尔的标题——克鲁萨。克鲁萨是克莱德河或克莱德之魂（水之精灵或女神）使用的是苏格兰

第十五章 — 众人入—亚瑟出

古老传统语言，作为其名称，我认为这是一个很有趣的用字选择。因为它将成为一个神灵的中心，同时保留着，并且直接关联着跟克莱德的名字和安的遗产，有直接关联的意思与意义。

以下是简报介绍

Shiel

A Spiritual Retreat

In The Heart of Scotland

(Less than 1 hour from Edinburgh Airport!)

(Set in 5 acres of gardens, forest, ponds and river.)

- A country house retreat, built on ancient, Celtic land.
- A place of special magical energy.
- A powerful spiritual sanctuary .
- We welcome people of all religions, or of none at all to come and join us.
- Reconnect with nature, with your own spirit and with the energy of Shiel!

2015年的简报初稿 第一页

第十五章 — 众人入—亚瑟出

Shiel at Briglands

Shiel sits on the land belonging to the magnificent country house of Briglands. Originally a small Georgian country house, Briglands was dramatically extended and enhanced in the late 19th and early 20th Century by that most celebrated architect of the Scottish Style - Sir Robert Lorimer. Briglands was commissioned by James Avon Clyde, the Edinburgh advocate and later judge, Lord Clyde, in 1897.

The original Georgian house, with date stones from 1743 and 1759 still in place today, was remodelled and extended to Lorimer's designs in two stages, firstly in 1897-8 and then in 1908. His free adaption of 17th century Scottish architecture enabled the use of the forms and details that came to typify his work. Steep roofs, crow step gables, carved animal heads, stone topped dormer windows, relief carving, turrets with ogee roofs, are all to be found in this example of his early work.

Robert Lorimer also designed the layout for the gardens, remodelling existing outbuildings and forming a walled garden, a sunken garden containing a well and a basin fountain. Around these well maintained gardens of today include rhododendron walks, a rose garden, many ornamental trees and shrubs, yew topiary and a host of spring bulbs. But today, Briglands is no longer held in The Clyde family, it having to be sold because of Death Duties, in XXXX?

However, when it was inherited by James John Clyde, grandson of James Avon Clyde (above), when forced to sell, he built for himself and Lady Clyde, a small, modern country hideaway in the extensive gardens of the estate - this is Shiel!

Lord James John Clyde, like his ancestors, was a Scottish Judge. He was also Vice-President of the Royal Blind Asylum and School from 1987 and assessor to the Chancellor of the Edinburgh University between 1989 and 1997. He chaired the 1992 Orkney child abuse inquiry.

On 1 October 1996, he was appointed Lord of Appeal in Ordinary and additionally was made a life peer with the title **Baron Clyde**, of Briglands in Perthshire. In the same year he was invested as a Privy Counsellor. He retired as a Lord Of Appeal in Ordinary in 2001 and sadly died in 2009.

2015年的简报初稿 第二页

漩涡 THE VORTEX

The Fairy Ring

The Sweat Lodge

Shiel - The Clutha

When Lord and Lady Clyde built Shiel in the grounds of their country house estate, they created a little hideaway in this land where descendants of the Clyde Family have resided over 3 generations.

This land is special, not least because of its ancient underground springs and historical interest— Briglands House dates back to the 18th Century. But when Lord and Lady Clyde chose this spot to build their little sanctuary, they were clearly guided as to just where to situate it in the extensive grounds of the estate. The earth energies that surround this site are powerful beyond belief and this coupled with the positivity that has been created inside the house means that this is a very special place, indeed.

Lord Clyde seems to have sensed this too, as not only did he build Shiel, but he also built an amazing Labyrinth, created out of local water reeds and rushes found on the estate. This Labyrinth is still in use today and what is more impressive is that this man -more accustomed to being surrounded by legal pomp and ceremony- built it himself, with his own hands (see pictures at the foot of the page). He also designed and created a beautiful metal Pergola which seems to act almost like a beacon for attracting positive energy—stand inside and see for yourself! A Fairy Ring, Sweat Lodge and beautiful Japanese Gardens with bridge and pond completes the magic of Shiel.

Clearly Lord Clyde was very much in touch with his spiritual side and lady Clyde most certainly is for she has donated the use of Shiel as a Spiritual Centre so that others too can come and feel the magic of this place and benefit from its powerful energy.

As a mark of appreciation and respect for Lord and Lady Clyde and to ensure their names live on in this sanctuary they have created, we are giving a fuller name to this place: Shiel –The Clutha.

The name Clutha is an ancient Gaelic word meaning 'The Clyde' or 'Spirit of the Clyde'. Since Shiel will now be used as a Spiritual Retreat where people of all faiths or none can come and attune themselves with nature, reconnect with their own spirit and develop their own intuitive skills in the silence and sanctity of this special place, we feel it only fitting that it should forever carry the Clyde name as part of its title so that Lord and Lady Clyde can be recognised for their spiritual foresight and the legacy they have created for future generations.

2015年的简报初稿 第三页

第十五章 — 众人入－亚瑟出

我在2015年11月向杰米·克莱德(Jamie Clyde)提交了以上资料稿件，当时我正着手计划制定一份如何从这个疗养中心获得收入和所需支出的提案。但是，在2016年的年初，我听到有消息报导说在苏格兰中部将开设一个新的中心，配有20间套房及卧室。我意识到了那个'世外桃源'的地方没有那么多的卧室，无法容纳那么多的人，那儿的使用面积有很大的局限性。现在看来，如果是这样的话，我们将会面临与其有直接竞争的境况。我尽快把这一最新的消息反馈给了杰米，他非常支持我的提议，他还强调说，我们将重视疗养中心提供给使用者使用该地的质量而不是数量。他还告诉我说，在他听到他母亲的计划之前，他已将希尔'世外桃源'这个家族的郊外房产，作为长期租赁提供给苏格兰水务局租用，因为他们正在附近搞水利工程作业，正在整理和疏通附近的各个河流与小溪。苏格兰水务局已经回应了他。水务局确认他们需要租赁这个地方，用来安排在附近作业的工人留宿过夜。所以，在接下来的几年内，我将无法使用这个'世外桃源'。可是，我们可以目睹到这个新中心在这段时间里所做的最新发展情况。

当我写本章时，我不得不遗憾地告诉大家，克莱德夫人安于2020年11月25日去世，享年87岁。我很荣幸能够得到邀参加2021年6月4日在圣玛丽大教堂为她举行的追念会。特别是在那段期间，英国正当新冠病毒大流行病的关口上，参加任何聚会活动的人数，都要受到限制。

那会儿，是杰米本人联系了我，告诉我她去世的不幸消息，并邀请我参加追念会，还问我是否愿意接受将她留下的书籍，杰米希望把他母亲留下的书籍赠送给活动中心。这些是她精心挑选的珍贵书籍，是跟随着她，搬迁到了她在英格兰的新家里的书籍。这些书籍确实是最珍贵和印刷了很稀少的版本，我再次非常荣幸地得到了这些宝贵的书籍。

注：*这些书籍就是在第七章里讲诉的"安的经历"中，提到的她的一个装满书籍的纸箱子，其中一本书正在向我发出召唤，督促我去阅读。此书是由约翰·韦尔奇(John Welch)写的书名为《精神朝圣者》(Spiritual Pilgrims)。她是在我需要帮助寻找解释的关键时刻，提示给我这种帮助的?

*这也是巴里·菲茨杰拉德 Barry Fitzgerald 在第七章里，讲到的"如何成为超自然力量"一书中，参照了安·克莱德收藏书中的一本。

16
第十六章 — 到时候了

除了所有捐献给活动中心的书籍和有可能得到做为静修疗养所使用的空间之外，我们活动中心还成功地吸引了优秀的通灵媒体前来工作，他们自愿来我们的活动中心里做演讲。他们大多数是通过来此访问或是其他人介绍以后，就决定要来这里的。高登·史密斯Gordon Smith就是这样一位通灵媒体。他最初是被珍妮特·帕克Janet Parker邀请作为嘉宾参加她的一个研讨会，才来到我们这里的（珍妮特还邀请了来自加拿大的西蒙·詹姆斯Simon James和布莱恩·罗伯逊Brian Robertson）。但是，高登决定将他的'直觉研究学校'设在亚瑟·柯南爵士道尔活动中心来开课。到了2016年，我们增设了静修疗养中心，并在英国和世界各地的不同地点，同时举办了这样的静修与疗养活动。詹姆斯·范·普拉（James van Praagh）也是一位通灵高手。他的讲演总是在爆满观众的美国足球场里举行，他也来到了我们的活动中心里做讲演。最初他是接受了托尼·斯托克韦尔（Tony Stockwell）的邀请，他们两人联手举办了同台研讨会。但是，詹姆斯还是自己又返回到我们这里，独自举办了一个研讨会，事实上，我在2015年为他组织了在爱丁堡艺术节上的一场表演。还有很多其他的通灵媒体，他们都有一个共同有趣的相似之处。他们都不是由我邀请他们来这里的，而是他们自己通过其他人的介绍来亚瑟柯南道尔活动中心的，是他们自己找上门来的。事实上，我根本就没有邀请任何通灵媒体来讲演。

相反，他们通常都是通过其它联系来到中心的。你可以称之为社交的联系网络。令我吃惊的是，这个地方确实有一种吸引同样能量的吸引力，所以能够吸引着人们来到这里，并让美好的事情在这儿发生。

到2016年了，我们的活动中心因为有最好的通灵媒体、最棒的演讲者、爱丁堡艺术节和爱丁堡对外开放日的各种活动，所以各种节目的门票供不应求，继而活动中心大楼里变得忙碌而活跃了，我们的活动中心在爱丁堡和国际上的美誉名声迅速提升。我们活动中心吸引来自世界各地的学生、游人和观众。活动中心也实现了我为之设定的吸引公众进入大楼的所必须做到的重要基本准则；我们的活动中心还吸引了一位苏格兰长老教会的会员，他每天都来到我们的茶室喝茶，成为这里的常客。我的工作达到了目的，我完成了自己设定的目标。我对我们活动中心所取得的成就感到高兴。但是，我也很疲惫了。快到了年底的时候，我们活动中心将迎来成立五周年的纪念日，我只打算在自愿的基础上，再干一年，就是在这个活动中心再做一年的主席职位。目的是在我们有资源的情况下，招募聘请到更多的工作人员，来代替我的位置和工作。我很高兴地意识到，我的这个愿望是可以实现的了，我可以期待退休了。我的丈夫音已经决定了，他在今年年底退休。跟着我在活动中心工作可从来都不是他情愿做的事情，他做到了。他是为了支持我的事业，他知道是有亚瑟·柯南·道尔爵士的指引，我们才到了这里。这五年以后，音也深感自己精疲力竭。现在，我们有了资金，准备将工作交给新的管理人员。七月份，我们开始了初步的计划。我参加了英国精神主义者联合会的年终会议，并在那次的大会上正式提出辞去了我的会员资格。我还辞去了教会副会长以及信托基金（拥有亚瑟柯南道尔大楼的内部银行）董事和受托人的职务。因此，唯一剩下的任期时间内需要做的工作就是管理帕默斯顿信托基金（管理亚瑟柯南道尔爵士活动中心的机构）就是这个活动中心的主席工作。我知道在我离开之前我必须得找到一个人，让其来接替我的这个职位。但是，在这样做之前，我也得物色一位管理活动中心的新任经理。为此，我投放了广告，公开招聘管理中心的经理人员。我收到了申请表以后，就进行了人员筛选。很快就得出了一份最终面试这份工作的人员名单，我将三名申请人员，定为参加最后面试的候选人。我借用了安德鲁·卡内基Andrew Carnegie的哲学理念来选择这个人选："给我一个中等智力的人。但是，他有热情和欲望，强烈要做好工作的人，我向你保证，这样的人选。能够让其活动每次都会成为出手

第十六章 – 到时候了

必胜。"不要在性别上有偏见、歧视。当我在聘请员工需要做决定的时候，它一直都让我在我选择录用员工的过程中，能够保持良好的抉择思维，做出正确的选择——事实上，我自己在职业生涯中也能体会到这一点——在最后参加面试的人员当中，有一位年轻的女性，她表现出了*强烈的渴望得到这份工作的愿望。* Shereen Fazelli（现为 Shereen Elder）她是于 2016 年 9 月加入到我们的管理人员队伍中来的，她确实是一位跟这一哲学理念吻合的人选。她是我们活动中心里的一位出色的工作管理经理。然而，事实证明，我自己的这个职位有点难以找到一个合适的人选来填补，特别是因为这是一个无收入的全职职位。我知道我必须留下来直到有人接替我，我才能离开这里。因为我不希望中心在取得所有成就之后，有任何问题。我确信很快就会有合适的人选出现。那样，我就可以期待着我的退休之日的到来了。我即将圆满完成神灵与亚瑟想要我做的事业。

还记得，那时亚瑟·柯南·道尔正在与我进行精神交流的事实还没有被公开；我们的冥想小组已接到了神灵的指示，在向更多的人群转达这一信息之前，我们必须对此严加保密。可是，正如我注意到的捐赠书籍给我们活动中心图书室的情况那样。我也注意到了亚瑟柯南道尔，在一系列的事件中，打破了他为我们小组指定的保密准则的证据。亚瑟现在以各种方式让他自己在公众的场合里出名。这些证据可以从我辅导的周三下午的开放性圈里得到见证。开放性圈子就是意味着任何人都可以参加听讲与讨论，而封闭性圈子则是只能通过邀请才可以参加的听讲与讨论。就像我们自己的周四冥想小组一样，我们是封闭性的小组圈子，圈子里的人都必须遵守规则。而在开放性的圈子里，有些人会是顺便参加这次听讲、讨论；或者是因为他们碰巧在爱丁堡住上一天顺便就来参加这次听讲、讨论会。有些人则是常客，为了自己在与神灵沟通方面的能力发展而前来参加学习、讨论，他们每周都会来参加听讲、讨论。正是在这样的公开性圈子里，一些普通会员开始给我发消息，他们说这是一个留着大胡子的大个子的人正在与我们沟通。最初，我没有把这些信息当真，视之为无稽之谈或陈词滥调。例如：有的学员告诉我说："他为你感到骄傲"或者他认为"你做得很好。"即使学员没有提供任何证据可以识别*他*是谁。但是，我知道；我能感觉到他的存在。我很困惑他（亚瑟）为什么要选择在一个开放性质的圈子里来这样影响学员呢。我们自己的冥想小组可是严格遵守着他的指导，小组内发生的事情以及他与我们在精神上进行的沟通是确切存在的事实，一直都在由我们严守保密，而且我们多年来一直都保持着他给我们制定这一守秘规则。现在，他自己却违反了这个规则，我想知道这是为什么他要这样做的。

一天下午，当我正在准备参加下午的开放圈时，一名男子走进了我们的活动中心。他看起来大概有三十多岁，穿着休闲服装，肩上挎着一个笔记本电脑包。我当时在图书室里正在为这个开放圈做准备工作。我们的一位志愿者接待员走过去迎接了他。把他带进了茶室。这位志愿者走进图书室里来找我，告诉我说，刚刚进来的人，他是一名自由记者，正在写一篇关于跟死者灵魂沟通的文章，看到我们这里有开放圈的广告，就过来参加这个活动了。从她的言词语调和表情之中，我可以看出她和我差不多有着同样的担心。一般来说，招魂术和通灵术在媒体或电视或电影中的报道效果都是给人以负面的影响（尽管由于其日益流行，这种情况在最近是有所改善了的）。

"你想让我对他怎么说呢？"她关切地问道。

"欢迎。"我说。"这是一个开放性质的圈子，它的意思就是——它对任何人都是开放的。我们不能因为他碰巧是一名记者就歧视他。"但是，事实上，我还是很担心的。在这里，我们有一位记者，他似乎利用了我们正在向任何人发出公开邀请这一渠道来打探消息。现在，他会利用这个机会对圈子里发生的事情，发表他自己的看法。我几乎可以想象到这次曝光，以及我们活动中心来之不易的良好声誉，都将要随着他对此次即将经历的事情的报道，凭借他的宣传工具而消失。我必须要小心谨慎。

当开放圈讲演、讨论开始时，我看得出那些常来这里的老会员们也对他们中间的不速之客、这位新人，有所警觉。所以，我即刻就趁机请大家做自我介绍，达到互相认识的目的。这样，其他人也会知道他是谁，他想要在这里做什么。我还强调了这样一个事实，即在与精神交流中，可能提供的一些信息给相关的某个人的，对这个人来说，这个信息是该人的隐私或该人的私人信息。最后，我保证我会解释我在每一个步骤中所要做的事情，所以如果他不明白我们为何这样做的话，至少他会听到我给出的这样做的解释。我也只能做到这些了。我告诉我自己，坚信神灵界的灵魂会保佑，让我们不受任何伤害。事实上，我不必担心。在讨论会结束时，我问他是否得到了他想要得到的东西。令我吃惊的是，他问他是否可以每周都来此参加这样的小组讨论会，因为他想了解更多有关心灵与神灵沟通的知识。他想要自己开

第十六章 － 到时候了

始学习这样做的能力，并且，他还有计划要写一本关于他自己学习这个领域与能力所得到的经验与经历的书。

就是这样，马克 约翰斯伯恩Mark Johnsburn成为我们活动中心里的常客之一，他确实来这里参加学习，从而发展了他自己对其周围人的能力分享、以及对心灵和神灵沟通的认识。我记得他曾经说过，在酒吧或咖啡馆里，随便地站在某人旁边，通过观察他们的样子，就能够感受到他们的性格以及在他们生活中发生了的事情，那可是多么有趣。我为此纠正他说，这可不应该是他学习的目的，他应该始终寻求某人的许可，而不是简单地从心灵上侵入并进犯那个人的私人空间。为此，在一次公开圈讨论会上，当马克也就坐于讨论圈时，我的担心再次出现了。那是一位刚刚加入我们圈内讨论不久的新来的女孩，她很精灵，她的通灵能力也进展顺利，在那次练习中她说："我感觉到了这里有一个男人，他是个大个子，上了点年纪的，留着小胡须的男人。"

"好吧，"我说，同时感觉到了亚瑟·柯南·道尔的存在，并想知道亚瑟为什么再次回到这个开放性质的圈子里来，而且还有一名记者也在场。

"他正在让我看一些书。我认为这些书是他写过的书。我认为他是一位作家。"听到这句话，记者马克对她所说的内容就更加感兴趣了。也许，他以为是这是一位神灵界里的作者，是前来给帮助他的，是给他来出谋划策的神灵。我能感觉到他已经是全神贯注、竖起了耳朵，认真倾听了。

"这里有人正在写一本书，"她继续说。

马克立即就回答说："是的，我正在写一本书。"

她似乎根本没注意他的反应，而是继续保持着与神灵沟通的状态。"他还是一名医生，我认为他来自爱丁堡或去了爱丁堡大学读书。"

说到这里，在场的人之中有一个人开口说道了。"我知道一位在爱丁堡大学学习的医生，他写了一本关于医学和制药业的书。"

"这本书不是关于医学的，而是关于这里的，"说着，她仰头看望着天空。

"我的书将包括我在这里的经历，"马克热衷于她刚刚给出传达的这一信息，并且显然地表露出来他渴望想听到更多的信息。我可是不愿意这样做。

"我还看到了一根烟斗，一种老式的、向上翘着的烟斗，"她又说，"还有他穿着一件粗格子呢外套和拿着一个放大镜。"

"那是夏洛克·福尔摩斯，"马克惊呼道，"太棒了——亚瑟·柯南·道尔在这里出现了。"

女孩没被惊呆，她继续说道，"他说：你必须得把这个消息传出去。"

"什么消息？"马克追问道，"消息是什么？"

"安知道，"她说，"这消息是给你的，安。"

即刻，在场的每个人都把目光集中在我的身上了，我只是说："谢谢。"

最后她说："他拿出了怀表，并且用手指敲击着怀表说——到时候了。"

马克仍然以为亚瑟·柯南·道尔还在我们的开放讨论的圈子里而感到震惊，他把目光投向了我，他希望我能进一步解释这次神灵来此交流的意义。我没启发他。因为，我此时也是跟他一样地在寻找答案。这是否意味着现在是应该公开告诉大家要相信神灵，相信自己内心的声音的时候了。正是亚瑟·柯南·道尔一直在沟通并引领建立了这个活动中心，就是为了这个目的吗？我不敢确定，多年来都一直保密的事情，几乎在瞬间，在这个公开会上就这样被揭露出来，并且有记者在场目睹之际，这实在需要我好好地反思一番了。

我在我们自己的周四冥想小组里，再次收到了确认的信息。他确实有告诉我们到了让神灵的信息传播出去的时候了。仿佛是为了给这个消息做证实的证据，他再次出现，这次是在德国。我正在参加保罗·雅各布斯 Paul Jacobs 在汉诺威中心举办的培训课程。我去那里，是为了提升我自己的通灵能力，参加学习课程。因为我觉得当我专注于管理亚瑟·柯南·道尔爵士活动中心的日常事务时，我自身的提升却被忽略了。那时，我们大家都坐在一起，围成一个马蹄形的弧形圈坐下。保罗是我们的导师，告诉我们通灵的各个方面要素，为了证明他的观点，他转向我说："让我帮你跟神灵联系一下，安。然后，我可以向所有在场的人展示我的意思。"

他继续描述一个留着小胡子的大个子男人。我已经能感觉到了是亚瑟·柯南·道尔的存在与出现在我们这个圈里了。我知道他在这里，并且他正在影响着保罗，但是，我什么也没说，让保罗继续讲述他的感受。这将是很有趣的。

第十六章 – 到时候了

"这个人给我看了一张老照片,它看上去就像那些有趣的明信片。你会在海边上,看到的那种老式明信片。它展示了一名拳击手,但是,这是一名老式拳击手,他留着八字的胡须,穿着宽松的长短裤或裤子,他举着他的拳头,没有戴手套,赤裸着指关节。"保罗又继续说道,"实际上我认为这是一本拳击比赛的小册子,根本不是明信片。这个人肯定参加过拳击比赛。你一定认识一个拳击手,安?"

保罗看着我等待着我给出确认。那会儿,我根本不知道亚瑟曾经是一名拳击手,但是,我知道他就在我们的身边,如果这就是他所说的了,那么那一定是确切无疑的了。我只是说了一声"是的。"并允许保罗继续讲下去。

"他告诉我,你正在写一本书,安,他也写了一本书。事实上,他写了很多部书?"

"是的,没错,保罗。"

"拳击和写作是一种奇怪的组合。现在,他告诉我,他也有这个爱好——与神灵沟通。"

就在那一刻,我发现保罗惊讶地看着我问,"这是亚瑟·柯南·道尔?"

"是的。"

我可以看得出来保罗对他正在与谁进行灵魂交流感到十分地惊讶和好奇。我们在稍后的休息时间里,讨论了这个问题。我对他说:"保罗,我不会告诉别人,我与亚瑟·柯南·道尔一起工作。因为,首先这听起来像是在吹牛;其次,如果告诉他们,无论如何他们都不会相信我的话——我花了很长时间以后才降伏了我自己的。所以,我只是让你自己去发现就是了。"

"他是一名拳击手吗?"保罗问道。

"老实地讲,我不知道。但是,我知道这一点,如果他说他是,那么他肯定就是的。并且,在某个地方一定会有证据,来证明这一点的。他总是给我证据的,因为他知道这就是我的工作方式。我稍后会在网上搜索并告诉你结果。"

正如我给保罗承诺的那样,我回到了酒店房间以后,就上了互联网来仔细地搜索,查找亚瑟·柯南·道尔和拳击方面的参考资料,我发现了他实际上写了一部有关拳击(裸指关节做拳击)的书。书名为罗德尼·斯通(Rodney Stone)。

这些消息来自于：http://www.westminsteronline.org/conandoyle/Sport.html

亚瑟 柯南道尔爵士写给《泰晤士报》的编辑信件中，他提到了他"体验了英国的绝大多数的体育运动项目"，他的确没有任何夸张，他当然是做到了尝试与体验各种体育项目。在他的小说《回忆与冒险》中，以及他首次在《斯特兰德》杂志上发表的文章中，都有他（尽管谨慎地）将他自己描述为一个是涉猎了英国全方位的各项体育运动的爱好者，但并不是各项最精通的全能冠军。他认为赛马根本不配是一项真正的体育运动项目，他还将打猎和射杀动物视为一种人类的野蛮行为（他排除了钓鱼，承认不属于运动类别），他也赞扬了拳击技术的优点。亚瑟柯南道尔回忆记录了他自己的一些拳击经验和经历，他还把一次身着正式的晚礼服参加拳击比赛的经历记录了下来。亚瑟爵士赞扬戴着手套进行拳击的同时，也表达了他对传统拳击（即用裸指关节做拳击）方式的认同。他认为"从国家的角度来看……"，古老的职业拳击（即用赤裸指关节做拳击）是一件很棒的运动……我们的运动最好是带点粗暴刺激的感觉，总比冒着我们被认为是在做女性化的运动之风险要好。"

我随即就给保罗发了电子邮件，告诉他这些内容，并发送了我找到的参考文献的链接网站。保罗原定当晚接受一家美国广播电台的采访，因此他在当天有提到与亚瑟·柯南·道尔的这次邂逅。亚瑟也通过保罗向全美国的听众传达了他的信息。

几周后，当我回到了爱丁堡，参加周日神灵教堂的礼拜时，出现了另外一个不起眼儿的例子。我像往常一样坐在后排，一只眼睛盯着敞开的大门，以防有人在礼拜进行期间走进中心的大楼里来。那个通灵媒体在平台上向在座的众人们，提示了已故亲属精神仍然存在的证据。我早已不再注重寻找给我的信息了；我已经不再需要神灵界传送来的信息了。我很了解神灵了，最好就是将神灵提供的少量信息传递给那些真正需要这些信息的人。

然而，通灵媒体却指着坐在最后排的我说："这里有一个人说你正在写一本书？"

我能感觉得到，即刻每个人都转过头来看着我，想要知道我是如何答复，因为那会儿还没有人知道我被神灵界的亚瑟指示，正在写书。

第十六章 – 到时候了

在那会儿，除了第一章之外，我还没有时间再写任何其它内容呢。就是那第一章的内容也是在墨西哥度假时，我躺在躺椅上写的。我太忙于管理中心的日常工作事宜了。我还是仍然点头，对着大家的注目期待回复，表示同意，我承认这是真的。

"他向我展示了有很多书都来到了活动中心——那些书都是人们赠送给你的*他们的藏书*？"她说。

"是的，没错，我们接收了一些向活动中心捐赠的书籍，"我说。

"他是说你必须得把*你的*书出版出去。你必须完成它，"她继续说，"你必须把这些信息传达出去——到时候了。"

这证实了亚瑟柯南道尔在公开场合所做的灵魂沟通阐明的话；其中一些话几乎是逐字逐句的确认无疑。在我看来，亚瑟显然是故意利用公开场合来强调他的信息，并表明我必须写书。我想知道这就是为什么我收到了所有关于这个领域里知识的书籍的缘由吗？还有一个提示尚未到来，而且是以一种更加切实的方式展现给我的。

十二月，我和高登·史密斯一起组织了一次静修课程班。这是通灵媒体高级班学员参加的课程，也是这次课程的最后一次工作室活动，同学们都兴致很高。这是在圣诞节前在一处私宅内举办的静修课，参加者都是久经考验的通灵媒体，他们会在完成课程以后，得到一份表彰其成就的证书。 正是在我们表演通灵过程之中，其中一名学生桑迪·坎贝尔 (Sandy Campbell) 就要示范展示他的通灵技能。他来到了大家前面，坐在了讲台上的椅子上，我们大约一共有20人，围坐成马蹄形，面对着讲台。高登和我坐在了马蹄形两端相对面的椅子上，我们两人的座位是距离讲台的位置最近了。我引导着大家进入了一种静的状态，然后我自己就闭上了眼睛，进入了无边空寂状态。我感觉到了能量的积聚，并且与我周围的人的能力结合在一起。这并不奇怪，随后，我感觉到亚瑟·柯南·道尔以一种近乎物质再现的方式明显地出现在于我的身后。似乎是他把他的手放在了我的肩膀头上。我睁开眼睛，我只是想看看有没有其他人看到了这些，当我抬起头时，我的目光与高登的目光相遇了。高登正在直视着我。我感觉他已经看了一会儿了，他只是轻微地点了点头，好像是在承认：他也知道我正在经历着什么，也许还有其他人也在那里。我再次闭上了我的眼睛，对这种能量和亚瑟的陪伴感到非常满足和高兴。然后，我听到了脚步声，好像有人在人群中走来走去，但是，我没有再睁开眼睛，推测这是高登在学生们周围走来走去，就像他经常做的那样。紧接着，桑迪开始说话了，他是使用了第一人称来讲话的，很明显，其它现象都被掩盖住了，那个人就是亚瑟·柯南·道尔。我不能确定当时在场的每个人都会意识到他就是亚瑟柯南道尔，因为，我们在场的人中间有很多是外国来的学生。这的确是一个令人振奋的信息，亚瑟柯南·道尔出现在我们中间了，亚瑟再次鼓励我写这本书，并且要完成写作和出版的事业。

当小组开始就他们的静修经历提供个人反馈时，其中一位来自德国的学生玛丽亚·特蕾莎说："我感觉有一个男人在房间里走来走去。我想知道这是不是高登，我就睁开眼睛仔细看去时，发现高登仍然坐在他的座位上，我意识到这是一位来自神灵界的灵魂人，所以，我给他画了一张素描，这个人给我的印象是我要把这张素描送给安，因为安知道他-这位神灵界的人是谁。"

这是草图

第十六章 – 到时候了

这是玛丽亚·特蕾莎·拉苏斯（Maria Teresa Lassus）作的素描图，我很高兴收到这份素描。这幅素描的确很像亚瑟·柯南·道尔，但是她并不知道自己在看谁或者是在画谁。我认为这是进一步的证实了当时在场的神灵确确实实就是亚瑟柯南道尔，他是有意在公共场合公开露面的。同时，他向我传达了这样的信息：我必须继续写这本书，让每个人都知道是他引领着我，落成了亚瑟柯南道尔爵士活动中心的。

我要向外传播他的信息——我已经准备好退休了！我觉得我已经完成了我的使命。我跟从亚瑟的引领，找到了这座建筑，创建了亚瑟柯南道尔爵士活动中心，现在这个活动中心里的工作非常成功，已经享有国际良好声誉。我知道我仍然必须写完这本书。而且，我现在已经得到他的示意应该告诉人们这本书的来源与本意，从而，传播人死后的生命之灵魂永存的信息。我开始在脑海中计划着我将如何做才能够实现这一目标。我想，现在我们有了一位新的经理和一个优秀的志愿者组成的团队，如果我能找到一个合适的人选，来接替我的工作，那样，我就可以期待退休的日子了。我退休以后，就能够有我自己的时间来继续写书。我盼望能够有这样的生活，那将是多么有吸引力，我听到了来自神灵界的独特声音在继续引领我前行。那句精准的苏格兰勇士的话：

"那第一个阶段已经逝去——第二个阶段即将到来了。"

17

第十七章 — 第二阶段

到第二阶段了,他是这样说的。第二阶段了!我就要退休了。我知道除非从活动中心退休下来,我是无法静下心来写这本书的。在活动中心里每天的繁忙工作,让我没时间来考虑写作的事情,我不得不全神贯注在活动中心里的各项活动都要尽最大的努力,以取得最好的成果上面。第二阶段到底又是什么样子的呢?我几乎是不假思索地提出了这样的问题。神灵给我的回答和我提出问题的速度是一样的快——那是第二个活动中心。并且解释说,当前的活动中心是在城市里,下一活动中心将是在乡村;那将是一个乡间静修、疗愈中心。我的第一反应是,如果那样,你们就使其幻想成真吧;我实在是精疲力竭了!带着这样的想法,我象征性地将球踢回了神灵界。如果这是第二阶段和我的下一个任务的话,那么他们就必须亲自来兑现这个项目。我知道这可能会发生的,而且,我也知道如果这是我命中注定的使命,它就肯定会发生的,就像亚瑟·柯南·道尔爵士活动中心会成功一样的结果。就是因为这个使命,才出现了世外桃源希尔和安·克莱德夫人,这是令我深思的问题。她是否受到了这个设计好的蓝图的影响,为此目的向我提出了利用她的乡村别墅做疗养中心?在我对下一阶段的内容和任务有任何了解之前,亚瑟·柯南·道尔(Arthur Conan Doyle)是否已经影响了她呢?当我和洛蕾塔坐在一起的交谈的时候,当我们一起在世外桃源希尔漫步闲聊的时候,我就意识到了亚瑟的存在。但是，亚瑟的出现已经对我来说不是什么新鲜的事儿了，我也没有多想什么。现在，我又重新审视那些想法和留给我的印象，以及洛雷塔似乎也看到亚瑟和克莱德勋爵握手的事实。当我认真斟酌这些想法并提醒自己这不可能是正确的，因为希尔现在实际上是处于悬空状态时，我清楚地听到了一个来自神灵界的操着苏格兰特殊口音的声音说："还会有另一个其它的机会。"

这些神秘的答案总是令我烦心不止。我只是想要看到事实。这到底是什么意思呢？这是否意味着，在希尔这个'世外桃源'还是有机会的？或者是意味着在其它的一个什么地方会有另外的一个机会？我并没有等得太久，就有消息到来了，几乎又是同步发生的事情。那是一个想要投资拟建新神灵静修所的人联系了我，我本来认为那是跟亚瑟·柯南·道尔爵士活动中心竞争的对手。他们是想要我的意见，更有可能是需要我直接参与他们的工作。我被他们请去参观他们现有的基地。当我乘坐上火车，前往苏格兰西部时，我再次加倍敬佩神灵领域界的智慧，它似乎总是能够领先我一步。事实上，必须更准确的说是，他们远远领先于我们。因此，我热切地期待着这个"另一个机会"能够揭示给我，我能够看到的是什么。当我到达那里时，我看到的情景让我很失望。这是一座曾经作为老人疗养院的建筑场地，目前已经废弃了。我虽然没有被废弃的建筑所困扰，那会儿的亚瑟·柯南·道尔爵士活动中心的建筑也处于废弃状态时，我也遇到过相同类似的情况。但是，这座建筑虽然曾经是一座宏伟的建筑，它可能要花费一些时间和上百万英镑的费用来重新修建到完好的境况。更重要的一点是，这座建筑目前仍然属于一位建筑商所有，当我被介绍给这位建筑商人并与他握手时，我感觉到了他的能量不利于拟议的神灵静养所。虽然那两位邀请我来参观的人，他们的目的是真诚的，并且他们也确实在这个建筑上已经投入了大量的时间和精力。但是，我确信那个拥有这个建筑的商人，他一定会计划将这座大型房产改建成未来的住宅公寓。我礼貌地拒绝了加入他们团队的邀请。从那以后，我就再也没有听到关于这个项目有如何进展的消息。那天在我返程回爱丁堡的火车上，我想到了我的这次访问回程路上的感受是沮丧，与前往去那个预定地点时的那种期望，有着截然不同的感觉。我一直在想，这是否就是预言中的"另一个机会"。所以，现在我感到有些气馁，想知道这到底是应该是怎么回事，又有什么意义。然而，再一次，来自神灵界的那个非常熟悉的声音对我说，"会有另外的一个机会。"这取决于你，这是我给神灵界那

第十七章 – 第二阶段

个声音的回答，并再次把球踢了回去还给了神灵界。当我回到了活动中心时，我认为这次的访问是浪费时间，为此我感到沮丧。我应该专注于活动中心里的日常工作。

当我们跨入了2017年时，亚瑟继续在各种开放圈和通灵媒体活动中进一步地公开露面，每次他都通过通灵媒体告诉我，我必须将精神永存的信息传达出去。每次我都要找到一种恰当的方式来接受这些消息，同时又不透露消息是从谁那里发来的。我知道在我有时间写成这本书之前，我必须找到一个合适的人选来接替我在活动中心里担任的中心主席的工作职位。但是，就"传播信息"而言，我觉得我在这方面已经做得相当不错了。因为，亚瑟柯南道尔活动中心现在是苏格兰举办通灵媒体演示和培训课程的最佳首选的场所。我们有一个非常活跃、特受欢迎的每周二举办的讲座项目，这个讲座已经吸引了大量的国际人士。我承认这个主题还没有真正成为社会的主流，我要继续努力工作，要真正改变人们的态度和观点，才能赢得更多大众人的倾心。嗯，我想，我该怎样做才能做到呢？

那个熟悉的声音再次在我的脑海中无声地对我说："我会帮助你做到这一点。但是，你必须回到你的经商老本行。"

不可能，我想。我不可能再回到我的老本行做金融的生意上。我早已脱离了那种行业多年了，根本就无意再参与到那种激烈竞争的金融界圈子里去。还有，我根本就不理解其中有怎样的联系。这肯定是错误的吧？商业界到底应该是如何参与传播神灵信息的呢？答案再现给我——"你必须影响那些有影响、有号召力的人。"

我能认可这句话的意思。这是我熟悉的一种工作方式，当我试图赢得自己的经理或上司全心全意的支持与赞同时，我自己也经常使用这种工作的方法。这是试图改变组织机构以及机构里的习惯文化时，必须使用的简单哲学。一个领域里的文化，大多都是由其高层的领导人（通常是男性）制定。无论是首席执行官、企业主还是董事长、总经理，他所管理的企业都将反映出他的性格、他的管理作风或风格，以及他对员工和他们开展业务的方式的态度。这方面的一些例子包括宜家公司的因瓦尔·坎普拉德Invar Kamprad、维珍公司的理查德·布兰森Richard Branson以及最近的特斯拉的伊隆·马斯克Elon Musk和亚马逊的杰夫·贝佐斯Jeff Bezos，等等皆是这样做的。

在我自己亲身体验过的商业生涯中，我曾多次看到"四大集团公司"（普华永道、德勤、毕马威和安永）都曾聘请昂贵的顾问参与到他们的公司管理层，他们的任务就是被指派到公司的分支机构或公司内部组织机构里，识别各种问题，拿出改变通常是一个古老的、等级森严的组织机构中的文化内容的报告方案。然后，他们将编写这份报告方案，说明如何改变能够使事情变得更好，通常这样的报告方案会被执行管理层或董事会接受，并下达指令，告诉其分支机构或部门的人员，他们已有咨询，并且有拿出了结果。但是，其文化仍然保持不变，如果员工士气低落、缺乏动力并且感觉不被高层管理人员的所重视的话，那么，这些状况都通常会反映在他们的业务成果之中。我很清楚这个情况，只有通过改变或影响最高层的人——首席执行官/企业主——你才能影响整个组织机构。而且，这些大人物发挥的作用，可以比你自己要花费数月的时间才能够达到的效果，要来得更快、更有效地实现了你的这一目标，在某些情况下，周边地区经过多年的干预才能够得到的结果。我意识到了这确实是一个非常有效的工作模型，可以用来向大型组织中的大量人员传播神灵的信息。而且，我也知道这种信息的内容是什么，以及如何才能让首席执行官相信其带来的好处。我怎样才能接触到高层人物呢？我是否想重新进入到这个舞台上——不要。我立即放弃了来自神灵界的这个消息，因为这是我再也不想做的事情。此外，我看不出这个消息有什么充分的理由要我这样去做。我与金融商业界已经不再有任何的联系了，我看不出它的意义。

那年三月，我协助高登·史密斯在亚瑟·柯南·道尔爵士活动中心举办了一个研讨会。高登对我说，当他指导学员们安静地静坐，并进入冥想状态时。他注意到有一个人根本不听他的指导，只是抱着双臂坐着，并且还双目环视着房间四处，然后又向窗外眺望，好像他很无聊、无心学习。高登为这个人的表现担心。所以我就建议高登说让我和这个人配对，我们两个人坐在对面，一起来练习。其他的学员也是每两个人一组。一起来练习。这样我就会尝试地找出问题所在。当下一节课开始时，我坐在这个大个子男子的对面。我们听到了指示说，大家要尝试着在心理上相互进行协调，看看我们能发现或感觉到彼此对方的感觉是怎样的，我们互相介绍了自己的名字以后，我问他是否想先开始。

"你必须先开始，因为我根本不知道该怎么做。我真的不知道我是为什么要来到这儿的。"我知道他已经预订并支付了这门课程的所有费用，我就进一步询问他说，"那么，你为什么在这儿呢？"

"我真的不知道。我只是碰巧看到了这门课程的广告，并且知道我必须参加这门特定的课程,必须到这座大楼里来。可是,我并不知道是为了什么。"

我以前曾多次有过这种感觉,也从被这座建筑吸引进来的人那里听到过同样的话语,总是会有个缘由可以解释的。有时,是他们自己需要在这里得到什么东西,更多的时候是他们可以为我做的事情;所以我得到的暗示是,去了解更多关于这个人以及他为什么在这里的信息。"你是做什么的呢?"我问他。"我是苏格兰商业领袖协会(我们简称之为 SIBL)的主席。"

我真的不敢相信,我选择不理睬神灵界给我"回到我经商的老本行"的信息,现在坐在我面前的不仅仅是一位商人,竟然是苏格兰商业领袖协会的主席;我应该对神灵界的指导坚信不疑才对。他仍然继续讲述着,我尽量不表现出我的内心惊讶。

"我是组织首席执行官、企业主和领导者定期论坛会议的主持人。因为他们往往忙于经营自己的企业,没有时间思考和计划、制定新战略以及自我发展计划宏图。因此,我们要求他们承诺每月要花一天的时间,一起来参加我们组织的会议,促进自己的发展。我们还将这样的会议用作为一种智囊团的功能,发挥作用。领导人集中在一起探索新的工作方式,他们可以在同行(来自其他非竞争行业的其他首席执行官)中讨论和提供这些策略。他接着说,"我于 2003 年创立了这个组织,随着一些顶级公司的代表以及警察局的加入,我们在不断壮大,现在消防大队也加入到我们的行列中来了。因为,一些公共部门巨头试图简化他们的运营并提高效率,或许还可以从私营部门的同事那里学到一些经验、得到一些教训。"

我全神贯注地听他所说的话,又回想起了在我工作过的许多金融企业中也曾经有过的一些重新组合的情况。许多公司都经历了同样的重组的需要。我也有跟公共部门一起工作的经验,也清楚地记得由于不同文化而产生的彼此之间的不了解,故而引起的各种冲突,我确信当时双方都是感到沮丧,没有达成共识目的。所以,我对他说,"你的办法激发了私人企业与公共机构合作的想法。"

"两者之间互相学习,"他继续说,"让我们都能够面对现实,这些人都是企业的最高层管理人员、老板、首席执行官,他们都有很强的自我意识。所以,你是无法教他们任何东西的——他们什么都知道——但是,他们能够听取同阶层人的意见,这就是我们所要做和达到的目的了。"

我几乎忘记了神灵界给我的启示，也忘记了这个人出现在我面前无疑就是神灵界启示的验证。正如所启示的，我立即"回到了我经商的老本行"。

"我还有一些会令你感兴趣的事儿，"他接着又说，就在那会儿，他向我讲述了他自己的故事。

"2004年10月，我被诊断出患有体内肌肉严重无力的病症。这是由于免疫系统失调所造成。是由血液中的抗体触发疾病，而且是目前无法治愈的病症。最初，我只是按照医生的嘱咐来通过药物控制的，但是，大约九个月以后，体内的疾病对所使用的药物产生了免疫力，无法再继续用药。所以，我开始了探索替代药物的疗法，我尤其对振动医学的有效治疗方法感兴趣。2005年10月，我在苏格兰北部的奈恩参加了为期两天的振动医学研讨会，第二天会议结束时，我的病情开始恶化，双眼的眼皮都垂了下来，开始看到了幻觉一样的双重影子，我的下巴也开始不会自动转动了。当时，我即无法说话、又不能吃东西或吞咽东西，我的肌肉也根本无力了，我的肺部也开始出现严重问题。我的第一个想法，就是回到我自己的家里，在离我家不远的邓迪市立医院救治，我就是在那里被确诊的。但是，值得庆幸的是，与会的代表中有一位医生，她说："恐怕你已经病入膏肓了，无法再长途旅行。你愿意的话，就和我一起回家，和我的家人住在一起，我会照顾好你。"

我的病到了这个阶段，唯一可行的治疗方法是输血。然而，我开始了每周从医生Helen Petrow那里接受三到四次的振动医学治疗，停止使用任何药物治疗。这个疗愈过程一直重复了整整50天。在此期间，由于无法咀嚼和吞咽食物，我体重减轻了约60磅。然后在2005年圣诞节前夕，医生带我去附近的修道院参加一个下午的礼拜仪式。那里的僧侣们用圣歌进行礼拜，这本身就是一种古老的振动形式，能够唤醒和治愈人体内的疾病。当我坐在长凳上倾听祈祷时，我静静地听着歌声，突然间，我的眼皮能够抬起来了。我的眼睛好用了，接着我的下巴也可以自动张合了。嘿，我可以说话了！我所有的症状都消失了！我身体的功能很快都回来了，那时，我知道我会痊愈的。

在接下来的几周里，我的康复状况一直在与日俱增，并于2006年2月，顺利地回到了我的家人的身边。在那三个月的疗愈康复日子里，我对给我帮助的医生、得到的治疗和意念都总是充满了信心。我坚信有一天我会完全恢复，肯定能够被治好的。

第十七章 – 第二阶段

从 2006 年 2 月起，到次年的 1 月份，我在医院门诊室里接受了 11 个月的验血、肌肉和眼部的各种检查，然后才被确认痊愈可以完全出院了。尼尼韦尔斯医院 (Ninewells Hospital) 神经内科主任说："先生，你是我唯一遇见的一位患者，在得上了重症肌无力病患以后，经过治疗能够完全康复的人。"

从"不治之症"到完全疗愈的经历，让我对自己有了更深刻的内在了解。回家以后，朋友们都觉得我在某种程度上，完全是变了一个人。确实就是这样的一个过程，我感觉到了自己是涅槃重生了。我并不是说自己的福份有多大，但是，这确实让我给自己提出了一个问题，为什么就是我能够被疗愈好呢？我现在应该怎么办？因此，我现在希望利用我所得到的知识和经验来尝试着影响其他人，尤其是企业里的高层领导者，而他们反过来又可以影响更多的其他人。我将精力集中在个人的学习和提升上，鼓励不断寻求新的领导能力，这将在日益充满挑战的世界里，发挥真正的作用。我的案例随后出现在大卫·汉密尔顿博士 Dr. David Hamilton 的最新著作《你的心灵如何治愈你的身体》一书中。

哇！如果一开始我对苏格兰商业领袖协会主席出现在我的面前感到惊讶的话，我收到了神灵界的提示我要回到我的商业老本行，现在才我意识到了他也有在他的生活中，遇到了一些跟我相似的神灵界的干预，他就像我一样，经历这些以后，完全改变了自己的意识。但是就他而言，他选择继续留在那种环境中，并试图从内部（或启用他的新知识）施加影响，可是就我而言，我是选择了逃避那种生活，觉得那是不利于自己精神上的发展。现在，我被神灵界指示要回到我的老本行去，而这个人正在给我提供一个很好的机会；这不可能只是巧合，你认为怎样？我还没有透露给他任何关于我自己的事情。他会知道我是管理这个活动中心的慈善机构的主席，但是，他不会知道我也遇到了戏剧性的深奥的神灵界的干预，导致了我改变了我的整个人生的道路，他并不知道我也遇到了类似这种深奥的经历。

我在上一本书《亚瑟和我》中解释了亚瑟给了我戏剧性的预感，改变了我的生活之后，我是如何离开金融商业领域界的，神灵界的干预是我离开金融界的催化剂。因为我受到了这件事的冲击，不得不寻求帮助，我在寻求帮助的过程中，认识了苏格兰心灵调研会。在接下来的几年里，我研究了这个神秘奇迹般的新世界，并开始感觉到这远远不是什么超自然的现象，这才是最真实的世界，我们的物质世界只是一种精神世界的呈现罢了。以至于当我的组织也经历重组时，我决然做出了辞去工作的决定，走上了这条新生活的道路。

所以，我肯定是有资格加入他的'俱乐部'的，可是，我想加入吗？我斟酌着我的这个想法。同时，我意识到了神灵界显然已经精心策划了整个'偶遇'的一切过程。故此，我决定了如果神灵界确实是这样设计的，我就应该顺从自然了。于是，我试探性地迈出了第一步。"这是一个了不起的故事。而且，你现在已经从一种不治之症的境况中完全康复了。我也遇到过类似的人生中的转折事件，那是让我重新审视在我自己生活中所要做的事情的转折点，并且，我最终离开了商界去做目前我热衷的事业。"我举起双手，指着亚瑟爵士活动中心里正在进行中的工作室活动。

"那是什么呢？"他看上去很感兴趣倾听我的故事。

"那是一种预感，是一种创伤，对我却产生了极其深远的影响。"当我回忆起那件事时，我感到我的情绪在我的喉咙里面升腾，泪水在我的眼里不由自主地流淌。我决定长话短说。"是那次发生在邓布兰的大屠杀案件。"所有的到了一定年纪的苏格兰人，都会对邓布兰大屠杀铭心刻骨。我可以从他的反应中看到同样的那种厌恶与悲伤。"我在那次惨案的事情发生之前就看到了一切惨状。我想你会说，在我的脑海里看到的。我向一位同事吐露了这个消息，所以她也一定对没有采取任何措施阻止那次悲惨的屠杀案件，感到同样的自责内疚感与责任感——但是，我们从来都没有谈论过它。我不知道那是发生在一所学校里，我那会儿不知道它会发生在哪儿。我只知道那是在苏格兰，一名枪手正在射杀所有他遇到的人。"这是我所能够用最简短的内容，并没有详细介绍我在预感中看到的所有的血淋淋的细节和过程。

"嗯，这确实是比我的经历更最重要的故事。"他说。

"不，我不是这么认为的。你的经历对你来说是有生命威胁的；我的经历只是威胁到了我的职业生涯。这就是我选择离开了那个职业，最终我跟从神灵的指引，从事神灵给我指出的这一职业的真正原因之一。"我再次向他示意了我们的活动中心的周围环境。但是，就在我说这些话的时候，我们工作室练习结束的时间到了，我们大家一起又回到了活动中心的大厅里。尽管我们之间只是聊聊天，现在课程已经结束了。这位协会主席在出门时，递给我的他的名片，并告诉我说，他会与我联系，我们需要进一步的交谈。

我很高兴我刚刚提供了足够的信息，因此，如果这次"偶遇"真的是

第十七章 — 第二阶段

神圣的神灵界安排的，神灵帮助而显现出来的现实情况。并且由此产生进一步的行动，相信神灵将会采取下一步的行动 -- 我会等着看，期待接下来会发生什么吧。

没需要我多等待，第二天早上，我就收到了一封来自苏格兰商业领袖协会主席德鲁 的电子邮件。这是他的名字，在他的邮件中提供了有关 苏格兰商业领袖协会的更多信息——以下是该电子邮件的摘录：

冒着让你的工作有超负荷的风险，按照我的承诺，现在向你介绍苏格兰商业领袖协会的背景……

- 我们是一家非营利性社区公益会员公司(CIC)。任何收入盈余都会捐赠给苏格兰精神、心灵健康治愈慈善机构。
- 在过去 的14年里，我们一直都在为各个公司的常务董事、高级合作伙伴组织每月一次全天的学习讨论活动，从来没有错过任何一次这样的学习讨论机会。我们目前有四个这样的学习活动中心：分别在爱丁堡（中部地区）、格拉斯哥（西部）、邓迪/邓弗姆林（泰赛德和法夫）还有在 图廉兰地区（这是我们跟苏格兰警察署领导层联合举办的合作伙伴学习项目）。
- 苏格兰商业领袖协会的模型宗旨是为了给三个部门的高级管理人员提供有关其业务和个人发展的全面支持，学习活动的内容。

我们最基本的工作方式是提供体验与探讨更恰当的工作方式与工作的方法。我们的活动模式不仅仅是一系列的演讲者的讲座，还包括了三个部门内的同行小组人员互相协作解决问题、讨论如何用最好的方式达到解决的目的、以及一对一的辅导和每天 24小时，每周7天全部开放的帮助热线。

他在电子邮件里还邀请我本人代表第三部门——慈善部门参加他们下一次组织的会议。我并没有将慈善机构视为商业模式中的一个部分或将其参与到战略转型的思维程序之中。但是，正如我现在所反思的考虑到的，我的反应是为什么不试一试呢。苏格兰商业领袖协会中一些机构的规模相当于大型企业集团，其商务工作覆盖全球，拥有巨大的财务资源。当他和我早些时候讲话时，我们也有讨论过公共和私营部门的整合发展方向。但是，现在我可以看到，他已经用他的三部门战略意图涵盖了所有的角度，我是以亚瑟·柯南·道尔爵士活动中心主席中心的名义被邀请前去参加，而不是作为金融领域的前任首席执行官。所以我愉快地接受了邀请。以下是我给他回复的电子邮件的部分内容：

既然如此，我期待参加—并且，我带着心有余悸的感觉。自从15年前我放弃了企业部门工作，专心发展我的精神生活——两者是互不相干的。可是，现在我被提示要返回到老本行上。
我希望是这样的！
然而，只有冒险走出去，才会有发现。
我们星期四见了。
谢谢你的邀请。
安

第一次会议以及接下来由苏格兰商业领袖协会举办的许多次会议都是在苏格兰图廉兰警察培训学院举行的。我发现坐在自己周围的与会者都是高级官员，他们都热切地渴望看到在本自的组织内部里面，能够发生良好的变化。我发现我能够跟他们一起讨论使用通灵术，帮助警务破案和获取证据等情况。通过苏格兰商业领袖协会主席，我结识了苏格兰的一些顶级商业界高级领导人，特别是工程和石化行业的商界人士，这是我在其它情况下永远无法接触到的领域与人物。我记得我被介绍给苏格兰最大的石油和天然气公司之一的一位高管并与之交谈，他告诉我们大家，这个世界上只有再需要大约10年的时间，就能达到了一个临界点，届时自然将不再能够抵消全球变暖的影响。那是在2017年，当时《巴黎协定》(COP21)仍处于起步阶段，听到这些造成环境污染者是如何采取强有力的措施，希望寻求解决的答案并真正清理调整自己企业造成污染的行为，实在是令人深受启发，不由自主地寻求上进。更令人耳目一新的是，这些高管中有多少人正在寻求新的工作方式、探索新的工作领域，并愿意倾听其它行业里的高管人员，共同讨论能源、意识以及在更友善的世界环境中，更愉快地工作与发展。

当然，我现在可以向苏格兰商业领袖协会主席吐露，神灵界指示我"回归我的商业老本行"，我必须"影响有影响力的人"，而且现在看来神灵界确实是在为了这个目的，而把我放在了你的面前。他通过电子邮件这样回复了我的坦白：

第十七章 – 第二阶段

早上好，安，

正如你所知晓的情况一样，我不知道为什么我要去上高登的课程；我只是知道我必须要在那里。

正如我们所讨论的一样，苏格兰商业领袖协会作为一家社区公益公司的"对外"目的是促进人民福祉和利润。但是，更简单和个人的目的是提升商业本身的灵性。反过来，这意味着为组织和个人提供并促进"治愈"的良好机会。

"治愈"有多种含义并能够以多种形式表现。

- 甚至"同小组人员之间的互相辅导"也可以是"治愈"过程中的一种形式。

因此，您为商业世界带来神灵界的感性和提供治愈的途径，这是我们共同的愿望，这跟苏格兰商业领袖协会的宗旨正好相符合，因为我们十多年来一直在努力探讨并致力于这同一类的主题。

我意识到苏格兰商业领袖协会主席聚集了一个由值得信赖的人组成的小团队，这些高管人员都有尖锐敏感触角，他们都已经意识到了看不见的世界里有着强大的潜在力量。有些人，比如苏格兰商业领袖协会主席本人，他就已经有开悟了，正是如此他才有能力和智慧来推动帮助改变我们整个社会的做事的方式。在这个内部的交流互动过程中，我遇到了吉姆·贝内特（Jim Bennett），他出版了由罗伯特·亚尔（Robert Yarr），大师，用了许多年的时间走访和学习研究世界各地各种土著部落和民族传统（与神灵沟通）技艺而编写的《精神领导力手册》。苏格兰商业领袖协会主席再一次让我感到惊讶的是他的私人经历。他透露说他在2010年4月与一位朋友一起参加一次体验通灵媒体演示的经历。这个时期正恰好与我跟着亚瑟·柯南·道尔（Arthur Conan Doyle）的引领，找到了那座亚瑟柯南道尔活动中心的大楼之时期相符合。苏格兰商业领袖协会主席给了我一份他与自称是正在引领亚瑟柯南道尔活动中心建成的神灵通灵的会议记录。苏格兰商业领袖协会主席的朋友戴夫（Dave）安排了那次会议，因为他写了一本纪念亚瑟柯南道尔的书，并想了解 亚瑟对此有怎样的看法。因此，为这次会议找到两位通灵媒体（详细信息如下）。以下的文字是全部记录的部分摘录：

戴夫：嗯，亚瑟，我知道你对我写的[THE VIEW]感到非常自豪，后来我怀疑自己再进步的能力。我真的很感激能够得到一些指引……

亚瑟柯南道尔（通过通灵媒体）：亲爱的孩子，你不该太担心。到目前为止，你圆满完成了所有要求你做的事情，并且做得都相当出色。正如上次一切都顺其自然易如反掌一样，这次也应该如此。

今后的重点是让这个主题变得更加大众化。我的使命始终就是向那些对精神主义者论持有怀疑的人和不信的人来证实，一旦我们的肉体消失，我们的精神仍然存在。

然而，我选择了转世，你必须知道。转世的日期尚未确定，但是，重要的是让你知道我的灵魂将会再次返回到地球上。

我不希望你对这个消息感到不安，因为通灵媒体知道，即使一个人仍然处于化身阶段时，也是可以通灵的。人类拥有的心智远远超出了你们当前能够理解的能力，人们仍然能够从过去的生命中进行引领，因为终级更高的自我囊括了所有本自具足的所有知识。

戴夫：亚瑟，你提到我们作为一个团队必须更加努力地与通灵媒体提供的情况紧密配合着工作。您能从实际角度出发，更详细地解释一下如何实现这一目标吗？

亚瑟：你会发现有些人在某个特定的时候被带入进到了你的生活，是因为这些人是被派来给你当老师的，同时也是从这个过程中来学习和被指教的。

这些通灵媒体可以教给你的知识是他们个人无法传播到整个人类世界的，只有在一个人传给两个人，两个人再继续传给其他更多人，这些知识才能够得到广泛传播。你将被介绍给的这两位通灵媒体都是通灵性的，他们理解和明白不同的领域和不同的维度里的意识与人的关系与情况。

我希望这些信息能够在人类社会里广泛的传播。这些信息可能并不适合所有的人，你可能会发现精神主义教会，必须得改变其结构和工作方式以适应其发展趋势的需要。

你仍然可以允许人们来教堂做礼拜，只是为了站在那里倾听通灵媒体转达给他们在天之灵的已故亲人们发来的信息；但是，随着地球的演化、进步，随着我们进入更高的维度思维的频率，振动会更快，振

第十七章 – 第二阶段

动会加速并超越现状。那样，人们就更需要开始了解自己在整个宇宙中的位置，以及必须提升自己的思维方式与能力。

我的孩子，需要证明的日子已经过去了。开启本自具足就是我们此时试图向转世的人们要传达的信息。

现在人与神灵沟通已经进步多了，该是迈出下一步的时候了。不要害怕这意味着什么，许多人正在觉悟、觉醒，现在应该是让觉悟的人蓬勃发展的时候了。

我给你的信息会以不同方式的形式、可能会是以编码的形式出现在你的面前。然而，重要的是你首先要能够理解在你自己内心里的这些基本概念，然后才能看到你前面的路，是如此的清晰畅达。

如果我现在给你这些信息，你可能会不相信或拒绝，因为它可能看起来太深奥、太不可能实现了。

请相信我，并利用我此时向你提供的知识来努力前行。

我现在要离开你了，我希望你认真斟酌思考我所告诉你的话。但是，我经常都会在你的身边，一直注视着你，并且仍然会在你的幕后努力影响和帮助铺平你前行的道路，让人们更好地接受精神永存的事实。

戴夫：谢谢你。

这份文字记录确实很令人振奋，因为它反映出了亚瑟柯南道尔也传递给我的在许多方面的指导和信息。关于向"社会的主流"传达精神永存的信息以及"人们在特定的时候进入到你的生活之中来，要么是来给你当老师的，要么是来向你学习的。"这些话对我来说都是相当熟悉的，以及通灵术需要进一步的发展，并将精神永存的信息传播到更广泛的社会。通灵媒体不再是简单的"站出来只做通灵媒体"。这都是我在活动中心已经做过的事情了。此外，亚瑟还说"我的消息可能会是以编码形式出现"也是很好理解的。因为这确实是他第一次出现在我面前的方式——通过提供各种线索。这段话语还继续表明，戴夫和苏格兰商业领袖协会主席都需要先学会使用"基本概念"，然后才能理解他们前面要走的路程。这也与我的冥想小组获得的指示（在《亚瑟和我》中已经有概述）产生了共鸣。当时我们被告知，在我们将神灵界的知识传播到更广泛的世界之前，我们将接受怎样使用各种基本概念的教育。

当《亚瑟和我》最终得到了出版和认同，并且，当我接受英国各大宣传媒体，就我的经历，进行采访的时候，我始终都坚称我并不认为我自己有什么特异功能。我相信亚瑟·柯南·道尔仍正在履行他的使命，将他的精神永存的信息传达给主流社会里的众人。并且，正在使用他的一切解数努力达到他的传播精神永存的目的；在这种情况下，亚瑟也是利用了我自己是通灵媒体而帮助传播他的信息。我确信还会有其他人也是这样做和被亚瑟影响了之后也是这样做的。上面的文字记录是亚瑟柯南道尔通过另一位通灵媒介与戴夫和苏格兰商业领袖协会主席德鲁进行沟通的一个实际例子。有趣的是，这是亚瑟与我和我的冥想小组进行定期沟通的同一个时期并行展开的。2017年，当我受到邀请去伦敦心灵研究协会发表演讲时，我也发表了同样的意见，我一直都是认为自己并不特别，而且我还怀疑在全国各地（可能还会是在更远的地方）也会有其它的团体收到类似亚瑟传播的信息。后来，确实有三个人单独来找我，并且跟我面谈，告诉我说他们的小组也收到了类似的信息。所有这些人都是心灵研讨协会中备受尊敬的重要成员，其中一位还是他们的主席。

最后还有一点，但并非最不重要的一点是，就这篇记录而言，对转世灵魂的提及的确很有趣。直到第二年，我才找到了更多相关的信息，因为现在我很清楚了，"回到你的商业老本行"的信息确实比我所想的更赋予了重要的意义。从那时起，就有苏格兰商业领袖协会主席德鲁出现在那个工作室的练习课上，然后，接二连三的同步现象不断发生。

下一次苏格兰商业领袖协会会议定于4月5日（2017年）举行。有人告诉我，这次会议在靠近厄恩桥的基尔格拉斯顿举行，因为苏格兰商业领袖协会曾在这里举行过会议。他们通知我说，这个场地目前处于关闭状态，场地即将被放到市场上出售；所以，这次会议也许是使用这个场地——花园居的最后机会了。苏格兰商业领袖协会主席德鲁对出售这个地方表示遗憾。他说这是一个很理想的会议基地，非常有利于他们组织的各项活动。他告诉我说，会议基地实际上是由加尔默罗会的修女们经营管理的，是被用为静修所的地方。苏格兰商业领袖协会曾租用了这个场地来举行会议，但是，由于修女们都已经年迈了，所以才决定上市出售。

我从苏格兰商业领袖协会主席德鲁的话中得知这里是"心灵疗养

第十七章 — 第二阶段

所"；记得我被神灵界告知说我的第二阶段任务是在乡村的某个地方寻找到另外的一个心灵修养中心的嘱托，我立刻就警觉起来，想要洗耳恭听了解到更多这儿的情况。但是，我很快就否认了这是个巧合。因为，这显然是由虔诚的修女宗教会管理和经营的地方。无论是怎样，我认为能够去那里看看，也还是满有趣的事儿。然而，在会议预定开始的前几天，我收到了罗伯特·亚尔（Robert Yarr）发来的一封电子邮件，他说：

"这是今天早上从空中飘来的……"
　"我看到了一个总部设立于苏格兰的卓越国际神灵中心的融合愿景。它将成为我们共同努力促成的下一个篇章。这个神灵中心将培养出世界一流的疗愈师、领导者、教师和优秀人才，它将与世界上最好的同行业中心建立起融洽与密切的联系。还有什么比这个提高地球上聚合的集体能量更好的方法呢？

最美好的祝愿

罗伯特Robert Yarr"

让我觉得有意思的是，苏格兰商业领袖协会的一些内部人士似乎要抓住这次销售机会。但是，也许更多的原因是他们下意识地跟"第二阶段"和亚瑟柯南·道尔希望在乡村建立第二个中心的计划达成了合拍儿。毕竟，如果是这样的话，这将是我第三次获得这样的机会了。第一个是克莱德夫人提供的，第二个是苏格兰西部曾经是疗养院，第三个可能就是现在这个地方了。没有人知道亚瑟的愿望或第二阶段是怎样的实现。所以我决定就保持缄默，等着瞧。尽管这些情况与罗伯特在电子邮件中所说的前景有极为相似之处，我知道第二阶段的第二个中心将更加注重治疗、愈合方面的工作。罗伯特的电子邮件中也是提到了这一点，他还建议与气功大师合作，以达到这样的目标。
　那天，我开车北上，前往珀斯的会议地址。我很快就找到了基尔格拉斯顿和花园居。我把汽车开进有围墙的庄园里，然后把车停了下来。虽然会场的入口是要通过古老的石头造的外围墙，但是，当我走进去时，我突然觉得进入了一个非常现代化的多功能专业会议中心。里面配有现代化设备的视、听设备系统的会议大礼堂、大型咖啡厅/餐饮厅，备有各种现代设备的办公室和洗手间。这个现代化多功能的会议中心远远超出了我所期待看到的情况。显然，这里是最近才实现了设施的升级计划，采用了现代最先进的电子自控设施，况且，这是坐落在一个非常美丽的围墙花园之内，从这儿我还可以看到周边的各种附属建筑。这个地方有一种天然美丽的恬静与祥和的感觉。

我被带进了会议厅，会议厅的一侧是落地窗。眺眼望去窗外可以看到静谧的花园、田野和山丘，一切大自然祥和的景色尽收眼底——美丽。苏格兰商业领袖协会的主席德鲁在开场白中，他特别还提到了这个会议场地，然后他才把当天的活动交给了会议的主持人。午餐时间到了，我们被邀请到餐厅里坐下来吃午餐。我走到一个空位子前面坐了下来。我刚刚坐下，就有一位穿着时尚且漂亮的女士过来问我，她是否可以坐在我旁边一起用餐。

"我希望你能帮助我，"她说。

"嗯，是的，如果我能的话。"

"我是卡梅尔，是经管这个地方的修女之一，我不知道你是否已经听说了没有，这个地方即将被出售。"

"是的，德鲁有提到过这一点。"

"我们可是花了很多年的时间，精心积聚正能量，才使得这个地方具有灵力。这对我们来说是一个非常特殊的地方，它被用作是精神静修与愈合所。我们希望能够保持这种状态。但是，我们担心如果它被出售以后，会被变成商业住宅公寓，那样的话，我们所做的一切良好的工作就全都消失了。"

从她说话的声音语调中，我能够体会到她对失去这个地方的悲痛和急切希望得到帮助的紧迫感。"我能怎么帮你呢？"

"我听说你是亚瑟柯南道尔爵士活动中心的主席？"

"对，我是。"

"你可以收购它。利用这儿举办各种活动，并打造成一个整体治疗愈合与疗养的中心？"她建议道。

这真是直言不讳的话；这个女人是开门见山，直截了当没有半句废话。她在正执行一个使命，我听到了我自己的想法也是这样的，并且意识到我也肩负着一个使命；会是同一个使命吗？它也有得到神灵的启示吗？或者她只是感悟到了我要在乡村寻找我们第二个中心的信号。然而，我的反应很迅速，我告诉她说："我没有钱买这个地方——我希望我能收购，这儿确实很好。"

第十七章 – 第二阶段

她看上去很沮丧地说："哦，我以为你可以帮助我们。"

我即刻产生了一种怜悯感，我为这位女士和她的修女同伴们感到难过。虽然我从来都没见过她们。但是，我可以看得出来，这个地方的确是她们用了真挚的爱而培育出来的尚好的能量场地，我能够体验到她们这会儿的感觉该是怎样的痛心。随即，我决定转移她的注意力，让她告诉我这个地方以及她们在这里做了些什么。她告诉我说：除了她们整日祈祷和静思之外，还做疗愈工作。我很惊讶地了解到，这儿有些房间已经租给了治疗师做愈合治疗使用；会议室也显然已经出租给各个企业召开会议和其它用途使用。最让我惊讶的是听到这位修女告诉我说，她们正在进行的正念训练、以及她刚刚经历了的女性长者的仪式。

对于那些不知道这是什么活动的人，可以查询一下这个网站上介绍的情况。网站是：www.learnreligions.com 的摘录：

在早期文化中，女性长者（女巫）被认为是勤劳、节俭、明智与善良汇集一身的女人。她本自具足是治疗师、老师和传授知识的人。她能够调解别人的争端，她对部落领袖有好的影响力，她也为临终者做临终安慰。对于威卡Wicca教和其他异教徒宗教中的许多女性来说，达到女性长老的地位是一个女人在人生中非常重要的里程碑。这些妇女正在以积极的方式提高其名声，并将其视为生活中的法喜，她高兴地接受自己在社区中担任此长者的位置。

任何女性都可以举行这种仪式，尽管传统上大多数女性选择等到她们的年龄到了至少50岁才成为女性长者（女巫）。这一个方面是跟妇女的身体上的生理变化基本结束和心理上也都基本成熟了有很大的关系；另一方面是因为五年的学习与磨练也是不容小看的意念磨练！在崇拜女性巫术的民间传统习俗中，妇女大多要等到更年期过后才能够成为女巫。然而，有些女性在三十多岁时就不再有月经了，而一些女性到了六十多岁仍然还有月经，所以仪式的时间，将取决于某个女性特定的个人人生轨迹或道路，顺其自然为其遵循的指导方向。

女巫仪式可以由女祭司主持，但是，也可以由其她已经获得女性长者职位的女性来主持。仪式本身通常是作为妇女的圈子、女巫们集会在一起或 是妇女们聚会活动的一个部分。

其中一些仪式的起源显然是对异教或巫术的崇拜而发起的。我很吃惊地发现这里的修女们，竟然能够做这样的实践活动和仪式。她给我留下了很深刻的印象，这表明她们对不同形式的精神仪式、疗愈和冥想都持有相当开放的态度。

"为什么要卖掉这个地方呢？"我问。

"现在只剩下我们三个人了——修女——我们都在变老，没有精力继续经管这个地方。它还需要有远见的人来努力使其更能够发挥作用和更受到众人的欢迎，也要尝试着找到能吸引更多人前来，共同分享这儿的方法。我们都认为这是你完全可以做得到的事情。"

我们只是在午餐的时间里做了最简短的交谈。但是，我们似乎都感到了我们之间很是投缘。我想知道这是不是亚瑟柯南道尔规划的第二阶段里的第二个中心要选择的地方？我的感觉是确实有可能。我想知道，这是中了'第三次会幸运'的民间俗语了吗？以前，当我准备放弃建立自己的冥想打坐小组圈子的时候，也是神灵劝告过我这一点，神灵劝我说："尝试、尝试、再尝试"，当我尝试到第三次的时候，才终于建成了我的冥想小组，即'星期四小组'。就是这个小组收到了亚瑟柯南道尔的所有相关的指示和引领，指出我们的方向，继而最终使得了爱丁堡活动中心的落成典礼。故此，我决定必须做进一步的调查，我请卡梅尔带我到各处走走，我希望参观了解这个地方。由于苏格兰商业领袖会议下午的日程内容即将开始开会了，我们一致同意稍后等到会场空了的时候，我们再会面，这样她就可以带我参观这儿的场地和庄园，以及附近的其它房产。

两周后，我又来到了花园居，再次去见卡梅尔。我们一起在花园里散步。用石头砌成的围墙里的花园，内似迷宫，还有一个很古老、规模很小的、私人的墓地。不知为什么，这个墓地似乎很庄重、令人肃然起敬。其余的大部分地面都覆盖着青松翠柏和高大成熟的树木。庄园里有三间小屋，目前由修女们居住，另外一间是用来接待来访的客座修女准备的。

我认为这儿唯一美中不足的就是：跟克莱德夫人家里的郊外'世外桃源'一样，如果要在这儿做精神疗愈所或疗养院的话，它必需要增建住宿的房舍，我告诉了卡梅尔这个问题。她赞同我的意见，并且进一步解释说她们也意识到了这一点，曾向当地政府申请过在现有的停车场旁边，再建造一个住宿区的规划许可，并且这个申请已经已获得批准了。我很高兴得知这个可以扩建住宿房舍的许可已经到位。这儿的一切都似乎是恰到好处，令人难以置信的绝好选择。所有各方面的要素

第十七章 — 第二阶段

都聚集在一起了，似乎恰巧就是等于水到渠成了。这儿确实有一种精神圣殿的安宁、祥和之感，这显然是修女们经过了多年的精心打造与奉献的结晶。我开始对在这儿建立疗愈修养所的前景感到兴奋。同样，跟在希尔的世外桃源一样的办法，我向卡梅尔建议说，如果她的愿望是让这儿的好风水作为静修中心继续发挥其良好的作用，那么我可以实现她的这一点愿望，但是，我不需要拥有它。我只是经管它就是了，就像亚瑟柯南道尔活动中心一样的经管方式，我向她们支付租金或从活动中获得的利润给她们收入。"这取决于她们是想要卖掉这个花园居，把它变现成资本，还是她们乐意出租这个地方，从中获得收入，以便它可以继续作为静修所？"

当我把我的想法解释给卡梅尔时，我看到了她的眼睛里流露出模棱两可无法决定的疑惑，她告诉我说："你需要拿出一份可行性商务计划书。然后，我可以将其转发给我们的修道院院长。"

还有一个漏洞我没有考虑周全。这就是天主教会现在是这个地方的房东，也就是它的拥有者，而我是一个精神主义者；我不知道修道院的院长对这两种宗教的组合有否反感还是赞同。卡梅尔毫无隐瞒地表示给我，如果我能够拿出一份很好地、强有说服力的可行性计划书，她会在院长面前对我的计划给予全力支持。如果她们真的有希望把这儿保留为静修所，那么这个潜在的问题，也就可以迎刃而解了。

我做了我应该做的研究工作，讲了我的情况，说明了一个事实，那就是我从小就是在一个基督教家庭里长大的，尽管那是新教而不是天主教。但是，经过考虑以后，修道院的院长最终向我发来了一个消息，就是这个房产正在上市，不久将会被出售。

我很失意。因为这个项目看起来很像是万事俱备。正如我被神灵告知的那样，它确实是让我又回到了我的商业老本行上，我才注意到这个地方的。我还得到了苏格兰商业领袖协会主席 德鲁Drew Pryde 和罗伯特Robert Yarr 的支持。因此，完全有可能为建筑附加的住宿房舍筹集到所需用的建筑资金，并且已经获得了建筑规划许可，拿到了政府批准的许可证。这儿是被用为静修所，有尚好的环境，拥有美丽的围墙花园、茂密的古木林间和碧绿的青草绿茵地。距离苏格兰中部的主要交通车道 M90 高速公路，才仅用几分钟路程。非常适合从机场，不管是爱丁堡机场还是格拉斯哥的机场直接到达这里，十分方便。可是，事实并非如此。我想知道这究竟是为什么，如果不是有意的话，所有的这些努力又是徒劳了？

'还会有另一个机会的。'我再次听到了来自神灵的这样叮嘱我的话，可是，这一次我听到了以后很不开心。经管亚瑟柯南道尔的活动中心，我已经筋疲力尽了。我被告知将会有第二个中心——一个乡村的静修疗养所。但是，这些'机会'接二连三地落空。我沮丧地仰头望天问神灵道："第二个中心究竟在哪里啊？"其实，我并没有真正地期待神灵给我任何回答。毕竟，我已经有过类似的经历了。当我们被神灵引领寻找那座将要成为亚瑟·柯南·道尔爵士活动中心的建筑时，我们被神灵告知，'当你找到它的时候，你就会知道，就是它了。'以及其它类似的神秘答复。我现在太泄气和沮丧了，不想再重复以前的经历。所以，我想这可能就是为什么这次我得到神灵的回应跟上次不一样。因为，这次神灵是展示给我看到了一个蓝图，给我看到了第二个中心的确切地理位置，不只是它的地理位置，还有它所在的实际建筑和周围的环境。我还了解到了它的用途（大致跟向卡梅尔讲述的一致），以及收购这座建筑并将其改造成新的静修疗愈所、治疗圣地以及学习和沉思的场所的资金，将会从哪儿而来。这样，我就不再会有更多的徒劳追逐了。我已经知道了这个地方将要在什么时候可以使用，什么时候资金能够到位，这就是第二个中心的所在地。

　　出于商业敏感性的原因，我选择不在这里向大家透露第二个中心的具体地理上的位置，也保持此信息的神圣性。但是，我的冥想小组成员和其他两个值得信赖的人，已经都知道了这个位置，我们共同期待着它的实现。目前，我必须集中精力寻找一位接替我担任亚瑟柯南道尔爵士活动中心主席的人，这样我才能专心致志地写完并出版这本书。第二阶段的计划已经开始了。

18

第十八章 — 科学家

2018 年 3 月，福尔摩斯格子呢面料上市出售了。《苏格兰天地》杂志报道：

> 这是英国历史上第一次小说文学里的人物，有了自己的格子呢图案并获得了英国苏格兰格子图案登记册管理局的认可。福尔摩斯是由亚瑟·柯南·道尔爵士创作的，他出生于爱丁堡，并在爱丁堡大学获得了医学学位。
>
> 正式的发布会恰好在 3 月 22 日星期四在爱丁堡皇后街的皇家内科医学院隆重举行。
>
> 柯南·道尔的后裔为他最著名的角色创造了独具苏格兰特色的纺织品格子呢图案，突出了与苏格兰传统的关联。
>
> 福尔摩斯格呢的图案是由作者的玄孙女塔尼亚·亨泽尔 (Tania Henzell) 设计的，她与苏格兰著名面料厂家埃德加 the House of Edgar 的织布工一起完成了设计与注册。

去年，塔尼亚来到亚瑟柯南道尔活动中心参加了这里的爱丁堡艺术节的活动。我记得当我们的接待员在我即将上台之前，通知我说，在观众席位上，有一位是亚瑟柯南道尔 的后裔——他的玄孙女。我当时感到有点不安。首先，我感到非常紧张，心里想着我可不要说错了话或者是说什么有可能让这个人不愉快的话。然后,我又犹豫起来,因为亚瑟柯南道尔是没有孙子的啊。据我知道,他的四个孩子都没有后辈。所以,我很想知道,这能是怎样的亲属关系?也许这是一个瞎扯淡。我没有时间详细思考,就走上了讲台。演讲结束以后,塔尼亚来到我的面前,她向我做了自我介绍,她是一位很友好的人。我仍然对这种亲属关系感到迷惑不解。她给了我她的电子邮件地址,我后来给她写了信,她即时回复给我:

安,你好,
  我很高兴见到你,非常感谢你那有趣的讲演!我对我的继曾曾祖父却是一无所知。
  珍是我的继曾祖母,是的,珍和我的曾父亲没有孩子。但是,我的曾祖父在第一次婚姻中就已经有了孩子。
  很高兴见到你……;我下周的周三、周四有空,或者是接下来的那一周的任何一天(周三和周五除外)我都有空!
  期待在活动中心再次见到您。
  亲切的问候,
  塔尼娅

塔尼亚和我一直保持着联系,她还创作开发了新的格呢图案,在亚瑟柯南道尔爵士活动中心的展览大厅,有公开展出她的新作。我很高兴地收到她的邀请函,参加了在爱丁堡大学医学院举行的盛大发布会,在那里我还见到了亚瑟柯南道尔兄弟英尼斯的儿子和他第二任妻子安吉拉的儿子,就是亚瑟·柯南·道尔的曾侄子理查德·道尔。

塔尼亚和我常有见面。其中一次,是我们同时被邀请参加亚瑟柯南道尔曾经居住过的故居,在那里举行的演讲活动。另一个有趣的巧合是,亚瑟柯南道尔的几处故居都曾经被用来做老人院,给孤寡老人提供住所和服务;在他幼年的时候,曾经居住在爱丁堡利伯顿银行大厦(Liberton Bank House)现在被用来为弱智儿童提供教育的学校。我和塔尼亚(Tania)同时被邀请在那里做义务演讲,帮助这所学校筹集资金;亚瑟柯南道尔的另外一处故居,现在也是被用来做老人护理院,亚瑟柯南道尔就是在那里逝世。(他被埋葬在那个居所的后花园里,以后又被迁移埋葬在新森林的教堂墓地中)。

福尔摩斯格呢推出以后,亚瑟柯南道尔的另一位家庭成员,也前来

第十八章 - 科学家

拜访了我们，他也是来参加了福尔摩斯格子呢发布会的。他就住在爱丁堡城市中心，离我们的活动中心不太远的一家酒店里。那家酒店的老板联系我们并询问是否可以带他们来我们这里参观。我们当然愉快地欢迎他们的到来。他们是凯茜·贝格斯 (Cathy Beggs) 是亚瑟柯南道尔的曾侄女，也是前面提到的理查德·道尔 (Richard Doyle) 的妹妹。她和她的丈夫麦克参观了我们活动中心，他们很高兴我们这里的工作，还向我们的慈善机构捐款表示他们的赞同与支持。请记住，此时我还没有透露 亚瑟柯南道尔一直在与我沟通，引领着我的工作，我的'掩饰这个事实的故事'是我们以亚瑟柯南道尔的名字来命名这座建筑物，是由于他是一位精神论、唯灵论主义者，他就在爱丁堡出生的。在福尔摩斯格呢发布会的前一天晚上，我见到理查德·道尔时，我能看出他对精神主义论和招魂术是没多大兴趣的。所以，我们的交谈内容大多都是集中在格子呢上。但是，我从麦克那里得知了一件很有意思的事儿。

"你看过老马的照片吗？"当我们在活动中心里，漫步闲谈时，他这样问我道。

"没有。我还没看到。"

"这是亚瑟临终前为自己做的一幅自画像，是一幅素描的老马，这表明他将要转世。"

"真的吗？"我说，"我真的很想看看。"迈克说他确信他在家里的什么地方保存着这张素描画。等他回到了家里以后，他就会通过电子邮件给我发送一份副本。他恪守诺言，确实这么做了。

2018 年 3 月 24 日 22:06 点麦克Mike Beggs 写道：

亲爱的安，

非常高兴能在昨天我们拜访亚瑟柯南道尔爵士活动中心时见到您。

非常感谢您的盛情欢迎和介绍给我们这个活动中心的历史以及在那里举办的各项活动。

正如我所承诺的，我现在附上这张亚瑟爵士的自画素描的照片，它似乎说明了他这一生中所承受的'负担'。

正如最后一张插图所示，他躺在床上，日期为 1930 年
看上去这是他为他自己做的"卡通讣告"。

最好的祝福，
麦克·贝格斯Mike Beggs

我的回复：

麦克和凯茜你们好，

我很高兴在周五你们来到了亚瑟·柯南·道尔爵士中心，也感谢您转发来的这幅'老马'的漫画，它确实十分令人着迷。我特别喜欢这样的预测，就是在六个星期内它将再次要踏上征程 - 我可能知道有些迹象，正好就能够证实情况就是这样的！！！........

第十八章 — 科学家

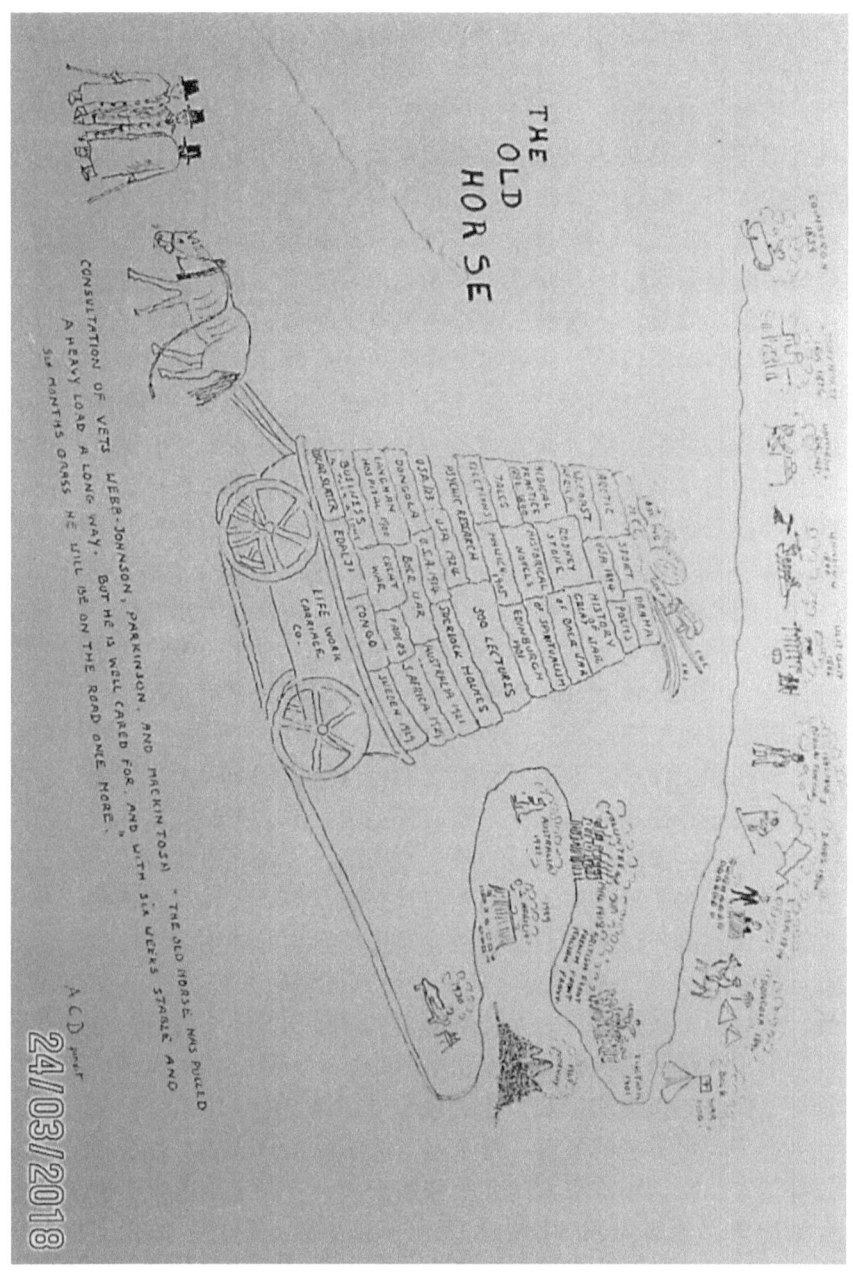

这是他们发给我的照片

正如你从这张图片中可以看到的那样，亚瑟柯南道尔概述了他自己从1859年出生到1930年临终前的全部生活所走过的路程中的许多方面。但是，对我来说，最启迪我深思的元素是他在他的自画像草图的最底部写着：'这匹老马拉着重担走了很长的一段路。但是，他得到了很好的关照，经过六周的马厩里的休养生息和六个月的静心调喂，它将再次踏上征程。"这可能意味着他没想到会死，而是会康复。但是，他的亲戚麦克和凯茜·贝格斯则表示这幅自画像表明了他要转世了。这是我以前在跟亚瑟柯南道尔沟通中没考虑的事儿，特别是自从他与我的冥想小组沟通以来，从来还没有涉及过的内容。更有趣的是，本书中已经有提到过的文字记录（第17章）中，德鲁·普赖德（Drew Pryde）和他的朋友戴夫·帕特里克（Dave Patrick）找到一位通灵媒体跟亚瑟柯南道尔有过沟通，亚瑟也有表明说他即将会转世再返回人间；根据那段文字记录表明，如果亚瑟柯南道尔是这样做的，亚瑟仍然能够沟通，即使他是在转世的时期里，这确实是一个十分有趣的理论。

在2018年的同一段时间里，又有更令人兴奋的事儿发生了。通过每月跟苏格兰商业领袖协会举行的定期会议，我已经结识并了解了罗伯特·亚尔（Robert Yarr）。罗伯特的个人生涯背景是电子和电气工程专业。但是，他和我差不多一样，他之前曾在上面提到过的'四大'咨询公司之一任职工作过。现在，他成立了他自己的咨询公司。然而，他的主要兴趣不是在企业界本身，而是在更深奥层次里面的高纬度发展的领域，特别是参观世界各地的各个不同的土著民族原始部落。他已经意识到了非物质世界对人类影响的重要性。他研究以后意识到了各个土著民族部落与这个看不见的世界保持着密切的联系，不像西方世界那样把它视之为无稽之谈。其中一些部落用它来做为相互交流的工具；而另外一些部落里的人，则用它来跟他们的祖先进行沟通、联系以寻求祖先给他们提供的建议和学习的方法。罗伯特对天地、自然有着与生俱来的兴趣和了解，他对地球与自然界的未来感到担忧，他积极热衷于学习古老的智慧，用于当下的实际工作之中。他拜访过非洲的多贡人、美国和加拿大的北美印第安人、亚马逊部落等少数民族和原始部落。他有时跟部落土著人在一起生活，经常与他们交流和学习。这样做的结果是激励了他寻找帮助大自然和地球的切实可行的方法。因为，这正是许多部落民族最关心的问题。他们知道如何珍惜和善待哺育我们和供养我们的那片土地。但是，令人担忧的是大自然和土地的进一步发展。由于无止境地砍伐森林和随意在土地上使用化学

第十八章 — 科学家

毒素，大自然界里的森林被砍伐殆尽，变成了沙漠。一个名为"Treetobe"的网站建立不久，希望引起人们的关注，并且用来传达这一信息。继而，一本令人瞩目同时可以下载的电子书面世与众，希望能够将这一信息带给更多的人。这部电子书的内容超越了典型的基于碳的讨论。此书讨论了如果大规模的重新造林，能够帮助恢复水的循环，从而避免大规模的水资源流失与短缺，减少二氧化碳水平，以及经济学在社会中如何发挥积极的作用。电子书的内容还鼓励每个人都应该参与其中，而不必等闲视之，政府只是做纸上谈兵的协议，一切实际工作都会放缓。

这一切都是在过去的几年里，在三大洲的热带地区和热带雨林地区中，已经种植2500万棵树苗以后，获得的见解和反思得出来的经验。这是 Tree To Be 网站的创始人与研究这些自然界里生物循环，有着数十年研究经验的气候科学家与在自然科学界有领先技术的科学家之间的合作。这个合作研究从早期开始到现在，它已经演变成了一个名为 UnifyingFields.org 的新基金会。罗伯特就是该基金会的联合创始人之一。我很欣慰地说，当基金会还处于启蒙阶段时，他邀请我参加了他们的早期讨论会。他还向我发送了许多本的绿皮书供我审查和评论，并继续邀请我参加有各方代表参加的讨论会议。正是在这段时间里，讨论不仅转向了农业方面和森林被大量砍伐的问题，还转向了寻找清洁能源的必要性。在前一章中，我已经提到了我们在苏格兰企业领袖会议上与一些石油企业和天然气企业的高层管理人员进行的一些对话，但是，他们表示出将需要一些时间来'扭转当前的局面'——如果他们决定这样做的话——尤其是当政府机构着手介入。

作为最初的联合创始人之一的罗伯特Robert Hoogendijk和基斯Kees Hoogendijk他们两位都拥有工程背景和资深企业管理经验，他们都对"新能源"这一亟待开拓性领域有着盼望已久的热情。这种新能源有时也被称为'自由能源'，通常与开启了20世纪的新技术发明者尼古拉·特斯拉Nikola Tesla联系在一起。面对亟待解决的人类自然界中的气候变化问题，所需要有巨额资金才能够达到效果，罗伯特和基斯一致认为，如果他们能够实现尼古拉·特斯拉Nikola Tesla的'为所有的人提供充足能源'的梦想，那么这将为拯救自然界和世界的气候提供一个基础。

他们的计划是在短短的十年内引入第24世纪的能源模式。

世界各国的科学家经过多年投入大量资金研发最有可能的'新能源

',他们得出的主要教训是:区分那些有前途的和没有前途的差异就是意识。

几位罕见的科学家会突然报告说,他们有时会花费数月或数年的时间来工作和研究各种解决问题的方案。然而,答案会突然就自动出现在他们的脑海中;有时,答案会像梦境一样出现在他们的眼前;有时,他们会不自觉地、自发地把答案随手就写了出来;有时,他们还会在脑海中出现一种答案的愿景。

除此之外,更多的科学家会以某种方式取得联系并报告类似的事件,或者报告说他们只是觉得有必要进行联系,而且其中许多科学家已经在研究新的清洁能源了。

当罗伯特向我提到这一点时,我说,'他们已经下载了那个答案。某个人在某个地方已经给他们准备好答案了,或者是正在试图给他们提供帮助。"实在令人难以置信的是,来自世界各地的独立工作的科学家,常常会突然与罗伯特和他的团队取得联系。就好像他们都拿到了拼图游戏中的一个小部分一样,令人兴奋不已;这是我认识到的一个现象。当我们下载有关将成为亚瑟·柯南·道尔爵士活动中心的建筑物的信息时,我的冥想小组团队已经多次经历过这种情况。

通过与罗伯特的交谈,我还意识到了,有些科学家的研究几乎接近找到了替代能源的途径,他们即将进行试验阶段了,然而,这些科学家却忽然间消失了。其中一些案例还是相当恶劣的。在这个特定的研究领域里,众所周知,有很多的媒体报道过关于一些科学家/发明家在自己的家中尝试新能源作为起始原型测试阶段的过程中,在其结果还没有拿出来的情况下,无声无息、毫无踪迹地消失了。以此为据,可以断定,显然有强大的机构正在不择手段地保持现状,保证其既得利益。这意味着许多人对合作和共同分享他们的发现,都持有十分谨慎态度。

"我们需要让他们见面",罗伯特说。"或者至少是研究这个主题的一些主要思想家。你看,他们遍布在世界的各地——他们从来都未曾见过面——我们需要一个安全的地方,使得他们见面。"

我连想都没想就说出了:"你们总可以在这里儿见面吧?"

罗伯特盯着看我,思考着这个提议。"那就太好了。然后,我也可以带他们一起去见利亚姆。"

罗伯特已经找到了一家制造公司,可以生产出科学家设计的一些可

第十八章 – 科学家

以替代的新能源的设备组件,该公司已经启用了治愈和替代能源,他已经加入了驾驭这个领域的中心领导层。

"好吧,如果你认为他们会来,我很乐意为他们的聚合提供一个开会的场所?"我这样对他说。因此,2018年5月,来自世界各地的一小组科学家,他们首次在亚瑟·柯南道尔爵士活动中心聚合开会。在此之前,我做会议安排时,我一直都与罗伯特保存着密切的联系。我按照他们的个人行程路线以及每个人到达的不同时间,安排接应。罗伯特问我是否愿意在会议开始时,致开幕词以启动他们的会议议程。

"如果你愿意的话,我很乐意做'欢迎来到亚瑟柯南道尔爵士活动中心'。"

"不,我想让你来宣布开场与讲话"。

"我?我要面对着一大群科学家谈论什么呢?我对他们都是在做什么的可是一无所知的啊,"我说。

"我需要你谈谈在事物显化方面的实际经验。你已经具有和熟悉了他们现在正在经历的体验。并且,你是完全可以提供在这个领域里的活生生的证据来说服他们也都具有本自具足的能力。因为,你就在你'下载'的那栋建筑大楼中提供这个验证。

我就是这样做的。令人惊讶的是他们都非常感兴趣,并且都好奇地渴望要了解更多的这类事情。我带他们参观了我们的活动中心,指出并展示了漩涡的照片,让他们亲自体验到了这个地方的能量磁场。而后,他们提出了各种问题,回到他们的问题意味着我就不得不超出了议程上安排给我讲座一个小时的会议时间安排。我担心他们还有更紧迫的事务要在会议上商讨,所以我向他们保证说,如果他们想了解更多我这里的情况,他们可以随时回到我这里来;如果他们真的想亲自感受一下大自然里的地球能量磁场的力量,他们应该去若丝琳;正如我之前提到的那个地方,这是我在幼年里常去的玩耍地方。这座大教堂因为丹·布朗和他写的书《达芬奇》而早就远近驰名了,我从很小就意识到了这个地方存在着特殊的能量磁场。

我不知道为什么我要提到若丝琳,也许是因为那是我在我们冥想小组之外没有真正讨论过的事情。但是不知怎的,我认为告诉这些科学家要获得自己的第一次体验似乎非常重要。只有自己亲身体验到了,才能够对自己质疑它是真实的还是虚构的,给出自己内心发出的答案。这样,他们会更有信心地努力尽自己的一份力量来拯救大自然、地球。因此，我们一致赞同在六个月以后，大家在若丝琳再次见面。那次聚集在若丝琳，我还租赁了若丝琳城堡用为我们会议的中心会场。现在，他们之间互相了解更多了，对彼此之间的陪伴，也更加轻松自如和自信了。他们在接下来的六个月里一直在分享着在这次聚会上的发现。由于城堡不够大，容不下他们所有的人都住宿在城堡里，所以他们就决定都住在城堡附近的一家旅馆里。我们只是在白天使用城堡为会议讨论的场地。可是，当我们在周六的早上来到城堡准备开会时，我们吃惊地发现，不仅城堡在前一天晚上有不速之客的闯入，盗窃的行为证据还在那里——他决定在城堡里过夜——而且，当我们到达时，窃贼还在床上睡觉！

在经历了这意想不到、不期而遇的事件，还不得不报警，又得跟有关部门的警察打过交道之后，我们才又开始了我们的会议。前一天晚上，我们已经有互相介绍，然后也在一起吃了晚饭。所以，这次不需要任何介绍或致开场词了。他们集思广益地讨论了他们的技术和科学想法以及他们的科学理论。罗伯特拿着他的活动纸板站在大家的前门，记录科学家的发言内容。这个时候，我意识到了我对这些科学家正在讨论的内容完全不懂，他们的讨论内容对我来说是对牛弹琴。我没有什么可以补充插嘴的地方；我没有技术知识，我的思绪早已飘向其它的事情上了。我突然意识到一个人（神灵人）站在我的旁边。这并不奇怪，因为我们都坐在一座历史悠久的14世纪城堡里，所以它会见证这里所发生的一切事情。并且，毫无疑问这里必然是有鬼魂存在的，如果不是残余能量的话，肯定是神灵。我没在这个方面多想什么。我不习惯随处都敞开心扉，成为一些人所说的那种'泄密媒体'，觉得有必要向毫无戒心的旁观者随便传递信息。在通灵媒体实践过程中，首先要学习的事情之一就是如何控制自身的'打开'与'关闭'。所以，这个鬼魂决意要跟我沟通，因为当我"关闭"时，他仍然要给我留下深刻的印象。我现在不得不专注上他了。我意识到他留着一头长发到他的衣领根的下方，因为我能够感觉到他的长发就像是在我自己的衣领上一样，我不得不全神贯注于这个鬼魂了。我能感觉到他穿着一件燕尾服，前面还露出来一个短马甲，他不断用手把马甲往下拉，好像是为了让自己站正、立直一般。他穿着一件打着蝴蝶领结的白色衬衫和晚礼服。他手里拿着一根指挥棒，他向我展示了他在乐谱架顶部，用指挥棒在敲击，仿佛是为了让他的管弦乐队注意看他，然后再开始演奏——他是一名音乐指挥家！现在我已经理解了这一部分了，然后，他向我展示了他的白手套，这双手套在某种程度上似乎是非常重要的。

第十八章 — 科学家

因为他不断地向我展示他是如何戴上这双白色手套的，并要确保他的每个手指头都能够进入到手套的手指的最底端的部分上，让每个手指都进入到手套里的手指固定位置上。他将一只手放在另一只手的上面，然后将一只手的手指穿过另一只手，又拉起手套的手指。我不知道他为什么要花这么多的时间，仔细地向我展示这些手套和手套的手指，并通过向我展示他伸出手指的双手来再次证明他戴着白手套。当我不自觉地思考他想要表达什么意思时，这双戴着手套的手，现在拿着一顶黑色的高礼帽，他从里面拿出了一只兔子。帽子里跳出来的一只兔子——啊哈，他是个魔术师！但是，他为什么会在这里呢？为了谁？我无法理解。但是，就在那时，罗伯特一定注意到了我在场，我却没有参与到大家的讨论之中，他问道："出了什么问题？"

我随即把刚刚发生的情况转达给了他，也给他讲了有关帽子里变出来一个兔子的游戏。这时，那个来鬼魂又回到了乐谱架和指挥棒上，他大笑了起来。他示意出他这是在开玩笑；他是希望让我知道他所传达的内容有双重含义：他是一位指挥家，但不是音乐乐队的指挥家、他是无线电力工作系统的指挥家。我还没来得及说出这个的启示，罗伯特就兴奋地喊道："那是特斯拉。"

'特斯拉？我不知道那是谁。但是，他正在嘲笑指挥的双重含义。他向我展示了他自己作为一名指挥者，敲击乐谱的谱架以引起管弦乐队演奏者的注意。但是，他确实是在试图引起这次聚会的科学家们的注意。他希望你能够注意从帽子里变出兔子来意味着能够有意外的惊喜。他希望你集中注意力，继续努力并完成这个使命。他嘲笑我，试图向我传达他是谁，而他的白手套对我来说毫无意义。所以，他展示自己是一个音乐指挥家，而他想说的是：他实际上是一个电导体集成线路的指挥家。他觉得这些很有兴趣。你觉得有意义吗，这些信息有道理吗？"我问。

"特斯拉戴着白手套。"罗伯特惊喜地高声呼叫道。

我不明白这一点，显然其他的人也不明白。但是，罗伯特明白。他很高兴这位无线电力的先驱者，在这个关键时刻来访问了这个小组。

特斯拉开发了一种无线的电力系统，他打算将其免费地分发给全世界来通用。但是，资助他搞实验、做研发的支持者，却不同意他的想法。他的无线通信和能源发明走在了时代的前面。但是，他最终死于纽约的贫民窟一样的困境之中。

在若丝琳会议期间，还邀请了一位治疗师来给与会者做一天的意念治愈体验。她的任务是为每个参加这次会议的人都提供一次治愈疗程。让他们单独体验意念治愈能量的力量和效果。她选择使用楼上的一间卧室暂时为她进行意念疗愈的房间，现在，她正在楼下耐心等待着科学家的会议讨论结束。由于科学家大辩论没有任何减弱的迹象，我建议她可以先带我去房间里，试一试。因为，我对他们的讨论没有兴趣，也没什么贡献。我去体验疗愈至少，会节省一点时间，把我从治愈师中的名单上划掉。她同意了，我们就一起去了楼上的房间里。我躺在了床上，她在床头柜上放了一些小记事本和铅笔，她说当我处于意念能量治疗时，如果有任何事情发生，可以用那里的纸张和笔记录下来。我以前从未见过有人做这种疗愈，这是否能是一个好主意，我的想法是模棱两可。

当疗愈师用意念进行治疗时，首先要建立与精神界的联系。疗愈师建立起与精神界的沟通之际，被疗愈者同时也接收到来自精神界的沟通，继而到达疗愈师和接受治疗者同时都能与精神界沟通的情况并不少见。但是，它通常只是保留在记忆中，而不是一个人或另一个人停下来，把记忆写在纸上。当我反思这一点时，我认为这不是一个好主意。但是，我不认识这位治疗师，她很清楚她自己在做什么，很明显她已经建立了她自己的一整套的工作方式。结果是我很高兴她事先准备好了的这些工作。她建议说：在我们开始工作之前，我先要在思想中设定我想要达到的意图。她还建议说，由于我并不真正需要治愈任何身体上疾病。因此，我可能会寻求针对特定问题的帮助，或者有其他一些需要解决或希望得到答案的问题。啊哈，我想，这解释了她事先准备的记事本和铅笔的用途了。我想不出什么问题来，就默默地祈求神灵尽其所能地帮助那些需要帮助的在楼下开辩论会的科学家们。

当我轻松自在地躺在疗愈床上时，疗愈师开启了配合疗愈的放音机，就是她治疗的背景音乐，听音乐是疗愈的一个组成部分。顿时，我能感觉到了我周围的能量在流动，我全身已经屈服于这种压倒性的平静感。我能感觉到我的整个身心都放松了许多，我的紧张感全部消失了；有时，工作起来自己就不会意识到自己有多忙，也没有意识到我为了组织这次活动而奔波了多少里程的路，并希望每个人都能够得到一切顺利。现在，这是给我短暂的休息和修养生息的机会，毕竟我现在是当下的我自己，是身处在若丝琳的修养所里，这里总是能够给我一种宾至如归的感觉。当我沉浸在这样的漫无边际的平静与静思之中时，突然一个画面涌现在我的脑海中了，我可以非常清晰地看到了

第十八章 — 科学家

这个图像的细节；这是某种电路装置的示意图，用于导电系统。尽管我对这个领域里的东西完全没有技术知识做基础，但是，出于某种奇怪的缘由，我知道我所看到的是用于做什么用的，我知道所有不同的元素是由什么组成的，以及它们如何以特定的程序，安装在一起工作。我毫无思索地就抓起了床头柜上的记事本和铅笔，我非常清楚地知道我必须迅速地把它写在纸上。我知道这不是我自己的知识，我不可能记住或保留这张非常复杂的图画及其所有组成部分。我画了一个带有箭头的草图来指示每个元素是什么，并尽可能地做了一些解释说明，直到我满意地捕获了所有脑海里的内容，我才重新躺回舒服地羽绒被里。我心里充满了解脱与安慰，因为我已经成功地捕捉到了神灵出示给的一切——多亏了有丰富经验的疗愈师事先备好的小记事本和笔——我松了口气，为自己能够做到这些记录下这些信息感到了满意和微笑。神灵在一个人最意料不到的时候，再次出现了。

我想要等待所有的科学家都接受和完成了他们自己的疗愈课程以后再向他们公布我'下载'到的信息，也许他们都会得到同样的神灵示意，他们对神灵出示的信息的理解会更精准确切。这种疗愈课程持续了一整天直到傍晚才全部完成。因为每个人都轮到了一次疗愈课程，在疗愈师给各位提供服务的同时，其他人也开始了社交沟通活动，我们还共同享用了一顿美酒佳肴的晚餐。到了晚上，那可不是再重新开始讨论的时候，因为他们已经为此工作了一整天了。

第二天早上，我们又回到了会议室。这将是会议总结之际，因为每个人都将在当天晚些时候打道回府了。因此，罗伯特渴望把科学家们所学到的知识和取得的成就全部记录成册。当每个科学家都争先恐后举手向他报告收获的时刻，他再次站了起来，用活动纸张挂图纸板和彩色笔，记录了所有相关的要点。我感到自己对科学家讲述的内容无能为力时，突然想起了我自己做的那个小记事本，为了安全起见，我把它塞进了当时穿着的牛仔裤的后口袋里。我敢提这个事儿吗？我感到非常不自在，这些都是从世界各地飞来分享此专业知识的顶尖科学家，我该怎样对他们的讨论做出贡献呢？我感受到了来自神灵的提示，我知道我必须讲出来给他们听。我决定我要等到捐款活动结束以后，向大家说明：'昨天，我在疗愈的过程中，我从神灵那里得到了一些信息。这些信息可能对你们来说毫无意义，或者可能是一堆废话，但是如果我只是告诉了你们，我得到了这些信息是什么，那么你们就自己看着决定吧？"我的话音刚落，我看到了有很多人都点头示意要我继续讲述我所得到的信息。所以，我从我的牛子裤后口袋里拿出了那个小小记事本，然后开始解释我的图表。

"安，请来这边儿讲，"罗伯特说，"请你把它画在活动挂图纸上。"

我小心翼翼地走到活动挂图纸板前，接过他递过来的彩色记号笔。我拿着我的小记事本，将图表复制到活动挂图纸板上。在我添加上指向各个部分的小箭头之前，有人惊呼喊道："我知道"，[他确实说出了这个电路装置图的名称，可是我却没记住他说的名词是什么了，我没认出他说的话。]他继续说，"我一直都在这个领域里做研究，可是，我无法恰当地完成所有元素的排列组合。我已经尝试了各种不同的组合方法，都无法使其发挥作用。"

我不假思索地说道："我可以告诉你，所有这些元素是什么以及它们应该设置的顺序。"于是，我就开始依次在绘制的图上标记箭头--即指向每个元素的箭头，并在每个元素旁边，写下了这个元素的含义。当他重复了我刚刚写下的内容以后，又传来了他兴奋的惊呼。出于机密信息的保密性，我不在这里透露更多的信息。

"我从来都没想到过这一点。当然，"他自言自语地说道，表情就像一只猫咪刚刚得到了一块奶油糖果一样的兴奋而甜蜜。他继续说，他是如此地兴奋，恨不能马上就回到实验室里做尝试。

我也很高兴。信息和图样已经被接受了。罗伯特小心翼翼地收起了他的活动挂图纸板，上面的内容会被用来做将来研究的参考，而后不久，他们就各自打道回府了。

我也回到了亚瑟·柯南·道尔爵士活动中心的日常工作管理上，我为再次得到神灵界给与的智慧与帮助而欣慰。亚瑟说过：你会发现有些人在某些特定的时候进入到你的生活中，或者是为你的师表，或者是为你的学生。我更简单的比喻是，不管我遇到什么样的人，都是有原因的；要么他们需要从我这里得到什么东西，要么我可以从他们那里得到一些东西。这再次被证明是正确的。通过一系在同一时间内发生的奇怪事情，我发现自己置身于一个试图拯救地球的国际科学家团队之中。我希望我能提供一些微不足道的帮助。

读者可以访问 UnifyingFields.org 网站，了解该组织目前出类拔萃的工作成果和规模，还会注意到他们的宣称：

'此外，我们正在开发和引入后化石燃料。那是传统的核裂变、水力、风能和太阳能之外的新型能源技术。

第十八章 — 科学家

UFF 拥有一家子公司 Restoration Power，该公司与世界各地的发明家合作，验证他们的新发明创造，并与其一起为伙伴合作，利用人的意识开发资本，在我们的社会中开发和实施这些新技术。'

在亚瑟柯南道尔爵士活动中心成立十周年之际，我写信给罗伯特邀请他前来参加我们的庆典活动。他的回应如下：

安你好吗？

感谢您邀请我前去参加你们的庆祝亚瑟柯南道尔爵士活动中心成立十周年的纪念活动。

与您一起在亚瑟活动中心和若丝琳开会继而诞生的新能源计划，现在是一个由欧洲科学家提供全额资助的新网络。Unifying Fields 还创建了一项试点计划，为所有社区的生态系统快速使用保护自然的能源系统提供资金。

然而这才是真实的东西……

有时间我们要详聊啊 ☺

最好的祝愿

罗伯特·亚尔

Robert Yarr

Unifying Fields

www.unifyingfields.org

罗伯特·亚尔的笔记

'当安建议我们应该在若丝琳城堡作为世界上举办的第一个用人的意识来开发新能源的国际会议地址的时候，我立即意识到了这个选择非常理想。那个古老的地方不仅为我们的集体工作创造了恰当的氛围，而且还使得我们在夜晚也有工作的效益。我经历了我的第一个清醒的梦境。我看见窗外屋檐上筑巢的鸟儿，觉得很莫名其妙。我发现我的双眼是紧闭着的，周围却是阳光普照的白昼。大约20分钟以后，当我终于能够睁开眼睛时，我的周围是一片漆黑，因为是在凌晨四点钟。后来吃早餐时，有一位同事坐在我的身边，她告诉我说她也有过与我完全相同的经历。

当安描述那个从非物质领域顺便来参加我们会议的精神界的人物时，我立即从她的描述中认出了那是特斯拉。我知道他在世时有细菌恐惧症，这促使他在穿正装时经常要戴手套。他对使用"指挥家"一词的双重含义，非常幽默有趣，因为他似乎让我们所有人都注意到，就像指挥家面对他的管弦乐队在演奏一样。但是，他也以玩笑幽默取悦他的名人朋友而闻名，比如他的朋友马克·吐温，经常参加他的实验，那会儿，人们经常看到他们通过身体导电来点亮早期的霓虹灯管。

Ann 收到和记录的图表已被科学家确认并记录为晶体管技术。

所有的新能源技术都是有意识的。

这次会议为 Unifying Fields 生成'意识容器'奠定了基础。它现在拥有三个实验室，并有望在 2027 年发布最新能源模样范式。它现在已经与世界上的最原始民族联成网络，使新气象自下而上逆向再生。'

— 罗伯特·亚尔 ROBERT YARR UNIFYING FIELDS
WWW.UNIFYINGFIELDS.ORG

19

第十九章 — 意识

  暂缓留在科学家的主题上，我再多说几句。当活动中心刚开业时，我想举办一个讲座项目，我就称之为"星期二讲座"，有许多知名人士和广泛受人尊敬的科学家和学者都踊跃支持我们的工作，为我们中心提供了讲演课题。我们采用的方式是由他们自己选择他们专业领域里热衷谈论的主题。然而，开明有见解的个人常常会受到同行业其他人士的挑战，因为在他们所选择的学科（无论是科学领域还是学术研究方面）中，总会有许多人要拼命维持现状，保护他们的既得利益——许多人以此为基础，已经建立起自己的名利场。不想看到他们风光的旧日成果被一些新时代的思想所替代。通常，我们选中的演讲者会向我反馈说，他们因公开阐明其观点而成为被口头上和在线网上攻击的对象。结果是通常会导致维基百科和其它网上搜索引擎被批评者给重新改写，以达到颠倒是非鱼目混珠抹黑演讲者及其研究的成果。

  虽然这种情况一直持续到今天，但是，我很高兴地告诉大家，多年来，越来越多的开明的学者/科学家一直在研究他们简称为意识的非物质世界，就是看不到的世界这一主题。在这方面，我必须要特别提到北安普顿大学心理学教授 奎斯 若Chris Roe 和亚利桑那大学心理学、医学、神经病学、精神病学和外科教授嘎瑞 Gary Schwartz 教授，他们都是研究这个领域里的杰出人物。他们一直都在坚持亲身体验和研究通灵媒体和通灵术；他们两位都专门为了这个研究目的设立了实验室，并且在更广泛的世界领域内研究其成果得到了认可和接受，使得对意识领域的研究成果在学术界里取得了相当大的进步。两人都将自己的实验室里的研究内容，直接带到了不同的体验者的面前，并在自己的环境中与那些通灵媒体和通灵者一起实践工作，这些事实都是值得赞扬的例子。在领域里的其他杰出人物包括大卫 David Lorimer，他的《超越大脑的思考：更广泛的意识科学》和他的一些'油管'视频短片，都非常精彩地描述了这个主题，以及准确地帮助读者来理解它的难懂之处。杰弗里·克里帕尔 (Jeffrey Kripal) 的书《翻转》(The Flip) 声称我们居住的整个宇宙就是一个巨大的心灵；心脏病专家皮姆·范·洛梅尔 (Pim Van Lommel) 因对人类濒死体验的研究而远近驰名，这使他相信意识并不总是与大脑一致发挥功能性作用的，意识是可以脱离人的身体来独自体验（超越生命的意识，濒死体验的科学）。我很愿意转告给大家，有许多医生、哲学家、心理学家和其他不胜枚举的各行各业的人士，都正在研究这一现象。对于大多数研究人员来说，意识表示心灵与世界之间的关系。对于宗教或精神而言，它指的是思想与上帝之间的关系或被认为比物质世界更基本的更深层次的精神意义。

体验者，就是能够运用这种能量施展工作的灵媒、通灵者、敏感者和疗愈师，他们称这种能量为普遍意识、源头、精神世界/领域——这是我们知道围绕在我们周围的形而上学、唯心主义、非物质世界。这也是智慧、意识、擅长沟通的。

古往今来，体验者总是探索这个看不见的世界的先驱者。很自然，进入到任何未知的陌生领域总是有风险的，我们会对未知事物持有警惕感，有时甚至会有恐惧感。在过去，我们的许多主流传统宗教都试图通过声称只能通过他们的宗教渠道，特别是通过牧师、神父等来控制这种进入精神世界或接近上帝/源头的唯一途径。他们控制的教区之内的教徒，警告他们的教区之内的教徒不要复活死者、恶魔、财产等，并一再强调他们的教徒不要涉足这一领域。然而，我们现在发现，正是一些科学家和研究人员（其中大多数人是没有宗教背景的）在进行"涉足"。为了做到这一点，许多人使用导致幻觉的药物来达到"改变意识的状态"——这通常是在通灵和心灵发展的课程中，由有经验的人教授给学员的，是以自然和受控的方式来实现改变意识的状态境界的，不需要使用药物来干涉。

第十九章 — 意识

毫不奇怪，其中一些研究人员在他们的"旅途"中遇到了一些奇异的现象。作为意识培训、心灵和通灵发展的导师和实践者，有人要求我对意识给出我在这一方面的观点和经验，要我给出评论，意识与主要宗教团体推崇的意识有何不同。

首先，我出身于基督教家庭，对教会的观点有一定的体会和了解；我通过研究超自然现象并成为一名心灵感应的调研员，我开始了我自己对这个精神世界的个人旅途行程。因此，我的主要方法是依赖于心理学研究以及我自己在通灵和心灵学研究方面的经验。我还要重申一个事实，就是亚瑟柯南道尔活动中心，自豪地宣称我们欢迎所有宗教的共存，也一样欢迎没有任何宗教信仰的人士，我是没宗教偏见的。

以我的拙见和我自己的经验，我感觉到精神世界存在着某种形式的等级制度。一些宗教声称人死后的灵魂会有七个发展阶段。我不知道。但是，我的感觉是，当人们死亡时，他们的灵魂进入了精神世界的入口级别，也就是最接近我们的物质世界，然后再继续前行'进入光明'。我相信这就是为什么他们最容易被灵媒联系到他们的灵魂。灵媒会很愿意证明'他们无处不在'的事实，只要还有人能够记得他们，他们就会一直围绕存在的。这并不是说他们被困住了或者他们不再继续前行，而是说只要我们活着的人可能需要他们的灵魂上的帮助与安慰，或者甚至有可能他们的灵魂会帮助我们自己及时过渡。

我不相信灵魂被"困"在地球上的说法，也不相信上帝已经把他们忘了。根据我所有的经验，在调查有鬼的房间时，我发现房子里残留着一个精神的存在（而不仅仅是一些严重的伤心事件的残余能量），这个精神的存在是有目的的。它可以有很多目的。我曾经给它命名为"未完成的事情"。这可以表现为一些生前没有传达出去的紧迫信息，或者对于一些在一个地方生活了很长时间的人来说，他们只是无法忍受离开这个地方或离开他们的家人——尤其是他们的孩子。另一些人则因创伤性的突然死亡，他们并不知道自己已经死了。还有一类人，是为了自己的邪恶或满足而逗留在地球上。后一类是迄今为止最小的一部分。如果你认为神灵界里的人，从定义上来说是地球上人口的代表，那么大多数的人就像我们人间大众一样，都是普通人。然而，就像社会一样，也会有一些个别的恶意小众。这些人可能是连环杀手、谋杀犯、强奸犯、恋童癖者以及一般社会底层级别的人士。他们也有机会在精神世界中进步，通过学习他们自身体验得到的教训之方式来学习提升。但是，有些人的本性就是作恶，他们选择继续对地球上的受害者施加他们的恶意和恐惧。

然而，还有就是天使和堕落天使的类别；后者是生活在我们之中的那些戴着不同面具来欺骗我们的恶魔，以隐藏他们的真实身份，至少根据圣经是这样告知给我们的。对我来说，最重要的一点是拥有敏捷的辨别差异的能力。在瑞士库尔教区的驱魔师塞萨尔·特鲁基 (César Truqui) 是罗马雅典娜神学院第 11 期《驱魔与解脱祈祷》课程的演讲者（该课程为安东尼·霍普金斯的电影《驱魔与解脱祈祷》The Rite 提供了灵感）在一次采访中，记者问他如何来识别一个人是否被恶魔附身、以及他如何来施法进行驱魔的。还有人特别问他："在有求助于你的人中，有多少人真的是被恶魔附身了？"他的回答是："非常非常少。"来源：www.Aleteia.org

这并不是在诋毁驱魔师进行驱魔的工作。事实上，我同意他在那次采访中所说的很多内容（显然我无法做评论）。这里有很重要的一点就是，这样的案例'非常非常少'，大多数人永远不会遇到它们。这可能就是为什么——依照我幼稚的想法——唯神灵论主义者所说的：这些事情不会发生，一切都是"慈爱与光明"。我相信这并不遵循阴与阳、黑与白、善与恶的永恒定律；对于每一个行为,它都是会有同等程度上的正反两个方面的反应。可是，我确实同意，自然界里存在着一个自然的天理，它会以某种方式发挥作用，将一切保持在其应有的天秤位置上。因此，那些在爱与光的精神世界（我们的神灵界里的朋友和亲戚居住的地方）中运作的灵媒，不太可能遇到负能量。然而，根据我的经验，这个世界上也有黑暗的一面，它不断地在探索寻求进入到物理世界中的漏洞和弱点，贪图介入，妄自菲薄趁机作恶。这些漏洞和弱点可能就发生在某些不知不觉的人身上。例如：通过饮酒或吸毒、疾病、营养不良、某些形式上的精神病疾患。当然还有不受控制地使用奥吉显灵板。我就亲眼目睹过很多人，滥用其中的一种方式，结果落入到与存有恶意的实体发生纠缠之中，不能自拔，他们不得不寻求帮助才能获得解脱。正是出于这个缘由，我也警告人们不要使用奥吉显灵板。在我的第一本书《亚瑟和我》中，我讲述了我的冥想小组是如何被神灵指引，来安全使用奥吉报得通灵板的，以及我是如何非常反对这样做的。我从心灵调查的实践中得知了这样做的潜在危险。我们对神灵团队的信任有过考验，我们按照神灵团队的要求进行了操作，并获得了一些我们无法通过任何其他方式，能够获得的巨大成果和信

第十九章 — 意识

息。但是，我们也经历了一个趁机'暂时'想要钻空子的来访者。那次是伪装自称是我的一位亲戚来与我们冥想小组沟通交流。我立刻就警觉查出了问题，随即就关闭了与其沟通会话。因为我感觉到了那根本就不是其所声称的那样，我相信我们被允许与这两种不同的灵魂类进行交流，完全是为了我们自己灵魂的发展与成熟的需要。这样我们就可以感知并确定他们之间有不同的差异。这给我们一个机会，划出我们自己学习上升的曲线。毕竟亚瑟·柯南·道尔告诉我们，他会引领我们经历灵魂发展的各个阶段，以便我们能够体验和理解这些真实所做的情况。出于同样的原因，我认为我们被允许体验克劳利Aleister Crowley的显现，也是同样的道理。我们正巧都坐在神智社、他曾经用过的同一所房间里，这并非是巧合。这也让我怀疑亚瑟柯南道尔活动中心的地下室里，那个特别有劲儿的类种把我的丈夫音，高高举起之后再把他抛到空中的，是否真的也是一个恶魔。我也近距离地接触过它，可以让我感觉到它不可能是人类，也从来不曾是人类。它似乎没有骨骼，反而像是一团移动的纯粹邪恶的物体。它拥有令人难以置信的力气。作为我个人灵魂发展的一部分，我是否也被允许体验这些呢——这样我就可以体验和感知以前从未遇到过的事情——希望我永远不要再遇到这种情况？

我要在这里讨论的另一点是有关于不明飞行物和外星人的课题。有人声称这些是伪装成的恶魔（现在称为 UAP[1]）。我必须首先承认这根本不是我专业领域内的事儿。但是，我每周都参加有关这个课题的在线小组讨论，来自世界各地的对此超自然现象有兴趣的调查人员，其中许多人都是在这个领域里做常年研究的专家。当我听到他们的证词以及目击者和被绑架者的陈述时，我的感觉是体验过这种现象的人，也是通过心灵感应接受彼此意念交流，他们也是利用通灵沟通的。我自己有过的经历是这样的，有一次我坐下来进行正常的冥想，在我的脑海里出现了外星人的图像，我认为该图像毫无意义，因此就将其放弃。我在那次冥想期间，这种图像又重复出现了几次，直到我设法将其在我的脑海里完全消除，完全摒弃掉为止。我当时觉得很奇怪，为什么会发生这种情况，恰巧当时在我们的活动种心里，有几位世界顶级的通灵媒体在这里工作。我借此机会询问他们是否曾经也有过这样的经历。他们告诉我说，他们也都有过同样的经历，我觉得很惊讶，但是，他们都闭口不谈这个问题，也许是因为害怕被讥讽与嘲笑。现在，随着时间的推移时代进步发展了，*史蒂文·格里尔博士Dr Steven*

Greer给涉足于这个领域里的人，制定了一个与外星人联系应该遵循的协议。它被称为实际应用 CE-5 手册 [第五类近距离接触——人类开启与外星人接触]。这本手册规定了使用冥想和心灵感应的交流方式进行与外星人联系的要点。继而，似乎导致了更多的人对外星人和不明异常现象有兴趣和报导了其目击事件。我在离开这个主题之前，想要重申的是，现在已经有非常多的信息，足以证实外星人和不明飞行物的存在，它们的存在是无法被否认的。它们究竟是什么以及它们出现的意图是什么，则是另外一码事。就这个问题，如果你想要知道更多信息，请参阅 MUFON.com 和 SETI.org

总而言之，我相信所有的主流宗教都在做同样的事情，只是名称不同罢了。是人为地建立了所谓的专属'俱乐部'，并声称'我的俱乐部比你的俱乐部更好'，于是，双方就开战，进入多年的持久战争和残酷迫害。从十字军东征到毁灭巫女运动等，都是不择手段地来证明自己宗教的优越性。然而，认真想想看，这些主流宗教的起源，都是从有通灵者或有超自然现象给人以某种经历而已。通灵者得到某种预见，或是他们获得了某种神圣的引领和智慧。然后，这些先知先觉者就向其他的人讲述了他们的经历，并且从他的讲述中，吸引了一批感兴趣他的说教的信徒。然后，就有人把它写了下来，所写的内容就会被人们坚信不疑、并变得神圣不可侵犯——就像《圣经》、《古兰经》或《佐哈尔》一样——继而，这样的书就会在全世界到处流行分发。所以，无论先知是穆罕默德、佛陀、耶稣还是其他人，他们都是在寂静中接受过拜访，就是坐在菩提树之下，或进入到漫无边际的大沙漠里，独自辟谷四十个昼夜而已。就是在这个极其静谧的时期里，沉思静坐使得了他们获得了智慧。获得招魂术和通灵术也是如此罢了。都是在沉默中，一个人，才能明白自己的本自具足，才能够意识到另一个世界和一种普遍意识就在自己的本身之内。大多数宗教也相信，人死后有某种形式的生命。无论是天堂，涅槃重生，甚至轮回，主要的原则是你的灵魂不会死，而是以其它形式继续存在。就像科学实验室中的原子一样，能量不会消失，它只会改变形态，而后会继续朝着不同的方向发展。

当我看到这些相似之处并意识到大多数宗教都在做同样的事情，只是以不同的幌子并添加上自己的东西作为规则或指导原则时，我可以看到这里有一个共同点，一个共同的目的和共同的经历。既然如此，我就简单地假设有一个更大的力量来指导行动。无论是上帝、源头、

第十九章 – 意识

宇宙意识，甚至是外星人，那些已经提到的先知先觉者都在经历同样的事情，只是使用不同的名词来解释罢了。这表明有一种无所不能的力量和智慧统治着我们所属的这个宇宙。当我们死亡时，我们会抛弃我们的肉体，但是，我们的精神会存活下来，有时会留在地球上并与仍在地球上的其他人保持联系，否则我们会在这些精神层面上进步，最终摆脱我们作为个体的所有物质和记忆的需要。我们继而就融入源头的一体性。正如灵媒会很容易接触到那些最接近肉体的灵体一样，有些灵媒也有可能进一步微调它们的振动频率，来接触到那些更高维度层面，能够跟天使和那些进化到了更高维度的灵体进行接触。在这个领域中，不需要保护或害怕那些较低级别维度的实体，因为它们根本就无法穿透这个较高层次的振动频率级别，根本无法到达高维度级别。相反，正如我总要进到一些闹鬼的地方，并准备好要与那些持续造成严重破坏的低维度的人接触，我确信那些恶魔有可能就是被教会谈论的，或是跟克劳利（Aleister Crowley）一样做过坏事的罪人，渗透到我们的世界里。因为他们随时都在寻找人世间的漏洞或弱点。值得庆幸的是，我不必处理这些问题，我非常乐意将其留给牧师和驱魔师，他们都是经过了专门的训练，懂得如何来处理这些问题。

我再次重申要有辨别能力的重要性。事实上，圣经有郑重地告诫我们：'要试探诸灵，看看它们是不是出于圣神"（见约翰一书4:1），保罗也说我们应该'辨别诸灵'（哥林多前书12:10）。在通灵者中，这项技能是通过反复经久的练习，建立在你天生就有的第六感觉和勇于斗智与机警反应的基础上获得的；你自己的身体最能感知你的情绪，也能够告诉你应该在何时能承受做什么。因此，我建议其他人，最好不要涉足他们不理解或完全无法控制的领域（例如奥吉报得显灵板）是理智的。另一个方面就是练习灵媒的工作，通常是在有丰富经验的灵媒老师的培训和监督下完成的，在这些环境中不太可能遇到维度级别较低的灵媒的干扰。

所以，在此我鼓励体验者能够进一步地探索；要学会使用自己的洞察力，要成为未来的先驱者，并成为推动这个令人兴奋的看不见的世界进步的主力军。就像宗教一样，这将从体验者自身得到的经验，提供的报告开始。报告有这种经历的人越多，就越有可能对其进行研究和检验，而科学家和学者也会随同跟进。

记录：

　　有趣的是，梵蒂冈举行了他们自己的降神会，天主教会现在认同他们自己教会中的成员中有通灵者。2016年5月16日，梵蒂冈发布了一封重要信函，表示欢迎那些拥有"魅力恩赐"的教区居民，这表明教会改变了他们的看法。该信的摘录如下：

　　神恩是圣灵"按照他的意愿"分配的特殊恩赐（哥林多前书 12:11）。为了说明教会中不同神恩的必要存在，两段最明确的经文（罗马书 12:4-8；哥林多前书 12: 12-30）引用了与人体做比较的说明方法：'正如在一个人的身体里，我们有许多不同的器官部分。而所有各个部分的功能都不相同。所以，我们虽然有许多个部分，却都是在基督教会里成为一个整体，彼此成为不可分割的一部分。我们既然各有各的恩赐，就要按部就班地接受给我们各有不同的恩典。所以，我们就应该适当地运用它们'（罗12:4-6）。在整体成员之间，这种多样性并不构成一定必须要避免互动的异常现象，相反，它既然是必要的，也应该是富有成效的。它让多种赋予生命的功能都成为发挥其作用的关键部分。（哥林多前书 12:19-20）。保罗在《罗马书》12:6 和彼得在《彼得前书》4:10 中都确认了特殊神恩（charísmata）和神的恩典之间的密切关系。[13]神恩被认为是"上帝多种形式的恩典"的体现（《彼得前书》4:10）。因此，这不仅仅是人类的能力。它们的神圣起源以不同的方式表达：根据一些经文，它们来自上帝（参罗 12:3；哥林多前书 12:28；提摩太后书 1:6；彼得前书 4:10）；根据以弗所书 4:7，也是来自基督；根据哥林多前书 12:4-11，更是来自圣灵。由于这最后一段是最重要的（它七次提到圣灵），因此神圣的恩典通常被描述为"圣灵的表现"（哥林多前书 12:7）。然而，很明显，这种归因不是排它性的，并且与前面的两处并不矛盾，而是尊异求同。神的恩赐总是意味着整个三位一体的视野，正如神学从一开始就在西方和东方同时共同被确认的那样。

　　来源：https://www.vatican.va/roman_curia/congregations/cfaith/documents/rc_con_cfaith_doc_20160516_iuvenescit-ecclesia_en.html

20

第二十章 — 继续前行

我已经到过了相当多的国家做了广泛的旅行，我常去的地方有德国的法兰克福和慕尼黑，瑞士的巴塞尔以及英国和国际的同行会议所在地。从2018年起，我出行的计划进一步延伸到了亚洲，特别是到了香港。我收到了香港皇家地理学会的邀请到香港去演讲和教学。我感到很自豪也有点紧张，我充满信心，欣然前往。讲演前，我被告知门票被抢购一空。讲演会上有许多人闻声赶来，没有座位了，就站在讲演大厅的后排，人们希望听我讲亚瑟·柯南·道尔、爱丁堡活动中心的事情。这次讲演活动非常成功，我感到很欣慰，主办方的主席随即邀请我再次去香港。当我们坐下来一起用餐时，他的电话还是继续打进来，是他的组委人员向他汇报这次演讲极受欢迎的反馈消息。我还在香港的亚洲协会上做了演讲，由于那里的观众热情很高，组委还举办了为期两天的公众研讨会。我受到这一成功的鼓舞，随即就决定接受在此之前收到的去纽约的Lilydale教学和演讲的邀请，那里是招魂术的发源地，能够被邀请到此演讲，在同行业内可视为极高的荣誉了。我计划在明年 即2019年8月去纽约Lilydale，然后顺路去加拿大的多伦多和温哥华等地演讲和教学。

转眼到了2019年，我们的星期四冥想小组在若丝琳又安排了一次集体静修活动。我们在此之前有去过若丝琳做一日游活动，2017年我们也在那个城堡里租住了四天。我对这个地方有着特殊的感情与敏感和直觉,特别在那里过夜,总是有一种与神灵拉近了工作距离的感觉与收获。整个城堡气场很强,但是,它的布局很一般化。因为一些卧室之间是互相连通着的,而且所有浴室的门都没有安装门锁。大家开玩笑说,如果想要去厕所的时候,一定要引吭高歌或用力吹口哨才行,这样才能让别人知道厕所里有人。吉欧负责大伙的餐饮,她总是把晚餐安排在城堡的餐厅里,并且为我们准备尚好的美味佳肴,餐厅里还挂满了挂毯和闪烁的烛台,城堡里的大木头门,每当开、关时都会发出吱吱的声响,听上去令人浑身起鸡皮疙瘩。所有的城堡都有地牢,若丝琳城堡也不例外,它的地牢就在地下的几层楼里,我们能感觉到地牢的那种寒意的。但是,在大多数情况下,我们大家都围坐在熊熊燃烧的壁炉前,每个人都有温暖舒服,轻松愉快地跟神灵重新建立联系。

活泼顽皮的神灵给了我们这次活动的一个很好的例子。当大家都在城堡里围坐在一起静坐时,我很清晰地听到声音说:'当学生们都准备好了的时候,老师就会出现了。'我也看到了神灵要我们找到的一个特定的坟墓。我是在我的脑海里预先看到了这块墓碑的实际位置,我知道它在若丝琳城堡墓地靠近后墙的一个地方。小组里的人对这一最新消息也非常感兴趣,都想知道这是否跟圣殿出现骑士团的情况有关联。圣殿骑士团的景观时常会出现在我们的小组冥想打坐时小组成员的脑海里。也许跟亚瑟·柯南·道尔或其他伟大的名人有关系?我们知道威廉·华兹华斯William Wordsworth、罗比·伯恩斯Rabbie Burns和沃尔特·斯科特爵士Sir Walter Scott都曾拜访过若丝琳城堡。据我所知,没有名人被埋藏在这个城堡的墓地里。我们冥想小组打坐完之后,就出去围绕着墓地漫步。我们沿着坟墓慢走着,我向小组里的其他人示意应该'沿着这里'漫步边走边看,结果最终来到了那个出现在我脑海里的坟墓前,我认真查看,结果发现那是我以前的小学老师的坟墓!

当我把这事儿解释给小组成员时,大家都大笑说这是一个很好的讽刺。显然,这个信息是学生还没有准备好,才刚刚开始。这也是对我们所期望的事情做一个验证。我们确实抱着太大的期望,只因为我们过去已经有所收获,得到了神灵给我们的帮助。现在我们就期望得到更多,我认为我们得到的教训是要有耐心和自律,也许还提醒我们要记住谁是负责人。

一如既往,之所以要组织大家一起来静修,其主要目的就是让我们能够有时间更自律、更专注地静坐在一起。这对我们冥想小组来说越

第二十章 - 继续前行

来越重要，因为亚瑟·柯南道尔向我们冥想小组承诺的物理显现的现象似乎正在建筑物内发生。并且被在建筑物内的其他人目睹证明了，而不是我们冥想小组里的人员。在我们冥想小组里确实发生的事情是，神灵与我们的合作更加频繁与密切了。特里西娅常与天使联系，使得我们常常感受到这个高维度的神灵带给我们无限温暖的阳光和无条件的挚爱。乔治能够引发出来萨满民族特殊的能量，以及动物神灵展示出来的物理化现象，都很活灵活现。吉姆很熟悉的神灵沟通渠道，就是神灵可以通过他来说话、来表达意识内容，而且很容易被辨别出来；伊芙琳精炼于在跟她的神灵接触中，得到深刻的哲理学问；而吉尔总是密切留心关注各个方面，我们大家都非常感谢她的灵魂导师，给予她的精心指导。就我自己而言，在这一段时间里，我一直都意识到了自己的内心被神灵所感动——书面上的意思。一开始是我有坐不稳左右、前后摇摆的感觉。现在，我能感觉到在我的身体里，好像是有东西，相似在用手指沿着我的后背的脊椎骨以及每根肋骨的关节处往上移动，但是，是从我的身体的内部。当我坐在冥想小组打坐时，我能感觉到我的后背脊椎骨被一点点地用力来往上推，因为我的每块后背的脊椎骨都被推到了椅子的靠背上。这是来自我身体内部的推动力。这实在是一种奇怪的感觉。

2006年成立了冥想小组以后，神灵告诉我，这将是一个物理性能量显现的小组。我们将要学习到各种不同形式的能量转换和意念沟通的技巧，以促进我们自身意识的发展和提高。当我们的意识提高到了一定的维度，我们将需要向公众公开这些事实。我在那段时间里，除了根本就不想做物理通灵媒体之外，我一直认为，如果有物理显现发生，它只会在我们冥想小组中自发地发生，而不是通过某个人。吉姆过去总是在这一点上较真儿，他时常就向我发出挑战，他还经常问我："你认为谁能成为物理显现的通灵媒体呢？"

我总是故意回避他的这一问题，还告诉他说这将是一个小组人员共同要做的事情。现在，我开始怀疑了。神灵驱使的物理性显现与日俱增，当我坐着的时候，我会感觉好像有什么东西在我身体的内部里面，做挣扎并且要蹦跳出来。小组人员能看到我的肚子不受控制地在鼓动个不停。我常常感觉自己好像身体要生大病了，我感觉要呕吐出胃里的东西。最好的形容可能就是，有人用'手指'在我的后背脊椎骨上往上爬行，然后再到我身体的前面的部分爬行。最后要拼命挣脱，试图要捅出来的那个手指的'拳头'。我意识到这一切听起来非常荒唐无聊。但是，我认为正在发生在我身上的就是神灵试图控制我的整个物质身体，而我正在做的就是拼命地抵抗和保持自控、镇静。这种情况持续了几年，直到能够与神灵进行更顺利的合并为止。以至于当我最近（2023年）坐在我们冥想小组里，跟一位来自瑞典的通灵媒体 Fredrik Haglund 一起打坐时，他惊呼道：

"我透过你的脸看到了亚瑟·柯南·道尔的不同面孔，安。当一切稳定下来后，我在你的脸上清楚地看到了他的脸，留着小胡子，就像你们活动中心大楼外面挂着的他的照片一模一样。这可太妙了，实在令人兴奋。我不记得是否有动态了，但是，我确实仍然能记得烟草的味道。比如烟斗或雪茄的味道。我从来都没有见过这样的事情。"

另外一位灵媒也同时目睹了这一切，并且说道：

"我还从未见过安作为媒体来施展工作，尽管我知道安、和她的冥想小组中的其他人、亚瑟柯南道尔活动中心以及她上一本书里谈到的灵感之间的关系。在观察到安处于改变了原来状态的人时，我喜欢保持开放的心态。因为我目睹了一些灵媒说这位伟大的先驱者或那位伟大的先驱者影响了他们的通灵能力，我倾向于更多地感知或感受神灵的力量，只需要问一句'让我看看你在那里'，就像我这次所做的那样。当我观察到安改变了她原来的状态时，我敏锐地意识到了就是亚瑟·柯南·道尔在控制她。这个人的身影与他照片中是一个样子，此时他就在安的右侧，站在她的正后方。然后他看着我，向我摇动了他的一根手指。当他向前迈出一步时，他就与安更多地融合为一体了，我意识到了这一点，此时力量变得非常强烈。之前我感受过这种强度的能量。突然间，安身上出现了一种强烈的阴影，我可以看到强烈的男性特征，力量变得如此之强大，就好像安本人正在消失在这种力量之中一样。我被安的手所吸引，就在那时，亚瑟·柯南·道尔在我的脑海中以千里眼般的方式展示了同一只手上的同一根手指，慢慢地开始以与之前所展示给我的相同方式继续摆动。毫无疑问，我正在坐在一个特殊的人面前，我很高兴见到了亚瑟·柯南·道尔。"

— 约翰·西利JOHN SEELY 通灵媒体

第二十章 – 继续前行

现在我们再回到 2019 年，我们再次访问若丝琳城堡。这次我们租用了一个茅屋，这是一家很古老的客栈，现在被整修成一座客栈小屋，位于若丝琳城堡教堂新游客中心的隔壁。这个场地的布局严谨更适合于我们使用，不需要从一间卧室里进入到另外的一间卧室里，也不需要在浴室、则所里打口哨唱歌。这次我们还有另一位访客，彼得。我之前提到过他，亚瑟·柯南·道尔曾经说过，有些人来到你的生活是为了教导你；还有些人来到你的生活里是需要你的教导。在我们小组成立期间，我们曾遇到过这样的例子，当时我们意识到有人出于某种原因与我们同行一条路，我们知道我们需要邀请他们作为我们冥想小组的临时访客。他们通常会得到他们需要的东西，我们也会从这个过程中向他们学习，事情就是这样双方同时取得进步。彼得就是这样的人之一。当他在观众席上听我在爱丁堡艺术节上的讲演时，他引起了我的注意，并在讲演结束时，过来问我一些问题。原来他也有金融背景，也在城里工作过，所以我们之间有共同语言。跟我一样，他也在寻找生命中不同的发展方向，他的世界观发生了变化。他也开始探索非物质世界——我们接受他加入了冥想小组。

奇怪的是，我们以前也曾邀请过别人加入到我们的冥想小组中来，我们小组的名誉收到了最大程度的考验。我们根据以往的经验和加入小组的基本要求，邀请该人加入到我们的冥想小组。不久之后，我就跟着丈夫音去度假。我们当时正在从澳大利亚前往新西兰的游轮上，就在游轮离开悉尼时，我收到了一条来自神灵界的消息：'在你的大本营里有一个人是犹大。'收到此信息以后，我当时很担心，我希望确切地知道这条消息是谁发给我的。消息还提到，我身在世界的另一端，却将此人留在了爱丁堡的冥想小组里。当天晚上，我使用船上的互联网，上网访问了我的电子邮件的邮箱户头，打算向我的小组发送一份警告邮件，却发现我实际上在电子邮箱里已经收到了一份警告邮件。这是来自玛优米的邮件，她给我发了一封电子邮件，告诉我说她需要紧急与我交谈，因为在我们的小组中遇到了问题，并且有人带着负面意图渗透到了小组中来。那是专门针对我的问题。（提醒读者，玛优米Mayumi是我们冥想打坐小组的最早加入的成员之一，即创始人之一，她现在已经离开了英国，移居加拿大了。在那里，她仍然在关心着我们小组里的情况，并且从她那里获取了有关我们小组的信息。世界也是如此；她就在我所处的澳大利亚的对面。）

我对彼得没有戒心。他正在寻觅和扪心自问，这完全没问题，尽管他个人经历的企业背景仍然时不时地引起小组人员的关注。他在2019年和我们一起来到若丝琳城堡教堂，和我们一样，这里能够帮助他专注于自身的发展，他也继续在爱丁堡大学神学院的新学院里学习与研究比较宗教学专业。他和我们一起在若丝琳参加培训，课程结束以后，我们一起出去散步，我们都希望呼吸一下新鲜的空气。我们一起走路时，共同谈论'第二阶段'以及可能出现的情况。我记得彼得表示出来他很热衷于我能够采取更果断的措施与步骤，来尽快实现下一个目标。尽管我努力地向彼得解释我认为神灵的意图是什么，作为我们小组向前行的道路，它必须对我解释得更清楚。如果我所看到的，也确实是我想要的，那么神灵就必须做更多的实际事情来辅助我们小组来实现它。我的猜测是时机不对，我们还要耐心等待时机。我的冥想打坐小组用了五年的时间，才找到亚瑟柯南道尔活动中心的建筑物，当我们最终找到它时，我问神灵为什么我们要花这么久的时间，为什么不能尽早地到这里（因为这所建筑一直都是空着的），我被神灵告知时机没到。我猜想这个第二阶段还没有完全准备好，时机未到。因为只有我有看到了这个愿景，小组中的其他人，都还没有收到任何线索或者是类似的消息。

当彼得斟酌这个问题时，我可以看得出来，他是不敢肯定他自己是否已经接收到了这个信息。因为他急着想要参与到其中来。我能够理解并能够与他的想法产生共鸣。这与我过去做事的方式最相似，但是，我还是觉得如果我自己采取步骤，那么这种做法将是我采取的主动，而不是神灵界的指导与意愿。

我们的漫步行走已经正好绕了一个整圆圈，现在又返回到了通往我们租住的小屋的小径上。我们走上一个小山坡，又朝着墓地走去。我们来到了一个三岔路口上，其中两条小道是通往城堡的小路；第三条道则是被另一条通往磨粉坊的小路给隔开了（通往另一条步行道）我们选择了走后面的那条路。当我们快要接近墓地时，我看到了远处有一块墓碑，看起来好像它的顶部被在中间给打断了。我们走过去看个清楚，原来这个墓碑本是一个十字形的石碑，十字的顶部已经被折断了。所以，墓碑现在看起来像一个不平衡的'T'字样的形状石碑。

'很可惜'，我说，'有人打断了那块墓碑。'我们走向石碑，想要仔细察看。当我们走近时，我好惊讶地发现这实际上是卡农·罗兰·沃尔斯（Canon Roland Walls）的坟墓，他是我与安·克莱德夫人以及帕蒂·伯吉斯谈论过的那位僧侣和隐士。我还发现安·克莱德夫人也被下葬在这

第二十章 – 继续前行

同一块墓地上。还有更多的其它的事情。我发现墓碑并没有像我怀疑的那样被破坏打断，而是呈'T'字形状。我立刻明白了 Tau 它所代表的重要意义。难道这就是我刚所说的那件事儿的征兆？

以下是 www.seiyaku.com 的一些摘录：

Tau 是一个古老的符号，也被称为十字、方济会十字、预期十字、降临十字、拐杖十字和圣安东尼十字。

深入研究纹线学问，我们会发现其被命名是大有缘由的，通常都具有深刻的含义。*Tau* 的纹章术语是 *Crux Commissa*，音译过来的意思是"委托十字架"；也就是说，一个十字架，被更高的权威者（上帝）赋予了使命（钉十字架）。

Tau 是不朽和生命的象征，有时也是阳具的象征。它是迦勒底人和埃及人神秘 Tau 的异教标志，代表罗马神密特拉斯、希腊阿提斯和他们的先驱塔木兹。塔木兹是苏美尔垂死和复活的神，也是女神伊什塔尔的配偶。为了方便使用起见，字母'T'的原始形式来代表文字 Tau，T 是搭模斯神的首写的字母。在洗礼仪式上，异教牧师也在被洗礼人的额头上画这个符号。

今天在印度和其他地方，用神圣的提拉克标记在额头（在眉心轮的位置上――人的第三只眼的位置）上做记号，是印度教徒的习俗，表明他们是追随梵天、毗湿奴、湿婆、德维或沙克蒂。

很久以后，摩西神父采用了 Tau 十字架的形状，作为一种治愈工具被埃及神父采用。安东尼在埃及沙漠中一直象苦行僧一样的生活。尽管他的生活方式简单，如隐士一般。但是，他的健康（他活到了105岁）和智慧却受到人们的敬佩。他的美好名声传传颂至今，甚至传到了君士坦丁皇帝。随后，Tau 的十字架有了一个额外的名字：圣安东尼十字。

圣方济各在阿西西的麻风病医疗所相遇，跟方济各所在的罗马圣布拉斯医院（现改为旧金山阿里帕教堂）工作的僧侣一起，采用了圣安东尼十字。

他用这个十字架作为护身符来防止瘟疫和皮肤病，就像埃及人声称这个符号有助于永生和普遍大众得到福祉一样有作用。

牧师的习惯是伸展开双臂，形成Tau字样形状

圣弗朗西斯伸出双臂，向他的跟从者们展示，他们的习惯是Tau十字的形状。他们必须带着这个像基督化身一样的十字架走向全世界。这些修道者都是来自圣安东尼医院的和尚。

2019年8月的加拿大和纽约Lilydale之行是我最美好的时光。到了那年的9月将是我的60岁生日，我在一年之前已经向董事会提出了我打算退休的通知。我觉得我已经完成了亚瑟和神灵界里的团队要求我所做的一切任务：我们找到了这座建筑大楼，建立了活动中心，并且以亚瑟·柯南·道尔的名子来命名这个活动中心。它的业绩在国内外都非常成功和受到尊敬，我们正在向更广泛的公众传达信息。我要做的剩下一件事就是写这本书了。我相信在退休之前，我是没有时间这样做时，另一个相关重要的课题就是找一位接替我来担任董事长的职务。

可是，有两件事改变了我的这个计划。首先，我被神灵界鼓励这本书应该在美国市场出售。甚至在我访问Lilydale时，就应该推出这本书，以便它可以在全美国市场和加拿大市场同时受到欢迎。当我考虑到由于时间紧，我无法实现这一目标时，我还有职责要完成演讲和教学的工作。我收到了第二个也是更重要的缘由，这本书要必须尽快出版而不是等待以后出版。我们冥想小组的创始人吉姆把我拉到一边告诉我说：他已经被诊断出患有前列腺癌，这的确是一个惨痛的打击。尽管吉姆那年已经82岁了，但是，他仍然是一位非常活泼、活跃的老玩童。每当我们需要他时，他仍然在活动中心里积极帮助我，并且总是我们冥想小组里的主力军师。因此，我已经决定，当我有时间写这本书时，我要在这本书的首页注明，这本书是献给他的。现在看来时间已经不多了，我需要付出巨大的努力才能把这本书写完、出版。

第二十章 – 继续前行

  我抓紧一切时间，只要有机会，我就开始忘我地写作。几年前的 2016 年，我曾把自己与世隔绝，躲在树林里的一间小茅草屋里，独自一人过了一个星期，这样我就可以深思熟虑书的结构与框架的内容。我随身还携带了一具活动挂图纸架，我把纸张展开，覆盖了整张的大木桌，我手里拿着彩色的记号笔，开始对所有我能想到的应该包括在书里的内容，统统进行整理和排列，我还拿了我们星期四冥想小组的录音和文字记录，帮助我完成缜密的构思与写作。我们的星期四冥想小组从 2006 年开始，每周都会有集体冥想打坐，直到 2010 年我们找到了这栋大楼。

  所以，我非常明确地知道我要写什么内容了。我已经做了重点标题记录，我现在只需要一气呵成，完成写作。但是，这也需要一段时间的呀，我只有埋头苦干就是了。到了2018 年底，我已经写了 10 个章节，我原本的设想是要写23个章节。所以，我才写了还不到一半章节内容；我的压力越来越大。进入了2019 年，活动中心在圣诞节和新年假期以后，重新开门了。我和丈夫音的计划是前往墨西哥休假，就像我们每年这个时候都要去那里休假一样。我在暗自嘀咕，我不在活动中心忙工作的时候，也许能够继续多写些东西。这时，有一位常来活动中心的客人维奥莱特问我道："你有人给你的书做编辑的人选了吗？"

  "*编辑我的书*，"我无可奈何地说，"我能做的就是把它写出来。"我从来还没有时间考虑谁会是它的编辑呢。更不用说考虑谁会来帮助我做份编辑工作。总是这样，一旦我的这个想法刚一冒头、转身就忘记了的时候，它就会自然而然地得到了答案。就在第二天，兰斯·巴特勒参加了我们今年组织的第一场周二讨论会。他之前曾经写信给我说过，他要从珀斯搬到爱丁堡来居住。因为他现在住的地方离我们这里很近，所以他就问我说，活动中心是否需要志愿者。我见过兰斯，他参加了高登·史密斯的一场研讨会，当时我没有任何机会与他进行长时间的交谈。现在，他径直地走进了我们的演讲厅里来了，我走过去迎接他。"晚上好，兰斯，很高兴在这里见到你。"

  "我也很高兴来到这儿，现在我已经定居在爱丁堡了，我可以继续写我的书了。"

  "哦，你在写一本书啊——我也是在写书。"我不假思索地说出了这句话，可是，我真希望自己没说。我怎么有可能跟他的书相提并论呢——他可是英国文学系的教授——我的书怎能与他的书相提并论。正当我试图掩饰自己的尴尬时，他说道：

"如果你的书需要编辑的话，我就是你的书的编辑人。"

"真的吗？"

"当然是真的了。"他愉悦地说，随后就侧身沿着一排座位，找到了一个空座位坐了下来听演讲，我走到讲台上，把当晚的演讲者介绍给了来宾。演讲结束时，我没有看到兰斯，因为在演讲结束时，等待提问的人很多，向演讲者提出很多他们想要问的问题。但是，那天晚上我回家以后就想，他说的是真的吗？也许他只是出于礼貌罢了？我是否说错了？我决定要正式问问他，也许这是一个不容错过的好机会。在下次的会议上，我真的问了他关于编辑我的书的事儿。

"能给你做编辑，是一种荣幸，"他是这样说的。

"真的吗？这可不是一本学术书籍啊——远非如此，它只是一本受欢迎的、希望是轻松阅读的书罢了。"

"我能做的。"他爽朗地说。

我找到编辑了。我在书里向兰斯致敬，他成全了我交稿的时间表。我向他解释了我迫切需要出版这本书的两个原因，我告诉他说，我需要尽快出版这本书，是为了在八月份去美国时能够带去这本书。他说这确实是一项很紧迫的任务。但是，他会尽力而为，他确实做到了。2019年1月14日，即我向他发送前十章的两天以后，他回信给我：

亲爱的安，

我很高兴能有机会看到了您第一部作品的第一次手稿。你有很丰富的故事要讲，而且讲得很好，尤其是考虑到你要完成这本著作的担忧。当然，是神灵要求你这么做的，所以你一定觉得你别无选择。你写得很好。

读了您的手稿以后，我比以前更加钦佩您的才华。当然，我也有这样的感觉：就像你生命中的许多事情都是有意义的一样，也许你在我的生命中也是有意义的。

我期待着看到您作品的以后的章节。

让我们在您从墨西哥回来以后，也许是二月初相聚吧。

带着我的爱，

兰斯

我们协商好了我会写一章，就发送给他一章，直到我把这本书完成

第二十章 – 继续前行

为止。然后我再返回来把他编辑的内容添加上。我们几乎接近成功了。到八月份，我已经把手稿、照片和封面都上传给了兰斯，出版准备就绪了。但是没有时间印刷和拿到完成了的纸本书籍。此时，我选择了用电子书的形式出版，这样就可以在纽约的Lilydale和加拿大演讲的同时介绍电子版的新书。我还购买了U盘，以备用给我的学生，他们可以下载这本书的链接和一些图片。[我必须感谢 Betty-Jane Ware 在这方面给我的帮助以及她在 美国纽约Lilydale给我的帮助。]

我在纽约和加拿大的时间大概有一个月，我每天都打电话回家询问此时住院的吉姆的病情。我很高兴知道他已经回家修养了。当我回到家时，我的丈夫音已经把这本书的字样放大版本打印了出来（因为吉姆的视力也严重退化了），我们把它装订起来带到他的家里。看到我对他奉献精神的赞扬，他非常感动。

九月份是我的 60 岁生日，活动中心的经理谢琳在活动中心里组织了一场温馨的小型庆祝活动，只请了少许几个朋友和同事参加。这也是董事会的集体会议月，我在当年的 4 月结识与接触了兰斯，并且有希望邀请他成为董事会的受托人之一，这会儿也邀请他参加 9 月份的会议，以了解我们的工作方式，并允许其他受托人也有机会与他认识和加深了解。他在那次会议上被任命为董事会的受托人。当我们谈到有关我退休的议程时，尽管多年来我一直都在给董事会发出通知，可是至今仍未采取措施委任接替者。我指出，我认为我自己指派或任命自己的接替者，是不合适的做法。因为我将来将不再与这个人一起工作了。我认为在适当的时候兰斯可能会成为一名优秀的主席，但是，目前他还是刚刚加入到我们的团队。兰斯因为家里有紧急情况不得不提前离开会议，他没有听到我们就这个问题的讨论。大家一致同意我的建议，在他缺席的情况下，我们就这样决定了，我将与他联系，讨论潜在的主席职位，如果他同意的话，我将留任到年底，让他在我退休以前，跟着打理活动中心的工作，熟悉我们的工作环境和工作内容。他同意了。

一个月以后，谢琳组织并且安排兰斯和我们一起开会，她在会上宣布说她怀孕了，即将生下她的第一个婴孩儿。我仍然记得兰斯事后对我说话时的表情，"你必须留下来——你不能离开啊。"

我还意识到，我不能将主席职位移交给一个只担任了几个月受托人的新人。而与此同时，活动中心里的经理又很快就要休产假了。故此，我同意再多留一年；那一年是2020年，新冠病毒世界大流行的一年。

一月份，随着新冠病毒席卷全球，英国显然就要闭关锁国。欧洲许多个国家也都关闭了他们的国门，显然这种大流行病也在英国疯狂浸入。我召集了我们的员工们开会，敦促斯科特和娜塔莉尽快合作，将我们尽可能多的活动都转移到网上来进行，为新冠病毒潜在的影响做好准备。我记得斯科特问："我们要怎样收费呢？收多少才对？"

"全都免费，"我说，"我们必须尽最大的努力保留住我们现有的客人，并为他们提供一些有用的东西，让他们不断再回到我们的身边来。因为我们不知道这种情况会持续多久。"斯科特和娜塔莉为了实现这一目标，辛勤地工作，不计时间，他们为此付出了不懈的努力。斯科特负责大部分的技术方面工作，娜塔莉负责我们如何将活动介绍给我们的客人和统计好数据库。英国终于在2020年3月23日实施全国范围内的闭关封锁，那会儿，我们的准备工作已经完全就绪了。我们已经购买了网上沟通渠道"Zoom"，一个基于互联网的软件系统，这个工具可以让我们网上举行会议和群聊等活动。购买时，我们必须选择能够适应在线参加活动的观众规模以及活动计划。由于通常会有大约100名观众到达现场，观众都喜欢参加到我们的通灵媒体现场表演活动之中来，以便互动。因此我们选择了最大的一个类别，最多可容纳500名参与者的网站软件。这远远超出了我们通常所预期的客人额度，至少我们是这么预算的。可是，就在我们的第一个网上星期二演讲活动中，我们的预定参加者的数量就已经超出了这个预定的额度，还有很多人抱怨我们因为超出了500人的限制而无法登陆上网访问我们的活动网站。我们又增加了额度，以接纳更多的客人。我们的活动中心是英国最早的一个免费提供在线服务的组织之一。

由于英国的疫情非常严重，我让我们的员工们在家里休假；政府的计划是允许员工在英国国策"封锁"的情况下，员工在家里休假同时获得报酬。似乎这还不难，更具有挑战性的障碍很快就接踵而来。就在谢琳休产假的前几个月，被新招聘来填补她职位的人，决定不要再来这儿工作了，我们不知道该怎么办，才能够重新再招聘员工来填补这个职位。因为当时仍然处在全国封闭，不得走动的情况下。兰斯建议他的妻子波琳可以暂时来代替这个职位，因为这只是一个短暂的、暂时的工作。我认为这是一个好主意，因为音和我也是这样做了，我们这一对夫妻也曾一起来经管这活动中心里的各种事务的。我知道这样做需要很大的付出。夫妻合作好，通常会比任何其他的人员，更能完成

第二十章 – 继续前行

这一工作的需要。故此我们达成了协议。同时，谢琳的孩子决定早点问世——提早出生了——所以，我们突然接到谢琳宣布要提前享受产假了。那会儿，她还没来得及为波琳做交接班工作交代。最令人担忧的是，兰斯忽然得了中风了，被送往到医院抢救。所有这一切都连续不断地发生在七月的日子里。我清楚地记得那天，我试图将谢琳无法做到的交接班的工作介绍给波琳，这时电话响了，波琳接听了兰斯的电话，一辆救护车正在赶来抢救他去医院的路上。当然，波琳很想立刻就冲到他的身边。我独自一人留在活动中心里，意识到没有任何工作人员（他们都在家里休假），经理正在休产假，而她的临时替代者刚刚离开去照顾突然中风、被抢救的拟任新活动中心的主席--兰斯了。我感到非常孤独，感觉自己突然回到了只有丈夫音和我一起经管这个地方的日子。可是，这次就连丈夫音都不在这儿。

谢琳平安产下她的新女婴，母婴都健康安好。值得庆幸的还有兰斯自己叫了救护车，很快得到了治疗。波琳也能够立即返回到工作岗位上，考虑到她的丈夫刚刚被送往了医院，她能够这样快返回活动中心来工作，这种精神实在是难能可贵。兰斯可以理解，他此后需要休养一段时间才会返回来工作。我当时也想到了，在发生了这样生命关天的事件以后，他是否会考虑继续接任董事长的职务。好在他很快就得到了康复。到了九月份，兰斯能返回到活动中心工作了。最初是为了帮助主持星期二的讨论会。我知道这是我们活动中心里组织的各种活动中，他最愿意参加的部分，令我惊讶的是，兰斯问我：是否可以每周举行一次这样的讨论会，而不是通常的每个月才举办一次。从那时起，他就开始每周都举办一次这样的会议，每次讨论会都很成功。

当兰斯最初从医院回到了他的家里时，我的冥想小组在他的家里聚会，目的是与兰斯和波琳坐在一起，直接和远程给他提供意念治疗。兰斯觉得这样做是有助于他的康复。 当新冠病毒政府规定允许我们在活动中心的小房间里，有限量人数的小型聚会时，他们就继续和我们的冥想小组人员坐在一起。

新冠病毒的感染率到了八月份已充分下降了许多，政府逐步取消了'封闭'规定，还鼓励民众'外出用餐，政府补助政策'。此举旨是帮助酒店业重新开业，赢得顾客、站稳脚跟。但是，聚会人员的数量仍然受到严格的限制。保持适当的社交距离规定仍然必须遵从。这意味着在任何公众场合，人与人之间必须彼此保持两米远的社交距离。为此，我们的活动中心没有能够正式开放的条件。到了十月份，新冠病毒的感染率再次攀升，我只知道我们即将再次进入到被隔离封闭政策控制之下的状态。我的丈夫音和我就决定了在此之前，尽快抓紧机会去休息一下。我们设法在皇家迪赛德的巴拉特找到了一家自助旅店，我们去那里住了五个晚上。这样给了我一些安静思考的空间。我再仔细斟酌移交活动中心运营管理权的时候，我认真回顾和审视了我的冥想小组，连续五年的每周四打坐冥想，继而有收到有关亚瑟·柯南·道尔爵士的引领，最终完成找到与建成这座活动中心的任务。我努力从神灵界里寻找可以确认'第二阶段'的信息，设法得到神灵的确认，这个信息是正确的。我要求神灵给我一个标志，或给我某种引领的信号，以表明我正走的路是神灵指引的正确道路。我丈夫音陪着我在这个美丽静谧的地方散步，当我们沿着迪伊河漫步，树木呈现出了美丽秋天的色彩，我心里在想，难怪英国女王也要选择到这个优美的环境度假呢；这里简直美得令人忘返。河上，有维多利亚时代遗留下来的小桥和流水。维多利亚时代的女王也是一样很喜欢这个地方的。桥的栏杆上，此时，一只红色的'海军上尉'蝴蝶悠闲自在地坐在秋日的阳光里晒太阳，在它飞走之前，我给它拍了一张照片保留这美好的记忆。每年的这个时候，都能够在苏格兰高地看到这种美丽傲慢的蝴蝶，我感到非常欢欣鼓舞。我联想这美丽的奇遇时，我猜想这能否是神灵发给我的信号呢？我所要求神灵就'第二阶段'给我一个信号以确认它的准确性。于是，我默默地对神灵说："我需要有更多的确认——我需要有一个更清晰的信号"。我丈夫音和我沿着河边继续漫步走着，我们走进了一片树林和山丘。当我们走上了一条小路时，我们看到了在一百码外的田野里有一片废墟，我立刻就被它吸引了。"我想去那里看看。"我这样对丈夫说，我们爬上了干石堤，再穿过了绿色的田野，又朝着那片废墟的方向走去。我们继续朝前走，可以这看到好像是两间用粗石砌成的农舍，只有外墙和一堵内墙还站立在那里，屋顶早已荡然无存了，这个情景在整个静谧的田野中，恬然矗立。当我们走近时，我看到有一块牌匾，上面写着这个地方叫图利奇Tullich:

'图利奇的第一座教堂可能是公元7-9世纪由圣纳塔兰St Nathalan建造的小教堂，或者是为圣纳塔兰St Nathalan建造的小教堂。这座教堂在公元1200年被授予圣殿骑士团，在公元1300年，救护军在教堂的周围建造了人工运河的堡垒。'

第二十章 – 继续前行

现在，我真正地明白了为什么我会从田野的另外一边的小路上，径直地就被吸引到了这个地方；难怪圣殿骑士团的愿景经常出现在我星期四冥想小组打坐静思时的脑海中，显然他们在这里留下了深刻的印记，但是，下一步我得到的经历的就更具有说服力了。

我的丈夫音正在这个古老遗址周围的旧墓地里，绕着墓碑周围闲心漫步；而我则走进了建筑物的废墟部分。当我跨过古老的石门楣下的门槛时，我立刻就感觉到了那里一定曾经矗立着一扇大门，我的感觉是我自己仿佛踏入了旋风的中心。老建筑的这个固定的部分就像有一个小型的龙卷风在旋转一样。我能听到呼啸的风声和在风中带着的强大的能量力，感觉好像它可以把我的整个身体托起来，抬高到空中。我想知道这是否就是由于这个建筑已经没有屋顶了的缘由，怎么才能出现如此奇怪天气反应现象呢。很快我意识到这并不是一种物理的气候现象，而是一场心灵上掀起的风暴。我必须承认我已经踏入了一个具有某种重要意义的强大磁场，我能够立即知道这里即将发生一些事情。我很想穿越空间，即刻就到毗邻的正在敞开着的大门的本建筑物的另一半。当我这样做了的时候，这一半的这个地方却是异常地平静，超乎寻常地安宁。一个建筑内却有着截然相反的鲜明对比。我站立在建筑的另外部分，就宛如感觉自己像是在一片宁静的绿洲。我站在那里享受着宁静的安逸。但是，我本能地知道有些事情即将就会发生。我眼前的四堵石头造的围墙，并没有什么特别的地方，屋顶早已经坍塌了，整个建筑是敞开着的，我抬头仰望见到了天空。天空上有些云在移动，太阳从云层中时隐时现，当阳关照射时，光线柔和、逸满我的四周。我慢慢地观察着这里的一切，阳光似乎越来越强烈，并集中到了我附近的一个地方。我仍然仰望着天空，心想我从来还没有见过这样的情景。它就好像一束激光一样。我只是想知道是否我可以用相机捕捉到这一奇妙的情景。这时我意识到了我应该看看光线的另一端的情况。即刻，我朝着那束光射向地面的一端放眼望过去。我马上就惊讶的无可言喻。因为这束光并没有像预想的那样在下午的光天化日下发射出璀璨耀眼的四射光芒，而是宛如一束激光直射地上却没有散射。况且是在落地时也很容易被看到是一束光线。我听说过打X标记的位置。我意识到我是被引领到这个地方的，站立在这个位置上。我慢慢地走过去，站在那个被"激光"直射到我的脚站立的位置上。我这样做时，我意识到了我正站在一座坟墓上。我的脚下埋着一位先驱勇士，他就在下面，盾牌掩埋了他的大部分身躯。很奇怪没有石头标记，我看到了附近还有其它更古老的石头。我站在草地上，被激光直射照耀着，感觉非常舒适和轻松。这种能量似乎传递着比你和我更大的力量波，这时一个精莹透彻的小精灵出现在我身边的地面上。我默默地向埋葬在此地的勇士致敬，他似乎是被秘密地、神圣地埋葬在这座古老的教堂墓地上。然后，我悄悄地离开此地，在外面的墓地里与丈夫音会合。

在这个美妙的乡村享受了恬谧与宁静，获得了焕然一新的生活体验以后，我们离开了巴拉特回到自己的家里。下周的星期二，我重新回到了我建立的线上小组，这是我为了帮助一位英国广播电台记者的个人发展而设立的（这个小组与我自己的冥想小组是完全分开），在我们的网上会议期间，其中有一个人说，"你向神灵要求一个信号，是让你知道你是否走在正确的道路上？"

"是的。"我肯定地回答说，"确实如此。"

"当你看到红色的'海军上尉'蝴蝶时，你就会知道你走在正确的道路上。"

当你得到了一条除了你自己之外没有其他人知道的消息时，你总是会感到惊讶和安慰。这个小组与我自己的小组是完全独立的两个组织。两者之间没有任何共享的信息。虽然，我渴望能够有我在图利奇Tullich所经历的事情得到验证的证据，但是，我意识到，这与在那座古老教堂中所发生的奇特事件相比，得到这个红色蝴蝶的确认是要更容易得多。

第二十章 – 继续前行

图利奇Tullich废弃的教堂与墓地

漩涡 THE VORTEX

一束光线从天际射到地面，从中有一个蓝色的精灵。

第二十章 — 继续前行

一束阳光直射地上却没有散射

兰斯现在康复以后返回到了工作岗位上,他对接任董事长一职更具有信心。我准备好再过几周到了年底就退休。自从获悉神灵有关'第二阶段'的指示以后,得知下一个任务即将到来,我就必须离开现在的职务。我一直在遵循着这个计划,以便让新任主席能够轻松顺利地接替我的工作。2020 年初，我接受了苏格兰神智社租用我们活动中心的地下室，来改建成他们的图书室和学习室的提议。这样可以保证了我们活动中心的固定收入，即保证了未来五年的收入；同时与我们大楼的房东达成了一致的五年租赁使用权的条款。在新冠病毒大流行期间，我们鼓励租用我们大楼房间的客户们留下来，最重要的是留住了我们所有的员工，现在欢迎他们又返回到活动中心来。除此之外，我还设法保住了我们银行账户上的资金，这样就可以有了一笔'垫底'的资金，来帮助和支持我们未来的慈善事业展开工作。我成功地带领活动中心度过了这场新冠病毒大流行的灾难时期，我们在这次世界大流行病中毫发无伤地走了过来。我已经圆满完成了我的任务，现在我可以满意地离开了。为此，我已经将所有的方方面面准备就绪了，以帮助新任主席和亚瑟·柯南·道尔爵士活动中心走向更美好的未来。

　　我于 2021 年 1 月 1 日将主席职务移交给 Lance Butler 教授。

　　让第二阶段开始吧！

附录

大楼里还存有剩余的能量吗？

　　正如已经提到的，我意识到建筑物的能量——无论是地下室里的能量还是楼梯的楼道中的漩涡能量——其能量的强度都会发生变化。大楼里的人越多，能量就越容易被稀释掉。我还是要质疑为什么我一组人花了五年的时间才找到了的一栋大楼，也是神灵一直向我们预言的建筑，而我被告知是由于它还没有准备好。能量必须是在空的大楼里才能得到形成或增强吗？根据我自己对其心理现象的标准的了解，我知道，在我们占用了这所大楼之前一直空置的建筑物将完全符合这个标准。当然，后来我们又遇到了一场流行病，大楼里又恢复了宁静。事实上，在大流行病封锁了整个大楼的期间和整个休假期间，这个大楼都被遗弃了。在那段时间里，我意识到在大楼里发生了一些奇怪的事情。就是安装在墙上并用了结实的金属物将其固定在墙壁上的大玻璃镜子，突然就自动无缘无故地掉落下来，摔碎在地板上，镜子完全碎裂，必须更换。我们更换新的镜子才仅仅几个月后，就再次出现了同样的情况。此前，图书馆的一扇玻璃门，也是在一夜之间就无缘无故地自动破碎了。这一幕被闭路电视的摄像头给拍了下来；玻璃门附近没有任何东西，也没有明显的任何理由，它就这样自动地发生了破碎。

　　波琳写给我的邮件：

附录

嗨安，

我想写邮件告诉你今天发生的一件可能是很奇怪的事情。最近我们的锅炉出现了问题。有时好用，可是有时就不好用了。锅炉预计在12月份应该做定期的锅炉检验。我想我应该把检验锅炉的日期提前来安排。于是就在今天早上找了一个锅炉修理工人来检验。他早晨8点15分进来，大约30分钟以后，锅炉房里的所有电器（只有锅炉房）都自动断电关闭了，就像在总开关处跳闸了一样。15分钟后，锅炉房里的所有电器又自动打开了。那个锅炉检修工非常困惑 - 比尔和我也是一样的疑惑不解。因为我们都没有碰任何锅炉房里的开关。检修工又查找了十五分钟，同样的事情又发生了。大约十五分钟后，所有的开关又再次自动地打开了。之后，就一切似乎都很好，我在上午11.15左右离开大楼，这里一切都恢复正常了。据我了解，大楼里在这一天剩下的时间里也都是很顺利没有故障。修理工是一位非常脚踏实地的格拉斯哥人，我想连他都对此发生的现象感到蹊跷不解。"我一生中从未见过这样的事情……"

如果有可能的话，能否今儿晚上请你跟神灵送上一句话，希望你能礼貌地请神灵在大楼里玩弄其它的什么东西——别再碰大楼里的锅炉了。当大楼里的锅炉不好用的时候，每个人都来向我抱怨不已！

谢谢，波琳

最后，我在2021年初将活动中心主席的职位移交给了兰斯·巴特勒教授。仅仅几个月以后，他就告诉我说：他正在考虑任命一位新的受托人，并希望我能见见她。她就是希拉里·孟席斯夫人 *Lady Hilary Menzies*，苏格兰最高法院法官孟席斯勋爵的太太。她为人很好。性格也是开朗，人也是非常热情和积极向上充满活力，她对学科也很感兴趣。然而，随着我们谈话的深入，她告诉我说，如果她接受了这个职位唯一让她担心的一个问题就是，在她第一次拜访兰斯先生时，她对大楼里的能量感到非常的不安。当她告诉我这些时，她又再次感到了这所大楼里的能量是如此之强大，以至于她不得不尽快地就离开了这

附录

所大楼；我们去了附近的花园。以下是她在2021年8月5日写下的声明：

第一次的经历——

在我到达活动中心之前的不久，我清晰地看到了两张面孔：两个都是维多利亚时代的绅士的面孔，我听到了"小心"这个词的警告。

于是，我加倍小心翼翼，一切都还顺利，直到我们开始往楼上走的时候，走到了楼梯道上的时候，有了不舒适的感觉，当我到了大楼的顶部时，我感到非常的不舒服，站立不稳定，心惊胆颤地颤抖不停，非常害怕。在主楼梯的顶部，我看到了一个快速闪现出的画面，那是有人从楼梯顶部摔落了下来，躺在地板上即刻就死去了。随着我们越往上面走越感觉到了不对劲，我感觉越来越不舒服，恨不得立即就离开这里。我觉得很尴尬，因为这是我第一次见到兰斯先生，所以我没有说什么，就离开了大楼，但是，那种感觉依然存在，回到家里以后，我努力清理我的能量场。但是，我并没有觉得完全成功地做到清理干净，我还是感到非常不舒服和害怕。我不得不向另一位通灵朋友寻求更多的帮助，才完全清理干净我自身体内的负能量，这样才算很成功。

第二次经历——

再一次，我又走进了活动中心时，我再次加倍地小心翼翼。一开始我感觉还是很好的。随后，尽管我尝试着建立自己内心的屏障来保护自己的正极能量场，但是，我逐渐开始有了像以前一样感到了不舒服的感觉，并觉得我必须得到外面去。我们来到了外面的一个小花园里，我在那里的感觉是好多了。但有还是有一种被困住了的感觉，尽管那会儿的阳光明媚，能量也不错。然后，我们都回到了大楼里的圣堂。（我不知道你是否还记得，当时我们非常麻烦才把圣堂门的锁头给打开了。首先是，我们找不到钥匙，然后有了钥匙，又由于钥匙一时的转不动，打不开门，非常麻烦。）进去以后，在那里我感觉好多了。然后，安问我说"你认识一个人吗？那个人自杀了？这难道没有影响到你的内心状况吗？"我们的一位朋友最近自杀了。我不知道是不是他，企图想要引起我的注意力。不管怎样，我认

附录

为它是一个灵魂，这个灵魂应该用继续前行的方式过渡（我的意思是不要卡在困境，灵魂应该在我的祈祷中前行过渡），我默默祈祷这个灵魂应该离我远去。然后，我就感觉完全清醒了，我就可以毫无困难地自己爬到了大楼的顶楼上了。我感觉到那里有几个人，都在为我让开了路，其中一个人还向我行了一个合手礼。当我离开这座大楼时，我感觉非常好。我回到家里以后，我举行了过渡前行的仪式，仪式很成功。但是，我不确定是为了谁做的这个仪式。这可能是为了帮助我们的那个自杀的朋友过渡。但是，我的感觉是，这更多地与这个活动中心里的能量有关。

— 希拉里·孟席斯女士 LADY HILARY MENZIES，WWW.LEASTON.CO.UK

那么，能量还在这所建筑物的大楼里存在吗？

　　大概是吧！

附录1

比尔·麦格雷戈Bill McGregor 简介

比尔于1974年离开皇家军事警察大队。他在边境小镇邓斯接受了重新培训并获得了造纸师资格。但是，没能定居，他与妻子宝拉（圭亚那人）和三个儿子搬迁到了南美洲的圭亚那生活。在这里，他成为负责机械车间的汽车运输官员和负责交通运输的安全官员 – 主要负责区域是圭亚那西北地区靠近委内瑞拉边境的公路和铁路桥梁。

他对该国轻视人权的政策直言不讳的发声抨击，故此，使他成为了那个腐败政府的敌对目标，他被劝尽快带着他的家人立即离开该国 - 他在英国领事馆的帮助下回到了伦敦。在那里，他在科学博物馆和维多利亚和阿尔伯特博物馆找到了工作，直到他的妻子宝拉(Paula)获得晋升并在爱丁堡汇丰银行(HSBC)担任新职务。

回到爱丁堡以后，比尔受聘于萨默霍尔的皇家迪克兽医学院，直到被调派到乔治广场的医学研究部，加入了对糖尿病研究和治疗的团队。（这里他接受了《英国每日纪事报》的采访——见下图）。

随后，他重新接受技术培训，获得了护理老年人、痴呆症和中风患者的 资格证书。成为爱丁堡皇家维多利亚医院的熟练抽血师。他还是慈善事业癌症护理中心、社区护理中心和厄斯金爱丁堡退伍军人之家的积极志愿者。当然，他还是亚瑟柯南道尔爵士活动中心的志愿者。

附录 1

有关比尔 Bill McGregor 的更多介绍

附录 2

亚瑟柯南道尔爵士活动中心指派的艺术顾问

亚瑟·柯南·道尔爵士中心很高兴地宣布任命特里·约翰斯Terry Johns为该中心的艺术顾问。

特里·约翰斯Terry Johns作为皇家爱乐乐团和伦敦交响乐团的成员，在音乐界享有杰出的盛誉。他出色地为录音室、电视、弦乐团和管乐队创作出许多深受欢迎的音乐作品，是一位著名的作曲家。他很早就对爵士乐产生了热情，也赋有创作音乐的天赋，这影响了他自己的创作风格。早年，他与当时的许多"伟大"乐队一起演奏——Tubby Hayes Freddie Logan Afro Cuban 大乐队、Kenny Wheeler 八重奏以及 Graham Collier 和 John Dankworth 领导的乐队。

他是世界上最优秀的圆号演奏家之一，曾为电影《星球大战》、《帝国反击战》和《超人》做优秀的配乐，并在安德烈·普雷文音乐之夜的电视节目中做了出色的表演，爵士乐贯穿整个电影节。在英国电台B.B.C.的"英国爵士乐"广播节目中做表演，也接受了英国皇家芭蕾舞团的特别邀请在英国的著名考文特花园做了表演。

他在为 Harlech TV 的《伪装者》创作主题曲和配乐时，他继续创作自己的音乐曲子。他还与理查德·博宁奇（Richard Bonynge）、琼·萨瑟兰（Joan Sutherland）和卢西亚诺·帕瓦罗蒂（Luciano

Pavarotti）合作录制了许多歌剧的唱片，他还与杰里·戈德史密斯（Jerry Goldsmith）、杰里·菲尔丁（Jerry Fielding）、埃尔默·伯恩斯坦（Elmer Bernstein）、拉洛·希夫林（Lalo Schifrin）和亨利·曼奇尼（Henry Mancini）合作，一起创作了电影原声带。并与保罗·西蒙、保罗·麦卡特尼、芝加哥和吉尔伯特·奥沙利文合作录制了许多流行唱片，并与巴里·怀特和他的"Love Unlimited"管弦乐团一起在英国巡演，并为伦敦周末电视制作了"Peggy Lee Entertains"的节目。

特里Terry Johns现在与妻子卡琳住在爱丁堡。他经常与苏格兰芭蕾舞团和英国交响乐团的苏格兰交响乐团合作演出。他最近创作了一首音乐作品来纪念爱丁堡亚瑟柯南道尔爵士中心开业一周年，并安排他的作品使用了著名的亚瑟柯南道尔命名的四重奏乐器上台演奏。这些乐器是由苏格兰小提琴制造商史蒂夫·伯内特（Steve Burnett）选用亚瑟柯南·道尔（Conan Doyle）住在爱丁堡时与其一起成长的花园里的树木，制作而成。

"随着这场音乐会的成功举办，我们很高兴特里接受了亚瑟柯南道尔活动中心的邀请，担任艺术顾问的职位。亚瑟柯南道尔活动中心的成立是为了提高社区众人的身体素质、心理健康、情感和精神福利。因此，我们的目标之一是将音乐重新引入这座建筑大楼。我们是一个精神主义者的活动中心，已经为创意艺术提供了展示的空间。但是，我们非常感谢Terry Johns将所有元素整合在一起，促使这场音乐会得以圆满成功。他独具一格地创作了这段有特色的音乐乐章，以纪念我们在帕默斯顿25号成立的亚瑟柯南道尔活动中心启用一周年。我们热切地期待他的下一次精选的音乐和音乐演奏会，这些音乐和音乐会与我们位于爱丁堡西区的美丽建筑相得益彰。谢谢你，特里。"

— 安·川赫，活动中心主席 ANN TREHERNE, CHAIRMAN.

附录 2

Time to take on Sherlock violin case

ALASTAIR Savage plays a tune on a violin made out of wood from a tree that grew in Arthur Conan Doyle's boyhood home – Liberton Bank House.

The musician is helping celebrate the first anniversary of the Sir Arthur Conan Doyle Centre, in Palmerston Place, which is marking the occasion with a string quartet concert in October.

Operated by The Palmerston Trust, the centre is also home to the Edinburgh Association of Spiritualists.

"The violin was fashioned from the wood of an ancient sycamore by Edinburgh instrument maker Steve Burnett in tribute to Sherlock Holmes, who would play to relax. The violin was made for the 150th anniversary of Conan Doyle's birth.

活动中心启用一周年纪念音乐会宣传单样本之一。Source: EdinburghNews.com
来源于爱丁堡新闻网站

269

附录 3

2023 年本书出版之前，我意识到我和我丈夫音的这段经历仍然需要进一步调查和详细的解释。我自己的冥想小组以前曾多次坐在地下室的房间里静思冥想，试图找出这里到底发生了什么事情。在一次禅坐会上，我获得的印象是：这个楼房的原来主人，就是我在第一章中讲的那位男子，在一天晚上他下楼与他的佣人谈论一些事情，结果发现他的佣人们都在全神贯注于玩弄通灵板或谈话板。这在那个年代还是一项刚刚新发明的玩具，而且由于当时的招魂术在民间相当流行，这种情况看起来也很合理。在我们的愿景中，看到了房主很着迷这个新玩具，并且参加了佣人玩弄奥吉报得的通灵聚会。这可能导致了他定期组织与其他得佣人们聚会做此项活动。正如我们所知，通灵板可以让较低级的实体的释放负极能量。因此，这可能为地下室所经历的事情提供了一种可能的解释，这个问题还需要进一步调查。

最近，我一直在与一个超自然现象调研小组中的专家，巴里·菲茨杰拉德Barry Fitzgerald和史蒂夫·梅拉and Steve Mera联络，我们都是这个小组里有经验的成员。我与他们讨论了在亚瑟柯南道尔爵士活动中心经历的一些现象，并邀请他们两人参观体验大楼内部的情况，以便做进一步调查。我知道这些能量自 2012 年达到顶峰以来已经逐渐在消减，而且主要的地下室房间在 2021 年，被重新装修改造以后，现在是神智社的图书馆，因此巴里和史蒂夫可能什么也查找不到了。但是，

附录3

我觉得由专家来尝试一下很重要，他们可以拿出独立见证人的陈述。我们在第12章里，已经读到了史蒂夫的报告，巴里的报告，请见如下。

巴里·菲茨杰拉德Barry Fitzgerald是一位著名的超自然现象调研专家，他在该领域里，已经研究了近三十多年，有丰富的经验赫知识。他经常在电视节目中与观众见面。他的节目有'猎寻幽魂记录'和'在国际上的猎寻幽魂记录'。他也是一位多产的作家和电影制片人，他制作了许多关于这个领域里情况介绍的纪录片。

参观亚瑟·柯南·道尔爵士活动中心的报告，
（2023年3月5日至6日）
巴里·菲茨杰拉德Barry Fitzgerald

2023年3月，我来爱丁堡的做短暂访问，这里被冬季的大雪临近所笼罩着。然而，当我到达位于帕默森广场和切斯特大街拐角处的典型维多利亚风格的亚瑟柯南道尔活动中心时，刺骨的寒风仍然在我所处的大楼之外，大楼里面，我得到的是热情的拥抱。

安川赫Ann Treherne陪伴着我，她带着我穿过大楼的主厅，走上令人惊叹的楼梯，楼梯走道铺着红色的地毯，沿着蜿蜒旋转的楼道，向建筑物的楼上攀登。在顶部迎接我的是一个引人注目的华丽圆形天花板，类似于上世纪初，在我的祖国爱尔兰建造的著名的泰坦尼克号的豪华主楼的楼梯道上看到的那一幕。

我事先已经告诉过安，要她和她的同事不要在我走进大楼之前透露任何他们曾经有过的经历过的任何细节。灯光亮着，这表明其他人仍在大楼里，在参观了楼层里的各个房间时，证明这是对的。其他一些房间是出租给私人使用的，我们无法进入那些出租出去的私人房间。但是，我觉得这并不妨碍我获得的初步印象。

主大厅墙壁上黑白相间的格子瓷砖吸引了我的注意力，这种瓷砖装饰的墙壁一直通往佣人使用的楼梯和半层楼下的洗手间的

附录3

门口上方。在那里我感到惊诧,我感觉是有什么东西在向我靠拢,但是,它没跟着打扰我们。我注意到了,稍后会再回来谈到它。

令人惊奇的是,看到多元化精神主义者主导的室内装饰设计,使得整个大楼内的建筑和装饰都独具风格。它体现在音乐的创作作品上和艺术家的风格上。甚至在大楼的一楼大厅里,有一间虔诚为爱丁堡精神主义者协会专门提供服务的教堂。这座建筑就像是为此而建造的,它与过去在通往今天的历史长河中有一个强烈的贯通性链接,并且还在持续放射出极大的吸引力,召唤着今天的人们。整个大楼都展示出它特有的艺术和思想技能,它反映了很久以前罗马人信仰的体系,该体系表明当时的人的灵性和智慧是来自于人的自身天才。眼前的一切都低声地向我们述说着它的历史故事。这不是今天几个现代的词语就能表达得出来的它那具有深厚历史的内涵。罗马人的天赋是有着悠久历史的,其历史可以追溯到数千年以前的史前时期。

我这次来到这里的主要关注点是主楼梯的第二层、一楼的主楼道里的走廊、地下室楼梯的第三步地带、地下室的厨房,以及先前在我第一次进入大楼的一楼时,让我惊诧的那个佣人楼梯上的女性意识冒出的地方。

当黄昏降临,夜色笼罩了整个爱丁堡城市的时候,在这儿工作的人都离开了大楼回家了,只剩下安和我自己。我们静静地聆听着这座古老建筑物对往事的诉说。尤其引起我感兴趣的是这座建筑物仿佛在重新播放着的旧日电影。我们两人扶着楼梯扶手沿着佣人使用的楼梯来到了地下室。即刻,我们停顿了一下,我确认了从二楼和三楼之间部位起,有一个较强的女鬼的意识存在,她的意识一直延续到了地下室里。

在地下室的楼梯上,也就是从底部数的第三个台阶上,我迅速遇到了一个男鬼的意识逼近。如果说它是剧毒的,还不能正确的给它的性质下这个定义。它忽然逼近更像是压倒性的,不像我遇到的其它灵魂那样具有消极的性质。但是,它足以激活我

附录 3

本能的洞察天赋。它的外表呈现出一个修长的雄性，从它最初接近的方式来看，可能会被认为是在与我对峙。他的脸没有任何细节可塑，但是，它穿着黑色晚礼服、黑色裤子和白色衬衫。

在短短的有限时间内，我面对着幽魂仔细研究它、我开始探索要看透它，但是，它当然不喜欢我的火眼金睛一般地要识破它。很快，我们就发现了这根本不属于人类，而是具有明显的雄性倾向的别类。还没等我有机会找到能量的源头，它的身后突然冒出了一朵巨大的橙红色的莲花，很快这两个庞然异物又都被拉回了地下室的阴影里去了。

追踪它所离开的路线，我被引领到了它在切斯特街方向的地下暗道的逃跑路线。很快，就在这一趟与其它维多利亚楼房相并排的排楼式房屋的下面消失得无影无踪了。

此雄性能量离开地下室以后，我在地下室里呆了一会儿，我意识到爱丁堡精神主义论者协会的一位前任成员，还继续在此楼内的厨房里履行着她的职责；还有一个存在的意识是与附近图书室里的一本书有密切相关，我感到它的讽刺意味很浓，因为这本的名字就叫《如何成为超自然》。这两个尚存的意识都是普通大众化常见的事儿，不需要进一步关注。而我的深思仍然停留在我第一次在地下室遇见的特殊事件上。

离开地下室，我们沿着下来的楼梯往回返，奇怪的是我们发现在上楼时使用的楼梯扶手上有一个大纽扣，它是怎么到那儿的呢，为何我们下来的时候没有发现它。这仍然还是一个谜，我们应该在下楼时就看到了它才对，可是，那会儿我们没有看到它。

走进黑白相间的瓷砖所装饰墙壁的大厅，我得到的是一幕悲剧的印象。一具维多利亚时代女子的僵尸躺在拱形的天花板正下方的地板上。她的尸体就像是刚刚从街上走了进来的，一下子就当场

附录3

晕倒在地，即刻身亡一样。不管死亡是什么缘由，这都与她的上胸部和头部有着密切的关系。我排除了她是谋杀或者是自杀的可能性，因为没有血迹或痕迹，但是，她戴在右手腕上的钱包里藏着一个透明的小玻璃容器，里面的东西仍然是个谜。

在主楼梯的第二层上，我得到的印象是有一个小男孩正在从上面往下观望楼下的尸体。虽然那孩子并没有完全理解所发生的事情，但是他仍然被所看到的情景所震动，并且有足够的能力将其保留在记忆里。

安和我就这样结束了我们的楼内行程，我希望在她离开的几个小时以后，我自己再次浏览这些地方，以获取更多的信息。我又来到了主楼梯，令我十分惊讶地发现那个孩子的印记已经完全不见了，同样在一楼，那个女尸体的印记也完全消失了，没有留存任何痕迹和暗示。

地下室里的雄性能量也失踪了。出现的三个现象全都消失的无影无踪。这种有趣的巧合似乎表明这三个事件是以某种形式联通在一起的。我发现这座建筑的结构扑朔迷离，蜿蜒漩涡似的楼梯走道让我失去了方向感。然而，在我第二天早上，回到地下室里再追寻那个雄性意识的存在时，发现了促发这种现象的另外一个罪魁祸首。

我走在佣人使用的楼梯走道上，追寻那个女性意识的踪迹，来到了三楼。她有很强烈的焦虑感，但是一旦她被认出来，并且她也承认这些情况之后，她就立即安定了下来。安也说过：有一个未经证实的传言称该建筑以前曾经被用来做客店，有一位故去的客人在佣人的楼梯间里自了她自己的生命。

剩下的整个夜晚都是很平静地过去了，旅途结束后，我的睡眠很好。吃完早餐后，我下到地下室寻找更多的线索。事实证明，地下室有着强烈的磁场差异，在只有二十英尺的空间内，导致我的罗盘指针从北纬55度，径直偏移到了北纬65

附录 3

度，偏移高达 10 度。但是，其真实原因，还一直都没有搞清楚。

沿着前一天晚上雄性意识存在与逃离的路线，我再次踏入了神智社的学习室，我沿着地下室的一组楼梯蹬，再往下走的台阶部分，再下走就到了拱形瓷砖砌成隧道的地方，尽管我不知道这是通往到哪里的隧道。我脑海里的图像很快就消失殆尽了。我眼前盯着看的是一间现代化装修了的房间里，地板上面铺着地毯，房间的书架上摆满了离奇古怪的书籍。

安后来向我证实说：这个地方有一个地下的通风道口，为了大楼整体的现代化装修起见，地下通风道被堵死了。因此，我没有考虑更多。接下来的几天里，我对这所建筑里所发生事件进行了仔细的审查。即使是臭名昭著的恶魔利斯泰尔·克劳利（Alistair Crowley），他曾经是一个精通神秘学的人，他对人文黑暗面的知识有所钻研，也做过令人震惊的探索，满足了他自我非凡的野心。我们的结论是：如果他的灵魂真的在此逗留的话，他就不会不亲自出来与我们对峙，因为他绝对不肯失去他傲慢的自尊。克劳利是希望人们知道他的，因此他被排除在外。

然而，克劳利过去的所作所为已经暴露无遗，在某种程度上，为别人研究他提供了线索和方向。他是金色黎明组织的成员，这个秘密组织成立于 1887 年，一直活跃到 1903 年，此时黑暗的负面能量已经渗透到这个组织的核心内部，从里到外全部黑透了。

金色黎明在爱丁堡圣殿的位置在历史上已经被遗忘掉了，但是，这个组织使用的魔法符号是一根魔杖末端把手处雕刻着一朵莲花，被称为莲花魔杖。沿着魔杖的轴，可以发现一种颜色的编码，就是红色或橙红色的颜色，它代表金牛座。

亚瑟·柯南·道尔也是金色黎明组织的成员。所以，我想知道这个地下室下面的拱形隧道尽头，是否可能有一个隐蔽的秘密仪式室，供这个神秘团体成员专门使用。我们从来没有足够的时间更详细地探索这些地下通道的去处。此外，在初次接触以后，在这儿的尚存意识已经采取了避开的措施，远离了我能够接触到的范围。而且，即使在120年之后的今天，这个的秘密组织似乎仍然喜欢他们自己的秘密。

巴里·菲茨杰拉德Barry Fitzgerald
超自然现象调查员和作家Paranormal Investigator and Author

注解

亚瑟·柯南·道尔(Arthur Conan Doyle)和我们位于帕默森广场 第25号大楼的原主人是同时代的人。亚瑟·柯南·道尔 的大学医科学院的导师就是他的著名小说《福尔摩斯探案集》的灵感来源，即:约瑟夫·贝尔(Joseph Bell).他也是那个年代里的同时代人。约瑟夫·贝尔 (Joseph Bell) 就住在梅尔维尔街与帕默森广场 (Palmerston Place) 的拐角处，这两栋房子大约在同一个时间里被建造。阿莱斯特·克劳利和麦格雷戈·马瑟也在爱丁堡——后者是金色黎明组织赫尔墨斯教团的创始人。爱丁堡圣殿始建于1893年，被称为阿门拉圣殿。阿莱斯特·克劳利 (Aleister Crowley) 于1898年加入金色黎明，但是，据说他在此之前他曾作为马瑟的门徒来到爱丁堡，当时他们正在为爱丁堡圣殿奠基。阿门拉神庙的所在地尚不清楚。

这些人之间有许多类似的方面；他们共享的情趣太多了，数不胜数无法在此列出。但是跟柯南·道尔一样，克劳利也是一名登山家，而且是苏格兰登山俱乐部的成员。 1899年，克劳利买下了尼斯湖上的博莱斯金别墅 (Boleskin House)。

在我的第一本书《亚瑟和我》中，我已经概述了我的星期四冥想小组，在定期冥想打坐时，无意中发现了我们自己（每周）就坐在阿莱斯特·克劳利（和麦格怪格·马瑟斯）使用过的同一个房间里；一个之前因为呈现了强烈的负能量，而被上锁、摒弃、不被使用的房间。我收录了当时爱丁堡神智社主席的证词声明。为了完整起见，该证词声明在此转载如下：

附录3

　'我于1996年来英国，我曾经是美国加利福尼亚州克罗托纳神智社总部工作。

　　当我加入爱丁堡大国王街第28号楼神智社时，大楼顶层房间没有人使用。本书中提到的情况，我了解黄金黎明秘密巫术组织的创始人麦克怪格马瑟斯McGregor Mathers曾经用了这个地方很多年，所以莱斯特·克劳利当时也一定在那儿，因为他是麦克怪格的助手。

　　我自己在那个房间里时，我体验到那个房间里的一个角落里，有负面能量的影响那个房间里的地板也有一种奇怪的能量作用反应。

　　过去的几年里，有请来Samye Ling Centre佛教大师和喇嘛。也请过其它精神主义者大师来驱除这些负面影响力。所以，当我听说安和她的精神主义者冥想小组在那个房间遇到克劳利负面能量的影响，并没有感到惊讶。因为他们的体验跟我自己在那个房间时的亲身体验差不多一样。'

— 玛格特·迪艾利亚特 MARGOT D ELLIOTT 神智社协会 爱丁堡分会主席 PRESIDENT, THE THEOSOPHICAL SOCIETY, EDINBURGH

　　在巴里的报告中，他还提到了地下室中可能有一个地下隧道。他在那里追踪雄性的能量。这也是我感觉到在地下室遭到袭击时，那个实体就出现在潜在的隧道出口处。这也让我想起了当我研究这座建筑的历史时（见第11章），我模糊地记得看到或读过一些有关这所大楼地下隧道的资料。

　　在苏格兰历史环境网站上，可以搜索帕默森广场第25号大楼，其中有一篇文章是：'特殊兴趣的声明'，在声明中有一句话是这样说：'这座大楼现在是用作旅馆，内部有地下隧道直通与道格拉斯花园1号相连（请参阅单独的列表）。（2008）'

资料来源：
http://portal.historicenvironment.scot/designation/LB51340

附录3

显然，他们2008年的信息指的是该建筑用作旅馆的时间，但是，我很想了解有关他们称此为声明的更多信息。苏格兰历史环境局给我回信说，他们已经找不到参考资料的来源。我正开始做更多的研究——等着瞧吧，好戏在后面！

请参阅下面的 谷歌地图摘录显示。其中显示了这两座建筑物的地理上的位置，以及它们之间的距离（大约 有245米）。有趣的是，它与通往 Rothesay Mews 的道路上的斜坡形成了一条直线。 道格拉斯花园1号是近邻正好在这个斜坡终点上方的那座楼房，它就矗立于这条路的路面上。(Rothesay Mews) 是这些宏伟的维多利亚式建筑大楼富庶人家的马厩最初的所在地。难道是修建了一条地下隧道，供使用马厩的人能够迅速地来到马厩？ （佣人们都留住在帕默森广场 第25 号大楼的地下室的房间里。）

附录3

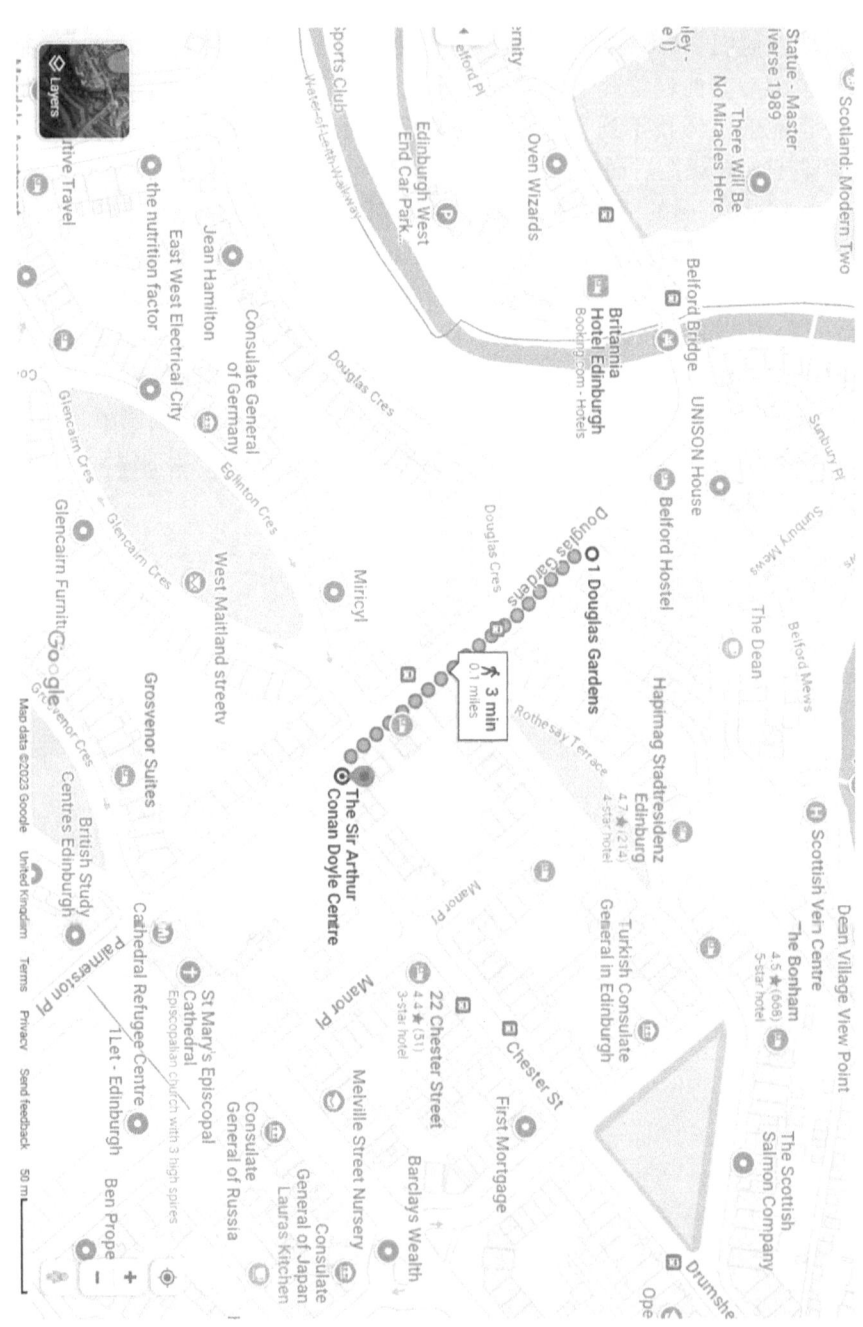

Source: Googlemaps.com

附录 4

此图片是顶层楼睡房里摆设整齐的房间（请留意桌子上摆设的东西）。

此图片是在瞬刻间--顶层楼睡房里桌子上摆设整齐的东西被拿开了。

附录 4

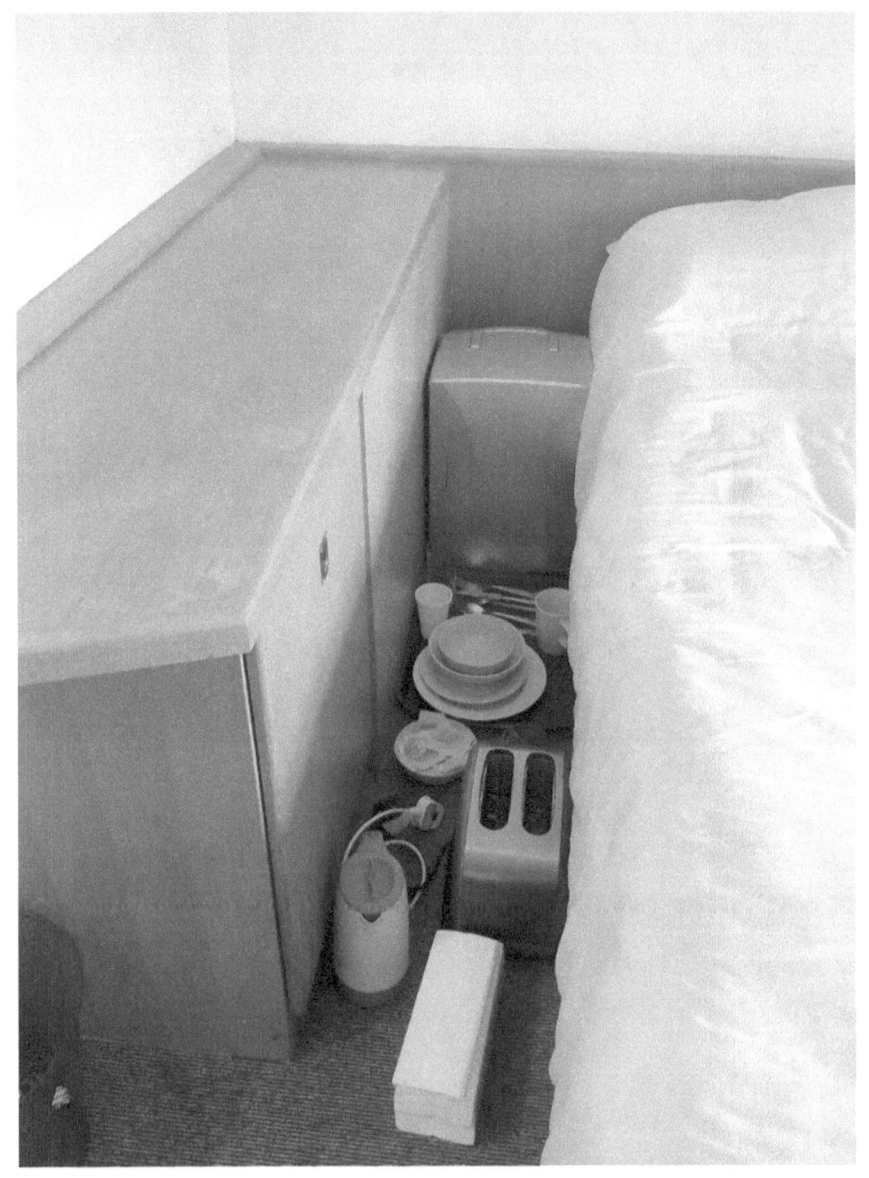

此图片是顶层楼睡房里桌子上摆设整齐的用具全部被拿开,放在了地板上况且没有任何声响!

注意: 小冰箱和餐具、茶具盘正好都被放在了橱柜和床之间的空隙里!同一个时间里在另外一边,物品也被移动了。

附录4

当时这个星形碟子里还装满了水果,橱柜的台子上还有一个小镜子(未图示)。

瞬刻间–这个睡房里橱柜桌子上的东西全部被拿开后的样子。

附录 5

Elementary decision to show works by Conan Doyle's dad

Illustrations taken from scrapbook he kept while in asylum

JEN LAVERY

ILLUSTRATIONS created by the father of Sherlock Holmes creator Sir Arthur Conan Doyle as he languished in an asylum have been brought back to Scotland for the first time in over a century.

The drawings and paintings are part of a scrapbook kept by Charles Altamont Doyle during his incarceration in a number of different institutions around Scotland where he was treated for alcoholism and depression. He died in 1893, while still a patient in Crichton Royal Institution in Dumfries.

Ann Treherne, a trustee of the Arthur Conan Doyle centre on Palmerston Place, who will be giving talks over August about the author, said the paintings were an important part of the author's relationship with his father.

"Conan Doyle's youth was marred by his father's "episodes" – his early acceptance to university at the age of 16 happened around the same time his father lost his job and his graduation was also shadowed by his father's first incarceration," she said.

"However, in later life he felt that his father had been an unrecognised genius and was said to have felt guilty about how his life had turned out.

He decorated his first office as a writer with his father's work and apparently playwright and political activist George Bernard Shaw declared that they deserved a room to themselves in a national gallery."

Workers at the Arthur Conan Doyle Centre have now tried to bring that idea closer to being a reality, by hanging some of the paintings in the centre. This is the first time the works have ever been put on public display in Scotland.

"Some of the drawings are quite wild and scary, depicting the things he saw on the hospital wards where he was kept, with notes alongside them saying he was a prisoner," said Ann. "Fairies were an obsession of the Doyle family, Conan Doyle's grandfather and uncles were also artists, and every one of them painted fairies. And of course Conan Doyle himself wrote a book about his belief in the five Cottingley Fairies photographs, which were revealed to be a hoax decades later."

Sir Arthur Conan Doyle was also a fervent Spiritualist, and wrote a two-volume history of the religion.

Ann, who is a practising Spiritualist and medium, said: "The centre is a hub for Spiritualism in Edinburgh, though all are welcome to come along and see what we have to offer."

The Arthur Conan Doyle Experience will run on August 13, 15, 20 and 22 at the centre at 25 Palmerston Place. For more information visit www.25palmerstonplace.com jen.lavery@edinburghnews.com

IMPRESSIVE: Ann Troherne with the collection; left, a pen ink and watercolour titled A Contention; below, Charles Altamont Doyle with six-year-old Arthur Conan Doyle

Source: Edinburgh Evening News

附录 6

摘录自《爱丁堡新闻报》,展示了鬼影的图像。

附录6

下方:此照片是被游客随意拍摄到的实际原版照片,上面的照片是此照片的复制品。

附录6

这是我们在现场调研时由大卫拍摄的照片

附录6

此照片是被爱丁堡幽灵寻猎协会的 大卫David Deighan 在我们调查期间随意拍摄的。请注意头部区域周围图片的扭曲以及脚/腿两个部位以及周围地板上的黑色阴影。她似乎还戴着手表！有趣吧？？？？？

在2021年，我撰写这一章时，我还可以清楚地回忆起这幕情景发生时的境况，弗朗西斯在给我打电话时使得我想起了那位红衣女士——这是她在此以前跟阿其一起做调查时提到的情况。英国电台BBC也进行了电视转播。这一事实很重要，因为后来的照片似乎证实了她的话。然而，在回顾电视拍摄的片段时，没有提到红衣女子。我给阿其打了电话询问他这个情况，但是，他已经记不起来了。我很失望，因为我总是要为我的每个案例都寻找到证据，提供给读者。而不只是期望读者相信我。在这种情况下，可悲的是弗朗西斯已经不再和我们在一起了，我无法找到发生在2003年能够证实她所目睹此情景的人。然而，经过反复寻觅，我们找到了证据，这些证据是当年弗朗西斯本人作为通灵媒体参加英国广播公司的调查报道，她通过面书Facebook证实了这个事实。以下是她面书上说的：

"大家好，我是弗朗西斯·瑞安（Frances Ryan），我参与了英国苏格兰广播电台、电视台对白鹿酒家的调查。我看到了在地下室里穿着红色连衣裙的女士被杀害了。"

上述评论摘自爱丁堡幽灵协会的面书上Facebook。下面是他们页面上的文字，显示了Frances Ryan 的'红衣女子'的帖文。

附录6

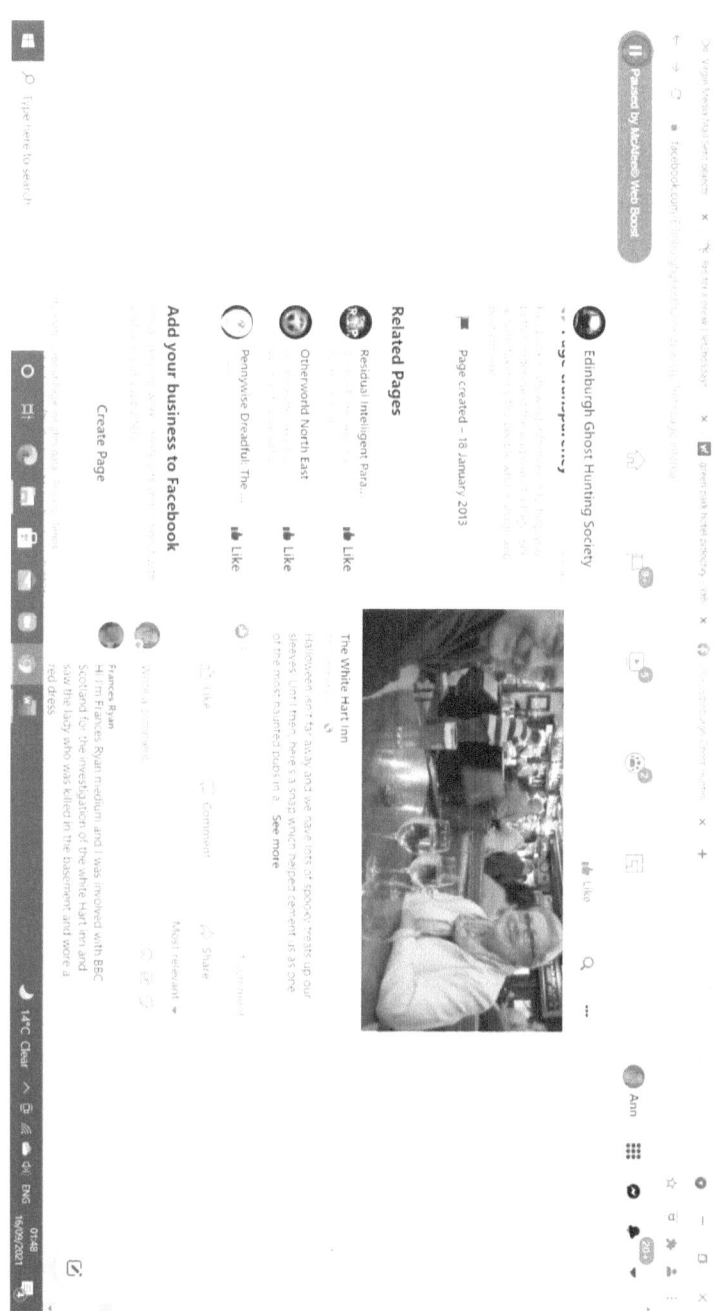

Frances Ryan 的'红衣女子'的帖文。

附录6

并且，这里有《苏格兰人报》对白鹿酒家的报道的链接（包括两张照片）：

https://foodanddrink.scotsman.com/drink/6-of-the-scariest-haunted-pubs-in-edinburgh/ ?fbclid=IwAR2LU3x---LZeWucWY2MwVWaF0XXWciWW-xred3owLmTq8-tDD3H4tT_fck

附录 7

<u>2014年爱丁堡开放日笔记摘录</u>

　　此大楼房产在 1881 年由威廉 麦克尤恩 William McEwan 创建制造。他于 1882 年 5 月 23 日获得了房产的所有权，并参与了室内设计装修。因为这座建筑是迄今为止这条街上最宏伟、最令人羡慕和留有深刻印象的建筑之一。事实上，我们相信大门上方雕刻的面孔是麦克尤恩和他的女儿玛格丽特，当时她已经 18 岁了。

　　玛格丽特是他的私生女。有2个故事与此有关。

　　威廉·麦克尤恩尚未结婚，但是，他与海伦·安德森有染，海伦·安德森是他的芳坦布里奇啤酒厂里的一名搬运工人的妻子。据说麦克尤恩经常事先安排安德森晚上在酒厂里工作，这样他就可以和安德森的妻子海伦在一起。

　　另一个故事——其真实的版本是这样的。因为麦克尤恩没有结过婚，所以他总是住在寄宿房子里。他让他的女房东怀孕了，她的名字叫海伦·安德森小姐。巧合的是，他在喷泉啤酒厂里，也有一位名叫威廉·安德森（无亲属关系）同名同姓的员工。在维多利亚时代的爱丁堡，他是一位著名人物。并且是很受众人尊敬的政治家，他试图在维多利亚时代的爱丁堡挽回自己的面子，他安排威廉·安德森将怀孕了的女友带到伦敦，麦克尤恩在伦敦为怀孕的女友租了一所房子，让他们以夫妻名义住在一起，直到孩子出生了。然后海伦·安德森回到了爱丁

附录7

堡，自称是安德森夫人，并讲述了她丈夫去世的故事。威廉·安德森回到了他原配的妻子和孩子身边，想必是因为这一特权而得到了丰厚的报酬。

但是，麦克尤恩一定很爱她。因为他等到在自己的母亲和妹妹去世以后，才终于在1885年与海伦·安德森结婚。原因是她们不准许他与地位低下的人结成婚姻。麦克尤恩和他的妻子结婚时，两个人都已经50多岁了（麦克尤恩58岁，海伦将近50岁），玛格丽特18岁时全家搬进了这座宏伟的建筑大楼里。这是麦克尤恩拥有的第一栋房子，当他于1882年买下这栋房子时，他显然正在为他的新婚妻子做准备，并将室内装饰的富丽堂皇。

尽管亚瑟·柯南·道尔和威廉·麦克尤恩都出身于这些显赫家庭的圈子里，但是他们两人都不热衷于接受英国皇家君主制赐予他们的显著光环的头衔。而麦克尤恩的私生女玛格丽特却并非如此，她嫁给了有皇家头衔的罗纳德·格雷维尔 (Ronald Greville)，他是第二代的格雷维尔男爵的长子和继承人。

她是乔治·雅戈尔 (George Younger) 和罗伯特·雅戈尔 (Robert Younger) 的堂妹。他们两人均于1923年晋升为贵族，作为一名富有的酿酒商（在她父亲去世后），她在1922年罗伯特担任统一党主席期间被授予 皇家头衔。

玛格丽特很快就成为了英国爱丁堡社会上的社交女主人和皇室朋友，招待英国皇室爱德华八世和其他有头衔的显要人物。1906年，她的父亲为她购买了位于萨里的豪华 Polesden Lacey 庄园作为结婚礼物，当他1913年去世时，她继承了他的全部财富——大约有150万英镑。这给了她继续与英国皇家王室交朋友提供了方便途径。她是玛丽女王和伊丽莎白女王（已故女王的母亲）的朋友。事实上，未来的乔治六世国王和伊丽莎白女王（当时的约克公爵和公爵夫人）在1923年的时候，在她的豪华庄园里度过了他们蜜月的部分时间。她去世以后，将曾经属于玛丽·安托瓦内特的珠宝留给了英国皇家的伊丽莎白二世女王，给西班牙女王留下了25,000英镑，20,000给英国皇家玛格丽特公主。她将庄园房产遗赠给英国国民信托基金会。

她的珠宝首饰至今仍保留在英皇的王室收藏品之中——其中有一件珠宝是被卡米拉佩戴着的。报纸上刊登有卡米拉佩戴格雷维尔王冠和项链的照片。

附录7

（已故女王的母亲于在1947年首次佩戴过这项王冠，同年将其作为女儿结婚的礼物，送给了女儿伊丽莎白女王）。

巧合的是，卡米拉的交往引入了与波尔斯登·莱西的有趣联系。格雷维尔夫人的丈夫罗尼是乔治·凯佩尔的密友，与爱德华七世的皇室圈子有密切的良好关系。乔治·凯佩尔的妻子爱丽丝是格雷维尔夫人的朋友之一，在1898年左右到爱德华七世去世时，她一直都是爱德华七世最宠爱的情妇。爱丽丝的一个女儿索尼娅嫁给了罗兰·库比特（Roland Cubitt），罗兰·库比特是托马斯·库比特（Thomas Cubitt）（波尔斯登·莱西前一所房子的建筑师）的后裔。格雷维尔夫人是他们的一个女儿罗莎琳德·丘比特的教母，罗莎琳德·丘比特是康沃尔公爵夫人Duchess of Cornwall卡米拉的母亲。现在我们看到了卡米拉戴着格雷维尔夫人的部分珠宝！

资料来源：'罗尼夫人，接近国王的社会女主人们'，西恩·埃文斯（Sian Evans）。Source: *'Mrs Ronnie, The Society Hostess who collected Kings'*, by Sian Evans.

<u>有关亚瑟柯南道尔竞选爱丁堡中部选区的更多信息：</u>

他在'老韦弗利禁酒酒店'写给母亲的信：

'休息日！感谢上帝！尽管我必须整天都要学习历史。这场选举将成为历史性的。如果事情继续下去，我不仅会赢得中央选区，而且会赢得整个爱丁堡。这确实是个令人兴奋的瞻望。其结果会非常令人感兴趣，但是，我自己能够做到如如不动。已经有两个晚上的公开演讲会了，至少有上一千人跟随着我的两个晚上的讲演，人们兴高采烈挤满了整个的王子大街，直到我向他们道了晚安，他们才肯离去。他们尾随缠围住我，并且触摸我。是我演讲的话语触动到了他们更高的感受，他们因而做出了回应。看起来好像是眼前的大众都被我的演讲而陶醉了——但是，还有三天的时间。但愿没有意外。我担心的这是我的宗教信仰。但是，如果这个问题被提起的话，我会诚实坦率地直言不讳......'

到最后他落选了。在选举的前一天晚上，一位名叫普利默（Plimmer）的过激反对天主教分子，他在该地区张贴了法案，

附录 7

指责柯南道尔是罗马天主教徒和耶稣会的代理人,密谋让苏格兰新教徒屈服于天主教皇,亚瑟柯南道尔根本就没有时间做出反应。柯南·道尔在《回忆与历险》中写道:'这件事做得非常巧妙,当然,光靠这一个狂热分子是无法支付这些费用的。''我不高兴的支持者们,看到成群结队的工人读着这些荒谬的标语牌,并大声喊道,"我已经和他分路扬镳了!"'而当时只要再多几百张选票,他就会进入到英国的国家议会总部 – 伦敦的威斯敏斯特。'

— 阿瑟·柯南·道尔《书信中的一生》由乔恩·莱伦伯格、丹尼尔·斯塔肖尔和查尔斯·弗利作。ARTHUR CONAN DOYLE, A LIFE IN LETTERS BY JON LELLENBERG, DANIEL STASHOWER & CHARLES FOLEY.

有趣的是,他告诉他的母亲,"我担心就是我的宗教信仰",而这也正是导致他落选、失去竞选席位的原因——难道说他已经有预感了吗?

附录 8

本书出版前，我联系了苏格兰酿造工业档案协会主席约翰·马丁（John Martin），是为了请求在本书中使用他的真实名字，刚巧，他递给我了一份他的年度期刊，其中恰好有一篇关于水的文章，请见如下：

溶解在水中（尤其是井水中）的盐在酿造酒的过程中，能够发挥着重要的作用，并有助于不同口味类型啤酒的发酵。地下水层的多孔岩石里含有充分的矿泉水成分。水可以流过含水层并通过泉水和井水重新出现成为酿造酒使用的源泉水。例如，从爱丁堡地区的含水层抽取的水样中，表明有水溶解元素的存在，水来自其流淌经过的岩石或石膏层（硫酸钙）。
这就是为什么从井中获得的最恰当的水，形成了啤酒厂发展成酿酒地点的模式。这种有水源的地方，有时被描述为"魅力圈"。

资料来源：摘自苏格兰酿造工业协会年刊上的一篇文章，题为：水：啤酒的基本成分，作者：John Martin 和 Les Hutcheon

附录8

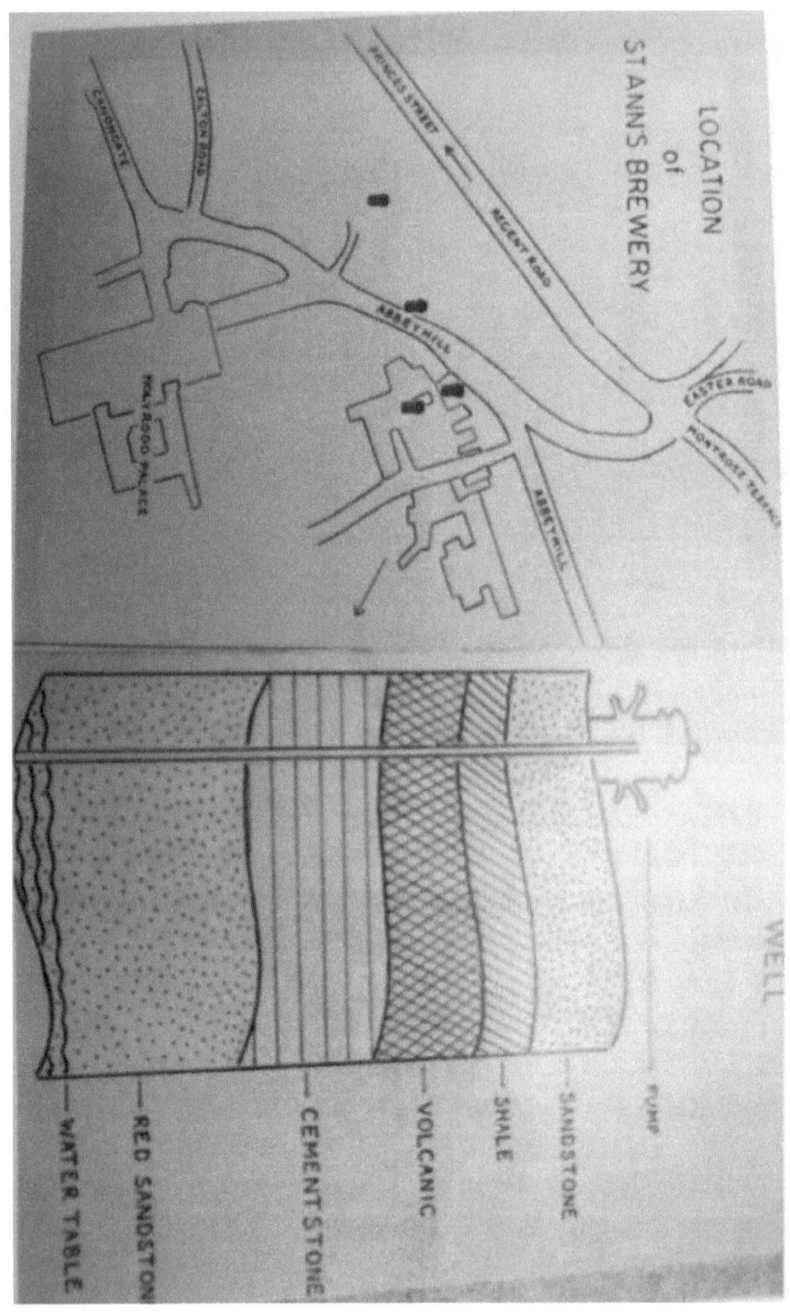

上述文章的摘录显示了爱丁堡一家啤酒厂的一口井的地层和所在处的岩石层，示意表图。

附录 8

注意：帕默森广场 (Palmerston Place) 步行范围内就有三家啤酒酿造厂。每家都有几口水井以提供酿造啤酒的用水源泉。最近的位置位于罗斯本 (Roseburn)，距离此地仅几条街。因此，"魅力圈"离我们大楼非常近，可能会提供更多的因素来支持史蒂夫关于地下水含有某些成分的观点——无论是通过岩石还是通过大教堂的电导体。

威廉·麦克尤恩喷泉啤酒厂距离帕默森广场仅几条街的距离，据说选择该地点的原因之一，也是因为这里有地下水。

威廉·麦克尤恩的叔叔约翰·杰弗里（约翰·杰弗里是麦克尤恩的学徒）住在隔着几幢楼房的切斯特街上。他的另外一位叔叔也加入到他的啤酒厂里来工作，就住在附近的梅尔维尔街。这也是约瑟夫·贝尔 (Joseph Bell) 居住的地方，位于梅尔维尔新月街上 (Melville Crescent)。

在John 的文章里，他列出了爱丁堡的 55 家啤酒厂的名称。如果每一家啤酒厂里都至少有 2 口井的话（以提供持续的水源 - 有些厂家需要有 4 口井或更多口水井）。那样的话，爱丁堡城市就好像某种倒置的漏勺，水通过火山岩层和其它地下结构往上升喷射出来，继而成了水源。——这是否增加了古老的爱丁堡的神秘色彩？

附录

当我向史蒂夫·梅拉转达了这个最新发现的消息时，他赞同地说，"是的。水似乎确实在某种程度上，对环境中的磁场变化，有可能产生的扰动中,发挥了作用，尤其是地下水，我将这些称为水文相关现象（HAP）。"然后，他启发我阅读了Lindsey Danielson（明尼苏达州圣玛丽大学资源分析系，Winona，MN 55987）的一项研究，题为《使用 GIS 分析关系来探索美国大陆的超自然事件》文章：

报告文章的简缩：
根据盖洛普(Gallup) 进行的一项民意调查，在美国有37% 的美国人认为房屋可能有闹鬼现象（Gallup，2005）。全美国有50 个州，有数百个对超自然的异常现象进行研究的团体和协会，他们对超自然现象进行调查和研究。在过去的十年里，超自然现象在媒体中所报道的新闻越来越受到广泛大众的欢迎，有许多

电视节目制作人都跟踪超自然现象的调查员或分享个人有过的超自然现象经历（Hill，2012）。

然而，人们对超自然现象的兴趣并不新鲜。自圣经时代以来至今，人们就相信有灵魂的存在。关于为什么超自然异常现象或异常活动会出现在特定的地点，已经给出了许多假设。其中一些位置与某个位置的地质和水文有关，促成超自然现象的发生。这些假设还包括了构造应变、石带、流水和磁场异常的理论。这项研究试图对可能促进和增加超自然活动表现的变量进行了空间分析。这项研究还将利用所谓的闹鬼地点来分析这些地点与个别地质和水文特征之间的相关性。这项研究的结果表明一种或多种地质或水文特征适合超自然活动的显现。

上述报告的进一步摘录：

> 还有假设自来水可以用作能源，就像超自然活动装备了电池一样。在另一面：Rapid City Journal.com 的超自然现象的博客'中，黑色山坡the Black Hills超自然现象调查的首席调查员马克·罗兰（Mark Rowland）总结了这一理论，他解释说："因为超自然活动被认为本质上是带电的，因为水本身就是电导体，水可以进行超自然活动"（Rowland，2009）。此外，罗兰还提出，因为流水会产生能量，而超自然活动需要能量才能显现，所以它可以从流水中获取所需要的能量（Rowland，2009）
> ……构造应变的理论是将地质学与超自然活动报告联系起来的最流行的假设之一（Townsend，2006b；McCue，2002）。这一假设表明，地壳内的应力小于产生地震所需的应力，可能会由于高度局部化的表面电磁场扰动而导致地下岩石层产生压电性（Persinger，1985；Townsend，2006b）。

不幸的是，这项研究是在美国而不是在英国进行的。但是，使用GIS（地理信息系统），她提出了其它的可能导致超自然活动发生的因素，特别是地下流水和地质的构造应变状况。这被描述为不足以引起地震发生。她也同意这个领域是亟待需要进一步的研究。

爱丁堡坐落在一座死火山上，这难道只是巧合吗？

附录 9

Sherlock's botanical talent? It's elemen-tree, of course

Author's knowledge of poisons learnt by studying plants

■ XANTHA LEATHAM

THE mystery of how Sherlock Holmes knew so much about poisons has been cracked in the archives of the Botanic Garden.

Newly-unveiled records show that the fictional detective's creator, Sir Arthur Conan Doyle, took a break from studying medicine to take a course in botany.

Class rolls dating back to 1877 prove that a surprisingly green-fingered Doyle attended about 60 classes, seven demonstrations and nine excursions.

The 140-year-old records bear the signature of a teenage Doyle, along with the fact that he missed two classes through illness.

Doyle's studies went on to play a crucial part in the Sherlock novels as the legendary detective utilised his knowledge of poisonous plants to solve a range of murder mysteries.

The researchers, led by archivist Leonie Paterson, have worked with the National Galleries of Scotland and

STUDENT: Conan Doyle

Edinburgh University Library to piece together the author's time in the Capital.

They discovered that as part of his medical degree, Conan Doyle took a summer course on Vegetable Histology and Practical Biology at the gardens. During his studies he had access to plants such as opium and belladonna – a deadly nightshade.

He did not start writing the infamous Sherlock novels until a decade later, but it appears his studies stuck with him. There are several references to botany and poisonous plants within the series, with a specific mention by his trusty sidekick Dr Watson.

In A Study in Scarlet, Watson lists Sherlock's strengths and weaknesses. He proclaims: "Knowledge of Botany: Variable. Well up in belladonna, opium, and poisons generally. Knows nothing of practical gardening."

The list is a direct nod to Conan Doyle's own abilities – during his studies he learned about the uses of plants but was not lectured in practical work.

There are a total of five cases of homicidal poisoning out of the 60 Sherlock stories, including in The Sword of Osman where a chief armourer is found dead following abdominal pain, dizziness and sweating. Sherlock is able to immediately deduce that the man has died after being given Monkshood – a purple plant also known as the "Queen of all poisons".

Other plant references include that of opium in The Man with the Twisted Lip, and a deadly poison in The Adventure of the Devil's Foot.

Dr Elspeth Haston, deputy curator in the Botanics' herbarium, helped pull the research together.

She said: "I think it will surprise a lot of people to know that Conan Doyle studied here.

"It's a different aspect to his history and sheds a whole new light on his attributes.

"I'm a huge fan of the Sherlock series and this was a revelation to me – it's been really interesting to help piece the history together.

"It's really timely as Sherlock has become such a popular television series."

Graham Hardy, a staff member at the Botanics' library, was able to shed some light on the day-to-day study life of Conan Doyle.

He said: "We've been able to find out that students at the time were taken on excursions to areas such as Roslin and Penicuik to collect samples.

"There is still a lot to find out – there are some letters from the time that have yet to be archived and there could potentially be some samples collected by Conan Doyle himself in our collections."

确认 亚瑟柯南道尔拜访过若丝琳 Roslin - 资料来源：爱丁堡晚报。

附录10

新闻报道中阐述了最新发现的亚瑟柯南道尔撰写的书籍例证. 来源: 格拉斯哥先驱者报 Glasgow Herald

附录 11

斯图尔特·拉蒙特Stewart Lamont被任命的新闻，由'每日记录'报纸报道的一个例子：

来源：www.dailyrecord.co.uk/news/scottish-news/holy-ghosts-church-scotland-minister-9454546

The Daily Record report continues：《每日记录》报道继续写道：

> 斯图尔特·拉蒙特与灵魂沟通的第一次经历，并没有给他带来愉悦。1964年，他在当地报纸上看到了一次招魂术的广告以后，他就带上了另外两个十几岁的小伙子一起去了。
> "这是在民政楼区里举行的，"他回忆道。"一切都是在把窗户用黑色窗帘遮蔽严谨的黑暗中进行的。不幸的是，宣传媒体参与进来把事情闹大了。"
> 当招魂术使用的喇叭自动旋转并开始在空中自动漂浮时，斯图尔特的一位朋友插了手。
> "大喇叭筒子在这个黑暗的房间里自动升到空中。我的朋友伸出手去抓住它，并触摸到了有一条铜丝线绳正在把喇叭，从天棚上吊拉起来。他拉住了带铜丝线绳的喇叭。""通灵媒体假装他生病了，还大声地咳嗽。就这样我们很快就离开了现场。"

附录 11

多年过去了，斯图尔特仍然对黑夜里发生的事情着迷。

现在，他是苏格兰教会半退休的牧师，他加入了爱丁堡的精神主义论协会，并且在亚瑟柯南道尔爵士活动中心任董事会成员。

他的职责是领导该活动中心的心灵调研部门，并帮助经历过神秘现象或者是不明原因的访客们，分析这些异常现象。

他说："如果有人在晚上遇到了闹鬼事件，如果他们的头发被鬼拉扯了，如果他们感到害怕身边有鬼的话，他们都可以打来电话。"

"我们这里的人都受过培训，常有三三两两的人出去帮助解释这种现象。我们试图让他们放心，常常帮助他们解释一些超自然的事情。"

自上任以来，斯图尔特已经做过了六次家访。每次的案例都各有不同。

"有些人在他们自己家的房子里看到了灵魂人；也有些人是被拉扯了他们的头发。还有一个人是被无形的手给用力推了。其中一些可以被描述为恶作剧的现象，就好像是顽皮的人，正在玩弄的愚蠢的小把戏一样。"

"如果你自己是独居，况且，你的生活有点杂乱无章，你就会对此更加焦虑。"

"你希望有人来，能够把它赶走或给一个解释。"

这就需要斯图尔特在日常工作中培养出来的机智敏慧与同情心。有些人只需要他的安慰和他的经验与常识，来帮助这些人解决问题。

他说："人们说：他们的情况好多了，家里的情况已经平静下来了。只要与知道此类事情的人，进行交谈就会有所帮助。"

"我们保持用开放的心态，但是用科学的方式来对待这些异常现象。我们告诉他们这并不可怕，这种事是相当普遍的常发生的事儿。"

"你可能会遇到患有精神病的人，或者正在故意寻求关注的人。其他人可能真的很困扰，他们以前从未遇到过这样的事情。"

"有时候生活一团糟的人，也有可能他们有点通灵。房子里也可能有超自然的东西存在。这一切都混合在一起了。"

附录 11

当斯图尔特履行通灵职责时,他不会戴牧师领圈儿,也不会告诉人们他是一名教会牧师。他并不为自己的使命感到羞耻——他只是不希望给任何人带来任何误解。

他解释说:"有些人可能会说,'太好了,你是来给我驱魔的啊。'但是,我们不会这么做。"牧师的领圈儿会让一些人产生怨恨,而另一些人则会产生期望。

"我们试图用客观的方法来看待这里发生的事情并对此进行研究。也能帮助那些需要帮助的人们。"

事实上,其他人对他所履行职责的看法或是偏见,是斯图尔特面临的最大障碍。

他说:"有很多人是固执己见,基督教会里的一些人认为这都是与魔鬼沾边的事儿。但是,我根本不相信这样的说法。这是很令人着迷的领域,况且是科学与宗教都无法解释清楚的领域。"

流行文化对通灵调查的严谨性没有任何益处。

斯图尔特不是捉鬼敢死队队员。他也没有通灵的天性和能力,尽管他常常跟有通灵能力的人在一起工作,他本人没有通灵媒体的技能。

他说:"我不会被通灵媒体的通灵术给搞得忘乎所以。一对一的会面交谈,并且双方都不会透露任何信息,更有意思。江湖骗子——我们就暂时这么称呼吧——很快就会被人识破的。"

他认为他的工作和他的基督教信仰,并不矛盾。

"当人们去世时,我认为他们并不总是会去一个更好的地方。那些肮脏、自私、甚至邪恶的人——世界上确实是有邪恶的人——这些人会打算居住在世界的下水道里。"

"这就是为什么人们对涉足神秘学总是有些担心和警惕。他们要使用奥吉报得显灵板,宁愿到低维度境界,而不是去更高维度的球体。"

斯图尔特承认,对于这些低维度的灵魂,他有多种解释。

"一种理论是,当人死后,他们就会与周围的环境联系在一起。他们在不快乐的地方反复徘徊,而这种不快乐正在从精神灵体上转移到目前居住在那里的人的身上。"

斯图尔特是一位科学家,也是一位教会的牧师,他拥有高等物理学的学位。他认为对物质宇宙能量存在的解释得越多,我们对它与精神世界的关系就越了解。

他说:"在21世纪,我们将通过量子理论和暗物质进入科学领域。我们更多地了解什么是物质以及什么是构成了生命的能量,生命和意识是两者之间令人十分着迷的领域。"

"在我的一生中,亚原子粒子物理学、遗传学和生物工程学都发生了巨大的爆炸性变化,科学研究取得了巨大的进步。但是,它也创造了更多的谜团。"

"随着年龄的增长,我越来越意识到了我们所知道的太少了。"

附录 12

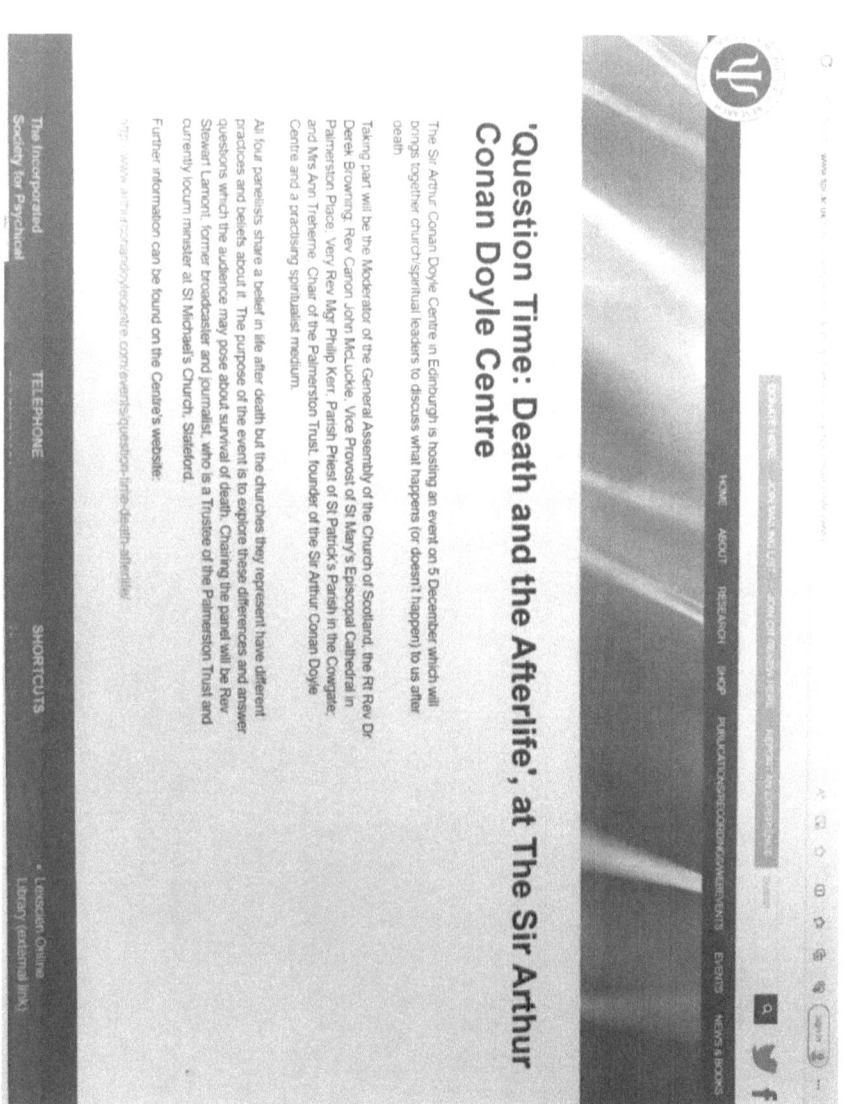

SPR 促进提问时间。来源: https://www.spr.ac.uk/news/question-time-death-and-afterlife-sir-arthur-conan-doyle-Centre

漩涡 -- 注释

1. 第一章 — 楼道上的人

1. 神灵—这个词即是单数词也是复数词。如果是单数词指的是一个神灵与之沟通或者是一个组合的神灵团队与一人沟通。

3. 第三章 — 自愿工作者

1. 我愿借此机会鸣谢耐克 凯由和音尼斯 史密斯，他们自愿从格拉斯哥来到爱丁堡帮忙清理大楼，为我们活动中心开门典礼做准备工作，也感谢耐克 凯由和珍妮特 帕克 为中心的慷慨捐助；还有鲍勃Bob Pitketley所做的木匠手艺活工作。

4. 第四章 — 我们开门了

1. 恰巧同时发生—德国心理学家甬 解释这个现象是恰到机会成熟之际偶然发生有意义的效用。

6. 第六章 — 音的经历

1. 残余能量—过去发生过的事件的印记。这种印记可以是一种视觉、一种气味、一种残留下的某个地方的感觉，并且可以随着时间的推移定期重复再现。印记通常是发生在有强烈的感情、情绪刺激之下产生的重大创伤，比如：死亡事件等。

7. 第七章 — 安的经历

1. 曾经有精神主义者和宗教教徒组织的团队，在法西斯扼杀犹太人的纳集中营驻地静坐祈祷，祈求那里的负能量转换为正能量。
2. 《精神朝圣者》作者：约翰·韦尔奇 (John Welch)、O.Carm。保利斯特出版社 p145。

8. 第八章 — 其他人的经验

1. 有物质动性能力的通灵媒体--被定义为每个人都可以见证的东西，例如听到声音、无中生有地表现出来，有东西自动移动，或者媒体本人被神灵替代了，其呈现出、传播出神灵的声音、形象和特征（变形），这与精神意识媒体所起的作用相反，在精神意识媒体中，媒体人员转告给人们他们所听到的、看到的神灵世界展示给通灵媒体的情况等等。

9. 第九章 — 书归正传

1. *Arthur Conan Doyle A Life in Letters.*亚瑟 柯南 道尔 书信生涯

13. 第十三章 — 哪里有邪恶

1. 心理测量学是通过与物体接触，进行占卜的特殊技能术，在触摸该物体的过程中，通灵媒体能够感知到有关该物体的拥有者是谁或拥有者的详细信息

15. 第十五章 — 众人入—亚瑟出

1. Soulphone灵魂电话 – 请看 www.soulphone.com
2. Sweat Lodge – 使用天然的纤维制成的圆顶拱形形状的花园里的小亭子。在亭子的中心设有火坑，是根据萨满族宗教传统习俗的神圣仪式来建造的。

19. 第十九章 — 意识

1. UAP's –不明异常现象 Unidentified Anomalous Phenomena

鸣谢

我想要感谢那些为了本书的出版和制作做出了贡献的人,尤其是我的翻译李荣荣·麦高乐(Rongrong McLeod),她再次优雅文静地主动提出了可以无偿做本书的翻译工作。她与我一样意识到了人生的意义和传播精神主义的义务,这一信息需要传送给更广泛的人群。谢谢你,荣荣。

我还必须感谢我的编辑:Adam Reed 博士、Loretta Dunn、Lance Butler 教授和 耐克 凯由先生Nick Kyle。还有我的校对员费伊·霍格(Fay Hogg)和安妮·布罗德利 (Annie Broadley)。感谢 盖文 Gavin Ritchie 为本书的出版做精密的编排工作,我帮助盖文写了他的书《One Night Only》,从那时起他就一直在帮助我的工作。对于所有为本书提供证词和署名的人,我都在此表示感谢,感谢他们的投入、评估以及在我最后的有限时间内,顺利完成本书的任务做出了无私的贡献——非常感谢你们的帮助。

最重要的是我要感谢我的丈夫音,没有他的帮助、耐心和理解,我是无法完成这部书的写作。他亲自承担了额外的责任,使我能够专心致志于写作,他做出了许多超出别人期望的工作,让我能够全心全意地投入到研究和撰写这部书的工作之中。

最后,感谢亚瑟,他继续引领着我和我的团队,取得更大的成就 - 他的引领是无止境的。

关于作者

安 川赫 早期是在银行和金融企业担任高职，曾在普华永道担任过独立顾问，后来在一家大型国际银行的附属子公司担任首席执行官。

正如她的第一本书里所讲述的那样，她在经历了戏剧性的预感之后，她决意离开了金融界，随之而来的现实也就永远改变了她的生活。她踏上了调研和发现超自然现象的旅程，成为一名心灵感应调研员。同时也建立了一个自己的静思冥想小组，来发展她身的通灵能力。正是在这种情况下，她发现了是亚瑟·柯南·道尔正在与她做意念交流，并引领一组人在他的家乡爱丁堡寻找一栋以他的名字来命名的建筑大楼，做为研究、发展和传播精神主义的活动中心。=

安·川赫 (Ann Treherne) 是爱丁堡亚瑟柯南道尔爵士活动中心的创始人，该活动中心是苏格兰众人皆知的首屈一指的慈善福利中心，也是灵媒培训和发展以及意念和超心灵学研究基地和卓越的活动中心。

这部书讲述了她如何与丈夫音 (Iain) 一起将一座废弃的建筑改造成了今天众人瞩目的宏伟大楼。本书还讲述了她是如何花费十年的时间，使得活动中心取得如此令人欣慰的成就，以及她一路走来，在这条路上遇到的各种奇异现象。

安 川赫 于 2021 年 1 月 1 日，把活动中心主席的职位移交给新人担当，她退休后专心撰写了本书。安与丈夫音现在居住于爱丁堡。

同一作者的书籍

《亚瑟与我》

福尔摩斯探案集的作者从另一维间前来沟通引领落成了在爱丁堡的亚瑟柯南道尔爵士中心的真实故事.

《亚瑟与我》(中文版本)

中文版本的《亚瑟与我》.

翻译：李荣荣 by Rongrong McLeod

有关翻译者的简介

李荣荣简介

李荣荣英籍华人,出生于中国北方冰城哈尔滨。从小就热爱文学与音乐,尤其喜好弹琵琶和远足。随同任律师的丈夫在香港工作生活多年以后返回美丽的苏格兰乡间,欣赏大自然之美,感悟人生的真实本意。在大学任教期间,著有《二手夫人》和《死亡沙滩》两部由台湾秀威出版社出版的小说。丈夫海德是香港考古学会的终生会员和英国苏格兰心灵调研协会委员。随之,结识了英国著名通灵媒体安川赫以后,主动提出为她的著作翻译成中文,以弘扬其书中本意,唤醒更多众人。因为意识到了从生活经历中学习到了所有的一切都是为了给安的著作翻译做了准备的,而在翻译的过程中,又学习到更多、同时也验证了自己的经历。学,如逆水行舟……,学也永无止境,感激有这个机会,渴望安川赫的第三部更精彩的书早日与读者见面。

www.ingramcontent.com/pod-product-compliance
Lightning Source LLC
LaVergne TN
LVHW091530060526
838200LV00036B/544